# GANZ KLEINE
# GÄRTEN
# OPTIMAL GESTALTET

THE ROYAL HORTICULTURAL SOCIETY

# GANZ KLEINE GÄRTEN OPTIMAL GESTALTET

JILL BILLINGTON

CHRISTIAN VERLAG

Aus dem Englischen übersetzt von Dr. Jens-Uwe Voss
Redaktion: Sabine Block
Korrektur: Annette Baldszuhn
Umschlaggestaltung: Horst Bätz
Herstellung: Dieter Lidl
Satz: Satz & Repro Grieb, München



Die Originalausgabe mit dem Titel *Really Small Gardens* wurde erstmals
1998 im Verlag Quadrille Publishing Limited, London, veröffentlicht



Design: Rachel Gibson und Nathalie Hennequin
Bildredaktion: Nadine Bazar
Illustrationen: Alison Barratt

Druck und Bindung: Star Standard Industries (Pte) Ltd, Singapore
Printed in Singapore



ISBN 3-88472-359-6

# Inhalt

*Für Bill, meinen Mann, in Liebe und Dankbarkeit*

vorherige Seite ***Der Kopf aus Terrakotta, der zwischen den Blättern einer Ananaslilie*** (Eucomis bicolor) ***hervorschaut, ist ein fester Bestandteil dieser Pflanzengruppe am Fuße eines Baums.***

links ***Zum Bodenbelag passende Holzspaliere und viele Kletterpflanzen, die die kahlen Mauern kaschieren, haben hier ein grünes Eckchen mit ganz persönlicher Atmosphäre entstehen lassen.***

# AUSWAHL

In sehr kleinen Gärten zählt jedes Detail. Ohne sorgfältige Planung geht es da nicht: Überlegen Sie gut, wie der Garten genutzt werden soll und wie Sie sich die Bepflanzung und Einrichtung wünschen. Viele Besitzer großer Grundstücke neigen dazu, ihren Garten ständig zu erweitern und umzugestalten; dabei geht die Geschlossenheit der Anlage nicht selten verloren. Ein wirklich kleiner Garten dagegen wird von vornherein als kompaktes Ganzes geplant und eingerichtet und kann so einen sehr persönlichen Charakter entwickeln.

**Ein kleiner Innenhof, vor Wind und Wetter geschützt, wird zu einem Ort der Stille und inneren Einkehr.**

**Streng symmetrisch ist dieser mit Ziegeln gepflasterte Garten angelegt. Niedrige Buchsbaumhecken rahmen die Bepflanzung in den Beeten ein.**

**Der Kontrast zwischen den parallelen Linien des Holzbelags und den rundlichen Formen der Kiesel verleiht dem winzigen Innenhof das ganze Jahr über einen besonderen Reiz.**

**Das Gerätehäuschen in diesem Mini-Stadtgarten ist mit den denkbar einfachsten Mitteln – einem cremefarbenen Anstrich – zu einem attraktiven Blickfang geworden.**

**Ein raffinierter »Einbaugarten« aus Holzbrettern, auf mehreren Ebenen und mit Platz für einen Liegestuhl. Pflanzen mit dekorativem Blattwerk füllen die Zwischenräume weich aus.**

In diesem kleinen Garten wurde die nutzbare Fläche auf mehreren Ebenen nach oben hin erweitert, um mehr Raum für Kinder zu schaffen. Das Wasserspiel mit seinen stählernen Wellen zieht die Aufmerksamkeit auf sich.

# Überlegungen

Ihr Garten ist nicht groß, das zwingt Sie, sich zu beschränken und eine Auswahl zu treffen. Überlegen Sie gründlich, wie Sie den Garten nutzen wollen und ob die vorhandene Ausstattung (Mobiliar, Pflanzen) diesen Anforderungen gerecht wird. Seien Sie konsequent: Entscheiden Sie sich für das Wesentliche und trennen Sie sich von allem Überflüssigen, seien es Pflanzen oder Einrichtungsgegenstände.
Jeder von uns hat seine ganz eigenen Erwartungen an einen Garten: Ihr größter Wunsch ist es vielleicht, oft mit Familie und Freunden zusammenzusitzen und Ihren Garten wie ein »grünes Wohnzimmer« zu nutzen. Dazu brauchen Sie natürlich eine gemütliche Sitz- und Essecke – die Bepflanzung muss da zwangsläufig zurückstehen. Ein begeisterter Hobbygärtner dagegen wird zugunsten üppiger Blütenpracht wahrscheinlich gern auf einen Essplatz verzichten. Legen Sie Wert auf einen Rasen? So ein grüner Teppich ist weich und einladend, braucht aber Pflege, und in kleinen, dunklen Höfen kümmert er vor sich hin. Und vergessen Sie nicht, dass Sie Platz für einen Rasenmäher brauchen.
Praktische Erwägungen müssen mit Ihren persönlichen, durch Lebensstil und Interessen bedingten Anforderungen in Einklang gebracht werden. Wenn Sie ein Pflanzenliebhaber sind, wie wichtig ist dann ein gepflasterter Bereich? Brauchen Sie einen Schuppen oder können Sie zugunsten eines kleinen Anbaugewächshauses oder Frühbeets darauf verzichten? Vielleicht lassen sich die Gartengeräte ja im Haus unterbringen, dann bleibt draußen mehr Platz für hübschere Dinge. Ist ein Grillplatz wirklich erforderlich, wenn Sie von der Küche direkt in den Garten gehen können? All diese Fragen sollten Sie so früh wie möglich klären, sonst könnte sich später herausstellen, dass an den tatsächlichen Anforderungen vorbeigeplant worden ist.

**Das richtige Maß finden**

Gerade für Besitzer von sehr kleinen Gärten ist es wichtig, ein Gefühl für den richtigen Umgang mit Größenverhältnissen

gegenüber ***Als Wohnzimmer im Freien wurde der zentrale Bereich dieses kompakten Stadtgartens konzipiert, mit Wänden aus üppig wucherndem Grün. Der Holzboden besteht aus schachbrettartig verlegten Fertigteilen, dazu passen die Möbel aus Holzlatten.***

zu entwickeln. Gemeint ist hier in erster Linie das Verhältnis zwischen uns und unserer unmittelbaren Umgebung. In endlosen Moorlandschaften oder Wüsten, unter einem weiten Himmel, wirkt ein Mensch klein und verletzlich. Wird die Weite der Landschaft durch Hügel oder Wälder begrenzt, verschieben sich die Proportionen; das Bild wird stimmiger. In einem ganz kleinen Rahmen schließlich wirken wir selbst übergroß, so wie Gulliver, der im Land der zwergenhaften Liliputaner als Riese bestaunt wurde.

oben links ***Die einfache Sitzbank aus Zement hinter einem Esstisch aus Granit dient gleichzeitig als Hochbeet für Pflanzen.***

oben rechts ***Dem zierlichen Mobiliar wurde ein gewaltiges Tongefäß gegenübergestellt – ein mutiger Entschluss!***

Wie klein ist Ihr Garten genau? Etwa 6 mal 6 m? Dann haben Sie genug Platz, um sich einen Essplatz einzurichten. Oder ist er nicht viel breiter als ein Korridor, also nur etwa 1,5 m? In diesem Fall betrachtet man den Garten besser als eine Art Bühnenbild – vom Fenster aus. Wenn Sie die Möglichkeiten einer sehr kleinen Fläche wirklich ausnutzen wollen, müssen Sie mit dem verkleinerten Maßstab arbeiten. Das heißt allerdings nicht, dass in Ihrem Garten nur Miniaturobjekte stehen dürfen: Ein winziges Gärtchen, vollgestopft mit zierlichem Mobiliar und Zwergpflanzen in Miniaturtöpfen, wirkt nicht unbedingt einladend. In einem Garten sollte man sich aber wohl fühlen, in jeder Situation. Und die Pflanzen sollten ohne Lupe erkennbar sein, selbst wenn der Garten so klein ist, dass er sich nur zum Anschauen eignet. Einige sorgfältig ausgewählte größere Pflanzen bringen Gleichgewicht in die Pflanzung und dienen gleichzeitig als Blickfang.

## Vorteile und Probleme

Neben der Größe des Grundstücks gibt es noch einige weitere Faktoren, die unveränderlich sind und die Planung Ihres Gartens entscheidend beeinflussen. Im Wesentlichen sind dies Licht- und Bodenverhältnisse, Kleinklima und Grenzen (siehe »Pflege«, Seite 54). Sie können mit diesen Bedingungen arbeiten oder gegen sie, ändern können Sie sie nicht. Warum also nicht aus der Not eine Tugend machen? Vielleicht entwickeln Sie ja originelle und raffinierte Ideen bei der Lösung der Probleme, die Ihnen der Standort beschert. Es gibt einige Schwierigkeiten, mit denen fast alle Besitzer von kleinen Gärten in der Stadt zu kämpfen haben. Umgeben von hohen Mauern oder wie eingesenkt zwischen großen Gebäu-

rechts ***Nicht breiter als ein Durchgang und doch ein Garten für Pflanzen. Der sanft ansteigende, von Schwertlilien gesäumte Pfad aus alten Holzbrettern scheint in eine verborgene, nur angedeutete Ferne zu führen.***

den, sind die Grundstücke oft von allen Seiten einsehbar. Für zusätzliche Probleme sorgt der Schatten der Bauwerke oder auch benachbarter Bäume. Es gibt jedoch durchaus Möglichkeiten, einen solchen Garten vor neugierigen Blicken zu schützen. Und mit schattenverträglichen Pflanzen wird es Ihnen auch gelingen, Ihr Gärtchen in eine grüne Oase zu verwandeln. Empfehlungen für geeignete Pflanzen finden Sie im folgenden Kapitel (siehe »Schön im Schatten«, Seite 27).

Ein anderes typisches Problem kleiner Stadtgärten betrifft den Zugang zum Grundstück. In vielen Fällen existiert seitlich von Haus oder Wohnung kein Durchgang, der gesamte Gartenbedarf, Geräte, Kompost und Pflanzen, muss durchs Haus geschafft werden. Manchmal ist der Garten auch nur vom Souterrain aus zu betreten; dann kommen Treppen als zusätzliches Hindernis dazu. Aber auch diese Probleme lassen sich in den Griff bekommen, wenn Sie sie nur rechtzeitig in Ihre Überlegungen einbeziehen. Vielleicht müssen einige Pflanzen durchs Fenster transportiert werden, oder man setzt – als letzter Ausweg und sofern Sie nicht sparen müssen – einen Kran ein, um einen ausgewachsenen Baum über ein Reihenhaus zu hieven, wie es in einem von mir geplanten Garten geschah. Denken Sie daran, dass auch der umgekehrte Weg notwendig werden kann: Wenn Sie keinen Platz für einen Komposthaufen opfern wollen, müssen Gehölz- und Rasenschnitt, Unkraut und Laub eingesammelt und durch das Haus abtransportiert werden. Es lohnt sich, einen kleinen Garten stets sauber zu halten und Abfälle immer sofort zu beseitigen.

links **Der cremefarbene Kalkstein passt gut zu diesem eleganten, sonnigen Innenhof, in dem das warme Sonnenlicht von den Wänden reflektiert wird. Eine Büste, vom Licht eingefangen, betont die Stimmung und schafft ein optisches Gegengewicht zur Treppe. Grünes Blattwerk bildet die einzige weitere Dekoration.**

ganz links **Eine steile Treppe führt von diesem engen, im Souterrain gelegenen Hof zu dem auf Seite 8 abgebildeten Holzdeck. Mit einer Sitzecke, einem Schrank und sogar einem Trockenständer ist die winzige Fläche gut ausgenutzt. Ein weißer Anstrich reflektiert das einfallende Licht.**

**Mit Schatten umgehen**

Auf den ersten Blick kann so manch kleiner Garten finster und bedrückend wirken. Lassen Sie sich dadurch nicht entmutigen; nehmen Sie die Herausforderung an und lassen Sie Ihre Fantasie spielen. Die Natur liefert Pflanzen für fast jeden Standort, und es gibt eine ganze Reihe attraktiver Gewächse für schattige Lagen. Selbst ein dunkles »Loch« lässt sich mit hellen, im Dunkeln leuchtenden Farben verwandeln: Pflanzen Sie zum Beispiel den weiß blühenden Judassilberling *(Lunaria annua* 'Variegata'*)* oder die weiß panaschierte Sorte des

Unter freiem Himmel gelegen, ist dieser wunderschöne Dachgarten Wind und Wetter ausgesetzt. Die Lattenspaliere schirmen ihn gegen den von allen Seiten wehenden Wind ab und mildern an heißen Tagen die Hitze.

immergrünen Kletter-Spindelstrauchs *(Euonymus fortunei* 'Silver Queen'*)*. Spielen Sie mit optischen Tricks und Spiegeleffekten, die mehr Licht in Ihren Garten bringen (siehe »Täuschungsmanöver«, Seite 80).

### Exponierte Gärten

Starke Sonneneinstrahlung und hohe Temperaturen können Pflanzen ebenso schädigen wie Wind und Frost. Vielleicht besitzen Sie ja einen Garten in einer warmen Klimazone, umschlossen von Mauern, die die Hitze reflektieren. Mit solchen Bedingungen kommen nur speziell angepasste Pflanzen zurecht: Sie haben oft schmale, dünne Blätter mit feiner Behaarung, die nur wenig Wasser durch Verdunstung verlieren, wie zum Beispiel die vieler Silberrauten *(Artemisia)*. Auch Lavendel, Heiligenblume *(Santolina)* und Zistrosen (etwa *Cistus* 'Silver Pink') sind geeignet.

Dachgärten bringen spezielle Probleme mit sich: Fast immer klein, sind sie sowohl Wind als auch Sonne ausgesetzt. Heftiger, oft kalter Wind schädigt nicht nur die Pflanzen selbst, er trocknet auch den Boden rasch aus. Die Beete in Dachgärten sind in der Regel aufgeschüttet und nicht allzu tief; der Austrocknungseffekt ist daher besonders stark, und man wird selten ohne ein Bewässerungssystem auskommen. Hohe Gebäude können wie eine Windschleuse wirken, die den Wind in Höhe des Dachs besonders stark wehen lässt. Eine seitliche Abschirmung des Dachgartens ist deshalb (auch aus

*Obwohl der kleine Dachgarten ringsum von Häusern umgeben ist, fühlt man sich hier ungestört. Die Polykarbonatscheiben lassen genügend Licht durch; ein lockeres Blätterdach sorgt für schattige Fleckchen.*

Sicherheitsgründen) unbedingt erforderlich. Am besten eignen sich Lochsteinmauern, Plattenspaliere, Latten- oder Flechtzäune oder auch Bambus, der den Wind filtert und seine Kraft mindert. Stützen Sie die Spaliere mit Balken oder einem Gerüst sicher ab. Undurchlässige Abschirmungen sind weniger geeignet, da sie Turbulenzen erzeugen können. Auch die Sonneneinstrahlung ist auf dem Dach stärker als auf dem Erdboden. Eine leichte Überdachung aus Latten ist immer sinnvoll, sie spendet Schatten und schützt empfindlichere Pflanzen vor dem Verbrennen. Pflanzen wie etwa Sanddorn *(Hippophaë rhamnoides)* oder Feuerdorn *(Pyracantha)* kommen mit diesen extremen Bedingungen gut zurecht, eignen sich daher für Dachgärten.

**Ungestörtheit schaffen**

Privatsphäre ist ein in unserer Zeit hoch geschätztes Gut. In einem winzigen, von allen Seiten einsehbaren Stadtgarten wird man sich bald wie auf dem Präsentierteller fühlen – aber auch hier lassen sich Lösungen finden. Wenn Ihr Garten von oben einsehbar ist, spannen Sie doch einfach in etwas über Kopfhöhe dünne Drähte für Kletterpflanzen wie Glyzinen *(Wisteria)* oder Reben *(Vitis)*. Solche locker belaubten Pflanzen lassen genügend Licht durch und wirken wie Gardinen: Man kann hinaus-, aber nicht hineinsehen. Wenn Sie genug Platz haben, könnten Sie stattdessen auch einen kleinen Baum wie zum Beispiel eine Trauerbirke *(Betula pendula* 'Tristis'*)* pflanzen, der Sie nach oben hin abschirmt und das Licht dämpft, ohne tiefen Schatten zu werfen. So können Sie die Welt vergessen und sich ungestört an Ihrem Garten freuen.

**Vorzüge**

Kleine Gärten haben einige wirkliche Vorteile. Da sind zunächst die Kosten. In Gartenbüchern wird nur selten auf diesen Punkt eingegangen, doch wenn man Pflanzen kaufen und einen Garten instand halten muss, eskalieren die Ausgaben schnell. Als Besitzer eines kleinen Gartens können Sie viel eher daran denken, sich teure Steinfliesen anzuschaffen statt Waschbetonplatten oder einen soliden Zaun. Und Sie können als Starthilfe für Ihren neuen Garten ein paar kostspielige ausgewachsene Pflanzen mehr kaufen.

Mauern und Zäune schützen kleine Gärten vor Wind und schaffen ein Mikroklima, dessen Temperatur einige Grad über der der Umgebung liegen kann. Kletterpflanzen und Sträucher an Mauern profitieren von einem solchen Schutz. In vollsonniger Lage bietet sich die Trompetenblume *(Campsis radicans)* oder der duftende, aber wenig winterharte Sternjasmin *(Trachelospermum jasminoides)* an, an einer Mauer im Halbschatten vielleicht eine Großblütige Abelie *(Abelia* x *grandiflora)*. Selbst einige eher exotische, meist teurere Arten sind einen Versuch wert (siehe »Exotische Pflanzen«, Seite 50).
Ein weiterer, nicht zu unterschätzender Vorteil ist der geringe Pflegeaufwand. Selbst Menschen mit vollem Terminkalender gelingt es, ein kleines Gärtchen in Ordnung zu halten. Das Umgraben im Herbst dauert wahrscheinlich nicht mehr als eine Stunde, Auslichten und Teilen von Pflanzen sind schnell erledigt. Auch für das Ausbrechen verwelkter Blüten reichen wenige Minuten am Tag, und die Pflanzen zeigen sich wieder von ihrer schönsten Seite. Weil sich der Arbeitsaufwand in erträglichen Grenzen hält, bleibt Zeit, um zu schauen und zu genießen, was sich Besitzer großer Gärten nur selten erlauben können.

## Planung Ihres kleinen Gartens

Sehen Sie sich gut um und überlegen Sie, was ausrangiert werden kann und was langfristig von Wert sein könnte. Weil auf so kleinem Raum jedes Detail zählt, sollten Sie sich von allem, was unter praktischen oder ästhetischen Gesichtspunkten seinen Zweck nicht erfüllt, trennen – auch wenn so manches lieb gewordene Stück darunter sein sollte. Werfen Sie aber nicht voreilig etwas weg, was sich später als wahrer Schatz erweisen könnte. Das gilt besonders, wenn Sie den Garten zum ersten Mal im Winter in Augenschein nehmen: Man unterschätzt nur allzu leicht den Wert ruhender Pflanzen. Im Frühjahr profitieren Sie vielleicht vom grünen Überfluss der Nachbargärten, möglicherweise entdecken Sie auch einige schöne, ausgewachsene Pflanzen, die dem Ganzen Reife geben.

### Was hat Ihr Garten zu bieten?

Wie viele Quadratmeter hat Ihr Grundstück? Reicht der Platz für einen kleinen Stuhl oder sogar einen Liegestuhl? Passt auch noch ein kleiner Klapptisch hinein? Ist der Garten schattig, exponiert oder einsehbar? Schreiben Sie alle Vor- und Nachteile Ihres Gartens in einer Liste zusammen: Wahrscheinlich werden Sie feststellen, dass die Vorteile überwiegen!
Bevor Sie irgendeine Pflanze entfernen, sollten Sie sich über ihren gärtnerischen Wert informieren. Ein langsam wachsender Japanischer Ahorn *(Acer japonicum)* zum Beispiel hat Jahre gebraucht, um zu einem kleinen Baum heranzuwachsen. Andererseits sollten Sie sehr genau überlegen, ob Sie die Zwergkoniferen behalten wollen, die gar nicht mehr so winzig sind. Eine junge Magnolie wird später wahrscheinlich nicht

rechts ***Aus dieser Perspektive sieht man den Eiffelturm nur selten – und die Gestaltung der Dachterrasse ist ganz von der Aussicht bestimmt. Die wiederkehrenden Parallelen von Holzbrettern und Grünstreifen, mit einem Halt gebenden Abschluss aus Blumenkästen, unterstreichen die »geborgte« Szenerie.***

ganz rechts ***Im Gegensatz zur Dachterrasse ist dieser abgesenkte Garten von hohen Gebäuden umgeben und gut einsehbar. Die stufenförmig ansteigende Bepflanzung mit Sträuchern schirmt ihn ab und gibt ihm einen privaten Charakter.***

nur Ihren, sondern auch den Nachbargarten dominieren und auf beiden Seiten des Zauns das Licht wegnehmen. Magnolien blühen gewöhnlich nur einmal im Jahr, die Möglichkeiten zur Unterpflanzung sind begrenzt, außerdem vertragen sie Bodenbearbeitung schlecht. Behalten Sie nur solche großwüchsige Pflanzen, die sich durch Schnitt oder andere Maßnahmen leicht im Zaum halten lassen.

Stellen Sie fest, in welche Himmelsrichtung Ihr Garten zeigt und welche Bereiche volle Sonne bekommen. Vor warmen, geschützten Mauern lässt sich gut eine Sitzecke einrichten, aber auch duftende Kletterpflanzen kann man hier ziehen: Der enge Raum konzentriert den Duft. Nehmen hohe Gebäude Ihrem Garten das Licht weg? Dann planen Sie besonders auffallende Blickfänge ein, Skulpturen vielleicht oder eine spannende Bepflanzung. Sie ziehen den Blick auf sich und lenken von der Umgebung ab.

Was tun, wenn Ihr Blick auf Mauern mit Fallrohren, fensterlose hohe Gebäude oder eine eintönige Fabrikmauer fällt? Sie könnten zum Beispiel ein Spalier errichten, das Ihre Mauer oder Ihren Zaun überragt, und daran prachtvolle Kletterpflanzen wie Glyzine *(Wisteria)* oder *Actinidia kolomikta* ziehen, die den unschönen Hintergrund bald verdecken werden. Vielleicht entdecken Sie aber auch Interessantes in der weiteren Umgebung, einen schlanken Kirchturm oder, in der Stadt, ein Zipfelchen eines Doms. Oder Sie haben Aussicht auf einen Fluss. Solche Blickfänge können »ausgeliehen« und in den eigenen Garten einbezogen werden, etwa indem man mit Hilfe von Pflanzen einen Rahmen für den Blick schafft. Die Aussicht könnte auch zum Brennpunkt des ganzen Gartens werden, von dem keine anderen Gestaltungselemente ablenken.

Und wenn Ihr Gärtchen so winzig ist, dass Sie sich darin kaum bewegen können? Stellen Sie es sich als lebendes Bild vor, mit den Fenstern Ihres Hauses als Rahmen. Setzen Sie einen auffälligen Blickfang, zum Beispiel eine große Amphore, hinein und beschränken Sie die Bepflanzung auf ein Minimum, ein Exemplar des purpurnen Chinaschilfs *(Miscanthus sinensis* var. *purpurascens)* vielleicht mit einem kleinblättrigen Efeu wie *Hedera helix* 'Sagittifolia Variegata' zu seinen Füßen.

## Was wollen Sie daraus machen?

Wenn Sie Ihre »Bestandsaufnahme« abgeschlossen haben, können Sie Ihre Pläne realistisch in Angriff nehmen: Sie müssen entscheiden, in welchem Stil Sie den Garten anlegen und wie Sie ihn nutzen wollen. Auch wenn Ihre Prioritätenliste von praktischen Erwägungen bestimmt wird, kann der Garten eine eigene Atmosphäre bekommen. Wie sieht Ihr Wunschgarten aus? Jeder von uns hat da seine eigenen Vorstellungen – das gibt einem Garten seine persönliche Note. Ein Gewirr duftender, ineinander verschlungener Pflanzen mag für den einen das reinste Paradies sein, ein wahres Fest der Sinne. Ein anderer, der vielleicht der Meinung ist, jede einzelne Pflanze sollte optimale Standortbedingungen haben, wird darin nichts als ein Durcheinander sehen. Auch formale Gestaltung kann auf kleinem Raum sehr elegant wirken. Vielleicht wählen Sie aus diesem Grund die schlichte Kunst der Symmetrie, die Blickachsen schafft, um das Auge des Betrachters auf einen Brennpunkt zu lenken. Oder Sie bevorzugen den minimalistischen Ansatz, der durch Gegenüberstellung einer pflanzlichen Struktur und eines Steinblocks die außergewöhnliche Harmonie zum Ausdruck zu bringen versucht, die wir aus der klassischen japanischen Gartenkunst kennen. Wenn Sie sich noch nicht für einen bestimmten Stil entschieden haben, lassen Sie sich von den Abbildungen in diesem Buch inspirieren.

gegenüber ***Die konzentrischen Kreise des Granitpflasters, in Tisch und Stühlen wiederholt , bringen den alten Apfelbaum besonders zur Geltung. Von der Terrasse hat man einen schönen Blick über die Stadt.***

links oben ***In diesem kleinen Dachgarten wird der Blick auf den Kirchturm im Hintergrund gelenkt. Bäume »rahmen« die Aussicht zu beiden Seiten, auch die niedrigeren Begrenzungsmauern sind mit Pflanzen bekleidet.***

links unten ***Solche Klettergeräte für Kinder passen in den kleinsten Garten und lassen noch Raum für einen Rasen, den die ganze Familie nutzen kann.***

*unten* ***Der gemütlich eingerichtete Garten einer Familie: Offene, aber solide Gitterwände aus Holz gliedern die Fläche und schirmen die »Höhle« der Kinder ab. Die Gitter sind mit Erinnerungsstücken dekoriert; alte Spiegel sorgen für zusätzliche optische Effekte.***

Eine mehrköpfige Familie stellt an ein kleines Grundstück andere Anforderungen als ein Einzelner: Der Garten muss vor allem unempfindlich sein und wahrscheinlich auch einen Lagerraum bieten. Manche Leute legen größten Wert darauf, im Sommer im Garten speisen zu können, anderen genügt es, unter einem Baum ein Glas Wein zu genießen. Wenn Sie nicht genug Platz für einen Tisch haben, versuchen Sie wenigstens, einen Stuhl unterzubringen. Vielleicht können Sie dafür ein kleines Fleckchen pflastern. Sie werden später ewig dankbar sein: Unter freiem Himmel zu sitzen ist einfach etwas ganz anderes.

Auch der Besitzer eines kleinen Innenhofs kann ein Pflanzenfreund sein. Er wird ein Pflaster nur brauchen, um die Beete trockenen Fußes erreichen zu können. Wenn Sie ein leidenschaftlicher Hobbygärtner sind, hätten Sie wahrscheinlich gern mehr Platz für Pflanzen. Sie können die Möglichkeiten Ihres kleinen Grundstücks erweitern, wenn Sie einen Garten auf mehreren Ebenen anlegen. Das setzt neue, interessante gestalterische Akzente und schafft mehr Pflanzfläche. Terrassenförmig angelegte Beete erlauben es den Pflanzen, zum Licht hin zu klettern, aber auch, über die Stützmauern zu ranken. Verwenden Sie am besten Holz oder Ziegel für die Mauern, dann haben Sie gleich noch eine zusätzliche Sitzgelegenheit. Kübel erweitern die gärtnerischen Möglichkeiten noch

***Eine kleine Fläche, mit ausdrucksstarken Elementen gestaltet: Schwere rundliche Steinblöcke, Holzbohlen und Steinplatten bilden einen fantasievollen, festen Belag. Dazu passt die Auswahl der Pflanzen, darunter eine Lärche und ein großer Neuseeländischer Flachs. Die Lärche wurde in einen Kübel gesetzt, um ihr Wachstum unter Kontrolle zu halten.***

einmal: Sie können damit unterschiedliche Bodenansprüche erfüllen und zum Beispiel in einer Gegend mit kalkhaltigem Boden sogar kleine Azaleen kultivieren, die sauren Boden lieben.

## Auswahl des Materials

Begehen Sie nicht den Fehler, sich den Dimensionen Ihres Grundstücks anzupassen und ausschließlich Materialien in Miniaturformat zu verarbeiten. Die geringe Größe des Gartens würde dadurch nicht kaschiert, sondern im Gegenteil sogar noch betont werden. Ebenso wichtig ist es, nicht zu viele verschiedene Materialien nebeneinander zu verwenden, sonst entsteht sehr leicht ein zusammengestückelter Eindruck. Sie müssen Materialkombinationen deshalb aber nicht völlig ausschließen: Eine Fläche mit Holzbelag passt sehr gut zu einem Ziegelpflaster, auch Steinplatten in Kies sehen hübsch aus und sind praktisch. Die verwendeten Materialien sollten allerdings farblich übereinstimmen, sonst wird das Ganze zu unruhig.

***Auch Bruchsteine können zu einem attraktiven Bodenbelag verarbeitet werden, wie dieses gelungene Beispiel in einem kleinen, formalen Garten zeigt. Genauso wichtig wie die Größe und Platzierung der Steinplatten selbst ist hier das verbindende Muster.***

**Bodenbelag**

Es gibt gute Argumente gegen einen Rasen in einem kleinen Garten: Die Gartenmöbel sinken im Gras ein, der Rasen muss geschnitten werden – und wo lassen Sie den Rasenmäher? Wenn Sie aber partout nicht auf das Vergnügen verzichten wollen, weiches Gras unter Ihren Füßen zu spüren (und Platz für den Rasenmäher haben), lassen Sie sich nicht davon abbringen – schließlich kann man auf Kies ja auch schlecht liegen.

Ihr Rasen muss auch nicht glatt wie ein Billardtisch werden, wichtiger ist, dass es sich um eine strapazierfähige und eventuell schattentolerante Sorte handelt.

Wenn Sie keinen großen Wert auf Rasen legen oder einen Garten im Stil typischer Innenhöfe planen, bietet sich Pflaster an. Pflastersteine werden in vielen verschiedenen Größen, Formen und Farben angeboten. Wichtig ist, dass die Steine auf einem festen Unterbau akkurat verlegt werden. Auf einer kleinen Grundfläche wirken einige wenige, sehr große Natursteinplatten, unregelmäßig angeordnet, sehr dekorativ. Kleine Pflastersteine unterschiedlicher Größe (aus Naturstein und qualitativ hochwertigem Kunststein erhältlich) würden, auf dieselbe Art verlegt, die Fläche zu unruhig wirken lassen und optisch verkleinern. Wenn Sie Kleinpflaster verwenden möchten, nehmen Sie Steine gleicher Größe und verlegen Sie sie in einem ruhigen geometrischen Muster. So entsteht ein harmonischer Gesamteindruck, der die Einzelelemente in den Hintergrund treten lässt und die Fläche nicht kleiner macht, als sie tatsächlich ist.

Aus Ziegeln, Betonplatten, Fliesen und Granitpflastersteinen, meist in Standardgrößen erhältlich, lassen sich auch gliedernde Bänder und Muster legen. Korb- oder Winkelmuster, bei denen Ziegel im Winkel von 45 Grad verlegt werden, wirken ländlich-rustikal. Ein fortlaufendes Band aus Ziegeln gibt eine Richtung vor und eignet sich daher besonders für Wege. Für feuchte, schattige Lagen sind Ziegel oder Steinplatten allerdings nicht zu empfehlen, da sie schnell von Algen und Moosen besiedelt werden und dann sehr rutschig sind. Auch aus Bruchsteinen lassen sich gut Muster legen, und man sollte auf dieses preiswerte Material nicht verzichten. In den winzigen japanischen Innenhöfen wirken unregelmäßig geformte Steine, von Meisterhand verlegt, wunderschön, warum also nicht auch bei Ihnen?

Beton hat zu Unrecht einen schlechten Ruf, denn er ist

sowohl preiswert als auch praktisch: Er kann an Ort und Stelle angemischt werden, man muss also nur die trockenen Bestandteile in Säcken durchs Haus schleppen. Er ist dauerhaft und kann in genau die Form und Größe gegossen werden, die Sie brauchen. Die Oberfläche des Betons kann durch kleine Steine oder Splitt attraktiver gestaltet werden (grobes Material ist bei Nässe weniger rutschig als feineres). Manche Leute haben auch Freude daran, persönliche Andenken wie zerbrochenes Porzellan oder Murmeln, aber auch Fuß- oder Pfotenabdrücke im Beton zu verewigen; auf kleinem Raum kann das durchaus witzig wirken. In die noch feuchte Betonoberfläche lassen sich auch Rillen oder Rippen einarbeiten, was für schattige Gärten in regnerischem Klima sehr zu empfehlen ist. Ist das Klima eher trocken, kann die Oberfläche glatt bleiben, versiegelt oder in leuchtenden Farben gestrichen werden.

Kiesel können entweder in Zement gesetzt oder lose auf Kies geschüttet werden. Besonders schön wirken sie in der Kombination mit alpinen Sträuchern, Japanischem Ahorn und kleinen Kiefern wie der Bergkiefer *(Pinus mugo)*. Auf größeren Steinen kann man zwar nicht gehen, aber sie sehen interessant aus und sind für einen kleinen Garten ein echter Gewinn. Ein paar Steinblöcke, dazu Kiesel und Kies, sind in Verbindung mit ein oder zwei kleinen Sträuchern das ganze Jahr über sehr effektvoll und besonders für einen kleinen Innenhof oder Garten geeignet, den man die meiste Zeit durchs Fenster betrachtet.

Kies ist ein beinah universell einsetzbarer Belag. Er ist in unterschiedlichen Korngrößen erhältlich und in so vielen Sorten, wie es Natursteine gibt. Orientieren Sie sich bei der Auswahl am besten an dem in Ihrer Gegend üblichen Baumaterial oder am Mauerwerk Ihres Hauses. Weißer Kies wirkt sehr grell, und Quarzsplitt erinnert an Friedhöfe; Granit, Sandstein, Kalkstein, Dolomit, Porphyr, Flintstein oder Schiefer sind besser geeignet. Es werden verschiedene Farben und Formen angeboten. Ein warmes rötliches Braun, Bernstein- oder Graubrauntöne geben einen unaufdringlichen Hintergrund für Pflanzen ab. Grober Schotter wirkt in Verbindung mit zarten pflanzlichen Strukturen wenig reizvoll, und wie wir alle vom Strand wissen, geht es sich darauf sehr schlecht.

unten ***Sandstein aus York und gewöhnliche Ziegelsteine, beide ursprünglich honigfarben, sind hier gemeinsam gealtert. Nasser Sandstein wird schnell rutschig, Platten mit rauer Oberfläche sind daher zu bevorzugen. Ziegelsteine müssen stets frei von Moos gehalten werden.***

links ***Auch eine kleine Fläche lässt sich mit unterschiedlichen Materialien gestalten, wenn eines davon dominiert. Hier liegen parallel angeordnete Steinplatten wie »Flöße« in einem Meer aus Kieselsteinen.***

*Holzbretter ergeben ganz von selbst geometrische Strukturen. Unterschiedliche Ebenen sind schnell gebaut und bieten Sitzgelegenheiten. Separate Bereiche werden voneinander abgegrenzt, indem man die Bretter in verschiedene Richtungen verlegt. Der traditionelle Deckstuhl fügt sich harmonisch in diesen modernen Garten ein.*

Auf Beeten wirkt Kies wie eine schützende Mulchschicht; Sie können daher die gesamte Fläche damit belegen und begehbare Bereiche unmerklich in bepflanzte übergehen lassen. Wenn man die Wege mit Kunststoffvlies unterlegt, können dort keine Pflanzen wachsen. Entfernen Sie zuerst alle ausdauernden Unkräuter und bringen Sie dann eine rund 5 cm dicke Kiesschicht aus, die einjähriges Unkraut unterdrückt und den Boden feucht hält. Sollen sich einzelne Arten zwanglos selbst aussäen, lassen Sie das Vlies weg und jäten Sie nach Belieben.

Ein Holzboden passt gut in kleine Gärten, besonders Dachgärten, bei denen das Gewicht eine Rolle spielt. Am besten verlegt man ihn auf Querbalken, die auf soliden Pfosten (10 cm mal 10 cm) ruhen. Bedecken Sie den Boden zwischen den Balken etwa 8 cm hoch mit Schotter oder mit einer strapazierfähigen Kunststofffolie mit einer Lage Sand darauf, damit kein Unkraut hochkommen kann. Vom Rand her können sich Pflanzen über die Bretter ausbreiten, zusätzlich können Sie über Pflanzlöchern Lücken im Holzboden lassen und dort ganz kleine Bäume oder auf Hochstämme veredelte Sträucher setzen.

Holzböden eignen sich am besten für warme und trockene Bereiche. Besonders gut kommen sie in Verbindung mit graublättrigen Sträuchern zur Wirkung. Ungeeignet ist Holz in Gegenden mit viel Regen, Schnee oder Frost, wo es einen Teil des Jahres unschön und muffig feucht wirkt. Holz trocknet jedoch schnell und ist deshalb eine gute Wahl für eine Terrasse. Sie sollten in jedem Fall druckimprägniertes Holz verwenden und überlegen, ob Sie die Oberfläche streichen wollen oder ob Sie den Verwitterungseffekt bevorzugen. Es werden auch vorgefertige Bauteile angeboten, die aber etwas pflasterartig wirken und das Linienmuster zerstören.

Wenn Sie genug Platz für einen schmalen Pfad zum Hauseingang haben, sollten Sie dafür den gleichen Belag wie für den Garten verwenden, um einen zusammengestückelten Eindruck zu vermeiden. Auf kleinem Raum reichen vermutlich Wege von 75 cm Breite, um in den Garten und zu den Pflanzen zu kommen, doch können auf so schmalem Weg nicht auch noch Pflanzen austreiben und wachsen.

**Mauern, Zäune und Hecken**

Grenzeinrichtungen, besonders Mauern, können in kleinen Gärten geradezu erdrückend wirken. Mauern lassen sich aber mit Kletterpflanzen bekleiden oder auch zu einem eigenständigen gestalterischen Element machen. Wenn Sie über eine Ziegel- oder Trockensteinmauer aus alten honigfarbenen Ziegeln verfügen, die auch noch mit dem Mauerwerk Ihres Hauses harmoniert, sind Sie wirklich gut dran. Billige neue Ziegel sind oft von einem unangenehm harten Rotton und ergeben einen wenig vorteilhaften Hintergrund für Pflanzen. Eine Ziegelmauer sollten Sie nicht streichen, selbst wenn Ihr Garten dadurch aufgehellt würde. Sie müssten sonst beim alle drei oder vier Jahre fälligen Neuanstrich sämtliche Kletterpflanzen und Sträucher von der Wand abnehmen. Die meisten Farben blättern im Freien sowieso ab, und das ständige Streichen verhindert den erwünschten gereiften Eindruck. Viel besser ist es, Ziegel und Steine einfach altern zu lassen: Sie nehmen dabei natürliche Schattierungen an, die mit dem Hintergrund harmonieren und die Pflanzen am besten zur Wirkung kommen lassen. Eine wirklich hässliche Mauer können Sie mit einem robusten, hölzernen Rankgerüst verkleiden, den Rest erledigen Kletterpflanzen.

Holzzäune nehmen nur wenig Platz weg und erfüllen sofort ihren Zweck. Ein offener Lattenzaun bremst den Wind, ein undurchlässiger Zaun dagegen erzeugt innerhalb der Einfriedung Turbulenzen. Wind ist der größte Feind des Gärtners, er lässt die Blätter braun werden und ganze Pflanzen absterben. Ein stabiler Zaun aus senkrechten, gestaffelt angeordneten Brettern, die auf beiden Seiten der Haltepfosten überstehen, lässt Luft durch und schützt gleichzeitig vor Blicken. In Dachgärten, wo Sichtschutz normalerweise nicht erforderlich ist, genügt eine leichtere Lattenholzkonstruktion. Achten Sie darauf, stets druckimprägniertes Laub- oder Nadelholz aus nachhaltiger Nutzung zu verwenden.

Nadelholz kann versiegelt werden, wodurch die natürliche Holzfärbung betont wird, oder auch lasiert, um die Maserung deutlicher sichtbar zu machen. Weiche, grünblaue oder graubraune Farbtöne harmonieren mit Pflanzen am besten. Flechtzäune aus vorgefertigten Elementen sollten Sie nur dann verwenden, wenn Ihnen Ihr finanzieller Rahmen keine andere Wahl lässt. Solche Fertigteile sind meist nicht sehr stabil und grell orangebraun gefärbt; die billigeren können sich so stark verziehen, dass sie schließlich umfallen. Mit Flechtzäunen oder halbrunden, diagonal gesetzten Pfählen lässt sich eine rustikale Wirkung erzielen. Zäune aus gespaltenem, verknotetem Bambusrohr geben Struktur und einen etwas fernöstlichen Eindruck, halten aber meistens nicht lange.

Grenzeinrichtungen wirken weniger erdrückend, wenn sie Licht hereinlassen und Ausblick ermöglichen. In Gärten auf dem Lande bieten sich Palisadenzäune an, in der Stadt brauchen Sie wahrscheinlich mehr Sichtschutz. In Dachgärten sorgen dicke Glasscheiben oder Verkleidungen aus Polykarbonat, die an stabilen Pfosten angebracht sind, für guten Ausblick und schützen vor Wind. Strukturierte oder transparente Varianten lassen Licht durch, gewähren aber zugleich Abgeschiedenheit. Eisengeländer ergeben traditionelle und dekorative Zäune und Balkonsicherungen; vor Blicken schützen sie allerdings nicht.

Nah beim Haus gelegene Grenzeinrichtungen verkleidet man am besten mit Pflanzen, um ihnen ihre Dominanz zu nehmen. Hecken sind ideale Lärmschutzwände, entziehen dem Boden aber sehr viel Wasser und Nährstoffe, was die Unterpflanzung erschwert. Außerdem sind Hecken mindestens 60 cm tief und deshalb für einen kleinen Innenhof nicht ideal. Platz sparender

unten und unten links ***Spaliere sind vielseitig einsetzbar, wie diese Beispiele zeigen: Ein lichtdurchlässiges, engmaschiges Gitter (unten links) erhöht eine niedrige Mauer; ein Lattenspalier schützt vor neugierigen Blicken – die vertikale Struktur wird durch die Rillen der Stützpfeiler noch betont (unten); ein solides Rautenspalier verkleidet eine Wand.***

*Hecken als lebende Mauern: Die architektonische Wirkung wird durch exakten Schnitt erzielt. Weitere Charakteristika dieser eleganten quadratischen Anlage sind das zentrale, beschattete Becken, das von* Pachysandra terminalis *eingerahmt wird, und in einer Nische – ganz unerwartet – eine »Grotte« mit einer kleinen Figur.*

sind Kletterpflanzen wie *Clematis* oder Sträucher wie Feuerdorn *(Pyracantha)*, die man direkt an der Mauer ziehen kann und die mit etwa 25 cm Tiefe auskommen. Haben Sie mehr Platz, können Sie sperrigere Kletterpflanzen wie Jasmin oder Sträucher wie Deutzie *(Deutzia)* oder Pfeifenstrauch (Falscher Jasmin, *Philadelphus*) setzen. Betrachten Sie jede Mauer als eine Fläche, die mit immergrünen oder reich blühenden Pflanzen bekleidet werden kann, und Sie werden schnell die Bedeutung der Vertikalen als Gestaltungselement kleiner, hofartiger Gärten erkennen.

# Pflanzen

***In der geschützten Umgebung dieses kleinen, abgeschlossenen Gartens spielen Blattpflanzen die Hauptrolle, darunter auch eine prächtige panaschierte Keulenlilie* (Cordyline australis *'Albertii'*).**

In kleinen Gärten ist nicht sehr viel Platz für Pflanzen, umso mehr Sorgfalt sollten Sie auf die Auswahl verwenden. Kaufen Sie nur zuverlässige Arten oder Sorten, deren Standortansprüche zu den Klima- und Bodenverhältnissen Ihres Gartens passen. Diese Faktoren lassen sich nicht wesentlich verändern, beschränken Sie sich deshalb auf Pflanzen, die an die gegebenen Bedingungen angepasst sind. Wichtig ist vor allem der Boden: Ist er sauer oder basisch, trocken oder nass – und in welchem Zustand befindet er sich? Die Böden von kleinen Gärten mit vielen Pflanzen darin werden ungewöhnlich stark beansprucht; durch reichliche Gaben von gutem Kompost oder Dung lassen sich Struktur und Qualität aber durchaus verbessern (siehe Seite 57). Die Winterhärte ist ein anderer wesentlicher Punkt bei der Auswahl der Pflanzen. Auch hier müssen die besonderen Bedingungen Ihres Gartens berücksichtigt werden: Kleine, von allen Seiten eingeschlossene Stadtgärten haben meist ein deutlich milderes Mikroklima als Gärten, die frei in der Landschaft liegen, sie erlauben daher auch die Kultur empfindlicherer Pflanzen.

Wie passen die einzelnen Pflanzen langfristig in Ihr Konzept? Es liegt auf der Hand, dass Sie keine Pflanzen kaufen sollten, die allzu groß werden. Das Rückgrat oder Gerüst eines Gartens bilden im Allgemeinen Sträucher; für ganz kleine Gärten sind nur solche geeignet, die schnittverträglich sind, also zum Beispiel ganz flach an einer Wand oder auch als kleines, frei stehendes Exemplar gezogen werden können. Einige immergrüne Sträucher dürfen nicht fehlen. Dieses Gerüst spielt besonders im Winter eine wichtige Rolle, wenn immergrüne Pflanzen und solche mit besonders schönem Wuchs die Szene beherrschen.

unten ***Der mustergültigen Gestaltung des Belags entspricht die sorgfältige Pflanzenauswahl: Der Lavendel in der Mitte, Silberrauten*** **(Artemisia)*****, Heiligenblumen*** **(Santolina)** ***und Thymian bleiben in ihrem sonnigen Kiesbett handlich klein.***

In einem kleinem Garten steht jedes Detail das ganze Jahr über im Blickpunkt; für Sträucher, die zwei Wochen lang blühen, sonst aber einen eher trostlosen Anblick bieten, ist da kein Platz. Die Basis werden daher vor allem Pflanzen mit schöner Belaubung bilden, auch mit Laub abwerfenden Pflanzen lassen sich lang anhaltende und zudem im Jahresverlauf wechselnde Wirkungen erzielen. Suchen Sie sich möglichst Pflanzen mit ganzjährig attraktivem Laub oder solche, die zu mehr als einer Jahreszeit ihre Reize entfalten wie zum Beispiel Frühjahrsblüher, deren Laub sich im Herbst leuchtend verfärbt. Erstrebenswert ist auch eine möglichst lange Blüte oder mehrere Blühperioden, wie wir sie bei einigen Rosen und Waldreben finden. Denken Sie daran, wie wichtig der jahreszeitliche Wandel ist, und kultivieren Sie Pflanzen für jede Jahreszeit. Nach einem strengen Winter erscheinen als Erste die früh blühenden Blumenzwiebeln auf der Bühne, die anschließend einziehen und Platz für leuchtende Sommerfarben schaffen, ohne hässliche Lücken zu hinterlassen. Vom Spätsommer an treten der schöne Wuchs und die Herbstfärbung von Pflanzen wie etwa dem Japanischen Ahorn in den Vordergrund, die schließlich im Winter von den eleganten, skelettartigen Strukturen von Ziergräsern oder Stauden wie *Sedum spectabile* abgelöst werden.

ganz rechts ***Dieser abgeschirmte Garten verändert sich im Jahresverlauf nur wenig, denn viele der Pflanzen sind immergrün, zum Beispiel Hanfpalme*** **(Trachycarpus fortunei)*****, Zwergpalme*** **(Chamaerops humilis)*****, bläulicher Wacholder und Weymouthskiefer*** **(Pinus strobus)*****. Sie alle brauchen eine sehr geschützte Lage. Dominierend ist die Wasserfläche mit ihren Spiegelungseffekten.***

Das Überangebot an Pflanzen, mit dem wir heute konfrontiert sind, erleichtert die Wahl nicht gerade. Besuche in Gartencentern oder Baumschulen sind immer wieder verführerisch, aber wenn Sie nur einen kleinen Garten besitzen, sollten Sie den vielfältigen Versuchungen besser nicht nachgeben, sondern sich auf eine sorgfältige Auswahl konzentrieren. Gerade auf beengtem Raum geht Qualität ganz eindeutig vor Quantität, und nur gut gedeihende Pflanzen werden blühen und die in sie gesetzten Erwartungen auf lange Sicht erfüllen.

## Eignung für den Standort

Informieren Sie sich vor dem Kauf eingehend über die Ansprüche jeder einzelnen Art oder Sorte. Wertvolle Hinweise zu Höhe und Breite, Wuchsform sowie Ansprüchen an Boden und Lage finden Sie im Pflanzenverzeichnis dieses Buchs (ab Seite 130), außerdem natürlich in Gartenhandbüchern. Nutzen Sie diese Informationen, wenn sich die Frage stellt, ob eine bestimmte Pflanze in Ihren Garten passt. Die Größenangaben beziehen sich bei Stauden und Sträuchern im Allgemeinen auf fünf Jahre alte Pflanzen, bei Bäumen auf zehn Jahre alte. Auch in qualifizierten Gärtnereien und Baumschulen wird man Sie hinsichtlich der zu erwartenden Größe und Wachstumsgeschwindingkeit der Pflanzen beraten. Exakte Angaben können Sie natürlich nicht erwarten, denn wie bei allen lebenden Wesen gibt es bei Pflanzen individuelle Unterschiede.

Sie werden aber eine einigermaßen realistische Vorstellung davon bekommen, wie viel Platz Ihre Pflanzen in ein paar Jahren beanspruchen werden.

Mit diesem Wissen bewaffnet, werden Sie leichter der Versuchung widerstehen können, die Pflanzen zu dicht zu setzen. Am besten richtet man sich nach einer maßstabsgerechten Zeichnung, in der die Pflanzen als Kreise in festgelegten Abständen zueinander eingetragen werden. Die Abstände sollten so bemessen sein, dass jede Pflanze genug Platz hat, um ihren endgültigen Durchmesser zu erreichen. In den Lücken kann man in den ersten ein oder zwei Jahren Einjährige aussäen, oder man setzt Sommerblumen.

In ihrer natürlichen Umgebung wachsen Pflanzen nur selten einzeln; meist stehen sie in größeren Gruppen, die aus Saat, Ausläufern oder Wurzelbrut hervorgegangen sind. Solche Vorbilder aus der Natur sind eine gute Orientierungshilfe bei der Pflanzung von Blumenzwiebeln und Stauden, selbst auf ganz bescheidenem Raum. Eine ungerade Anzahl von Pflanzen wirkt natürlicher und bietet einen gefälligeren Anblick als gerade Zahlen. Man setzt Pflanzen daher am besten in Dreier- oder Fünfergruppen, je nach Größe und Bedeutung im Gesamtschema. Manchmal kann aber auch eine Einzelpflanze, die den Blick des Betrachters lenkt, sehr wirkungsvoll sein. Das Motiv einer Dreiergruppe von blauem Phlox *(Phlox divaricata* ssp. *laphamii* 'Chattahoochee'*)* zum Beispiel, die neben einem Pflaster wächst, könnte ganz subtil in einem einzelnen Exemplar noch einmal anklingen, das weiter entfernt zwischen anderen Einfassungspflanzen steht. Dies ist auch in freier Natur zu sehen, wo ein etwas von der Elternpflanze entfernt wachsender Sämling ganz bezaubernd wirken kann.

links ***In sonnenverwöhnten Gegenden bietet ein Blätterdach eine kühle, schattige Oase. Buchsbaumkugeln kontrastieren hier mit den zarten, glänzend grünen, stechpalmenartigen Blättern des Tropischen Schildfarns*** **(Cyrtomium falcatum)*****, unter dem immergrüne, winterblühende Fleischbeeren*** **(Sarcococca confusa)** ***und Liriope*** **(Liriope spicata)** ***wachsen.***

## Platzansprüche

Pflanzen wachsen bis zu einer von der Natur vorgegebenen Höhe und Breite heran. Mit beengten Platzverhältnissen kommt nicht jede Art ohne weiteres zurecht, es ist daher wichtig, nicht zu viel und zu eng zu pflanzen. Vorsicht ist geboten bei Pflanzen wie der Zaubernuss *(Hamamelis)*, die zwar nicht sehr hoch wird, dafür aber stark in die Breite wächst. Auch auf Pflanzen, deren natürliche Wuchsform durch Schnittmaßnahmen beeinträchtigt wird, sollten Sie besser verzichten. Selbst einige große Sträucher wie der Schmetterlingsstrauch *(Buddleja)*, die von einem kräftigen Rückschnitt im Frühjahr profitieren, wachsen im Laufe des Sommers wieder zu so stattlicher Größe heran, dass sie für ganz kleine Gärten nicht in Frage kommen. Greifen Sie deshalb besser auf kleiner bleibende Sorten zurück, zum Beispiel *Buddleja davidii* 'Nanho Blue', die höchstens 1,5 m Höhe und Breite erreicht. Auch vom Flieder gibt es einige klein bleibende, aber stark duftende Sorten: *Syringa meyeri* var. *spontanea* 'Palibin' bildet einen runden, feintriebigen Busch, der im Frühjahr mit malvenfarbenen Blüten bedeckt ist. Etwas später im Frühling und nochmals im Spätsommer blüht *S. pubescens* ssp. *microphylla* 'Superba', die ein wenig höher und schmaler wächst.

rechts ***Enge, hofartige Grundstücke bieten die Möglichkeit, die Gartenfläche in vertikaler Richtung zu erweitern. Hier zieren Kletterrosen und Jasmin die Mauern, in ihrem Schatten wachsen Hortensien, Buchsbaum, Funkien und kleine Rhododendren.***

ganz rechts ***Diese Gruppe Schatten liebender, immergrüner Sträucher muss von Zeit zu Zeit geschnitten werden, um den Rahmen nicht zu sprengen. Blaufrüchtige Mahonie, panaschierte Portugiesische Lorbeerkirsche (vorn) und Ölweide (rechts) sowie eine Aukube sind hier dicht um eine Japanische Wollmispel*** **(Eriobotrya japonica)** ***gruppiert.***

links ***Auch sparsamer Einsatz von Pflanzen kann sehr wirkungsvoll sein. Die verschiedenen Funkien, die Hortensie und der Bambus fühlen sich im Schatten wohl. Ihnen wurde ein Klebsame beigesellt*** **(Pittosporum tobira)**, ***ein sehr frostempfindlicher, immergrüner Strauch mit duftenden weißen Frühlingsblüten, der vom Mikroklima dieses Innenhofs profitiert.***

Im Allgemeinen wird man in ganz kleinen Gärten auch ganz kleine Sträucher pflanzen. In saurem Boden gehören dazu auf jeden Fall Azaleen und Zwergrhododendren (siehe Seite 56 für weitere Hinweise zu diesen Pflanzen). Auch für andere Bedingungen gibt es sehr viele Zwergsträucher: Der Laub abwerfende, einheimische Gemeine Seidelbast *(Daphne mezereum)* öffnet im Spätwinter seine rosa bis dunkelroten, stark duftenden Blüten. Die viel kleineren Sorten der *D. sericea* Collina-Gruppe haben ähnlich stark duftende Blüten, sind aber immergrün und verlangen torfigen Boden. Unter den Sommerblühern ist die Auswahl an kleinen Sträuchern viel größer, hier finden sich Fingersträucher *(Potentilla)*, Heiligenblumen *(Santolina)*, Sonnenröschen *(Helianthemum)*, Zistrosen *(Cistus)*, Strauchveronika *(Hebe)*, Rosmarin *(Rosmarinus officinalis)*, Weinraute *(Ruta)* und Lavendel *(Lavandula)*. Zwergmispeln *(Cotoneaster)* gibt es in kleinen Formen wie dem als Bodendecker geeigneten *C. salicifolius* 'Gnom' oder dem kriechenden *C. congestus*. Ebenso wertvoll sind kleine Weiden wie die wollblättrige *Salix lanata* und der niedrig bleibende Purpurginster *(Chamaecytisus purpureus)*. Das Johanniskraut *Hypericum* x *moserianum* blüht den ganzen Sommer über goldgelb; zum Herbst schließen sich blau blühende kleine Sträucher an wie Willmotts Hornnarbe *(Ceratostigma willmottianum)* oder Bartblume *(Caryopteris* x *clandonensis* 'Kew Blue'*)*. Vergessen Sie nicht die Sträucher, die wie etwa die Mahonie *Mahonia* x *media* 'Winter Sun' bogig überhängend wachsen, so dass Platz zur Unterpflanzung bleibt. Besonders schwachwüchsig sind etwa der Ahorn *Acer shirasawanum* f. *aureum* und weitere Immergrüne wie der Stechginster *(Ilex)*. Einige der so genannten Zwergnadelgehölze, zum Beispiel die tief samtgrüne Kleine Muschelzypresse *(Chamaecyparis obtusa* 'Nana Gracilis'*)*, wachsen hingegen sehr langsam, sind aber keine ganz klein bleibenden Zwergformen.

oben ***In diesem geschützten Innenhof mit seinem günstigen Mikroklima steht ein nicht winterharter Nachtschatten*** **(Solanum rantonnetii)**, ***hier als Hochstamm gezogen, dessen tiefblaue Blüten zur Farbe der Gartenmöbel passen.***

### Schnitt

Wenn sich die Wuchskraft eines Strauchs bändigen lässt, muss Sie seine theoretische Größe nicht unbedingt schrecken. Viele Sträucher vertragen Schnitt; Forsythien, Deutzien und Kolkwitzien zum Beispiel müssen sogar gleich nach der Blüte zurückgeschnitten werden, denn sie blühen stets an den vorjährigen Trieben. Andere Blütensträucher wie Zierquitten *(Choenomeles)* und kleinere Hortensien können vorsichtig geschnitten werden; ihre natürliche Wuchsform sollte dabei beachtet werden. Einige Sträucher dagegen überlässt man besser weitgehend sich selbst und lichtet nur einmal im Jahr vorsichtig aus. So wächst der Schneeball *(Viburnum davidii)* von selbst zu einem gut geformten Strauch heran, ebenso Strauchveronika *(Hebe)*, Seidelbast und die kompakten, sauren Boden liebenden Skimmien. Hier ist nur ein gelegentlicher, vorsichtiger Eingriff nötig. Sträucher wie Buchsbaum *(Buxus)*, Eibe *(Taxus)* und Liguster *(Ligustrum)* können durch exakten Schnitt in nahezu jede Form gebracht werden, sie eignen sich daher besonders gut für niedrige Hecken und Formschnittgärten.

**Der Einfluss des Mikroklimas**

Betrachten wir zwei Gärten, die in derselben Klimazone liegen, vielleicht nur eine halbe Autostunde voneinander entfernt, doch in ganz unterschiedlicher Umgebung: der eine in der Stadt, umgeben von Gebäuden und im Schutz von Mauern, der andere auf dem Land, offen und ohne Schutz vor Wind. Der erste Garten wird um mehrere Grad wärmer sein als der zweite, weil er geschützt liegt und die umgebenden Gebäude Temperaturschwankungen dämpfen. Ein so begünstigtes Mikroklima erweitert die gärtnerischen Möglichkeiten beträchtlich: In an sich gemäßigten Klimazonen kann man hier auch weniger frostharte Arten, darunter manche mediterrane, kultivieren. In absolut frostfreien Gärten, zum Beispiel im milden englischen Klima, wachsen selbst Kakteen, und auch einige größer werdende exotische Pflanzen wie ein Baumfarn *(Dicksonia antarctica)* oder eine *Monstera* sind dort einen Versuch wert. An einer warmen, sonnigen Mauer wird vielleicht nicht nur die winterharte Glyzine gedeihen, sondern auch empfindlichere Kletterpflanzen wie die Schönranke *(Eccremocarpus scaber)*. Eine Mauer, die im Schatten liegt, kann immer noch warm genug für den immergrünen, kletternden Korallenstrauch *(Berberidopsis corallina)* sein.

**Schön im Schatten**

Schatten ist eines der häufigsten Probleme kleiner Gärten. Dabei müssen wir Bereiche mit normal feuchtem Boden von solchen unterscheiden, wo zum Schatten auch noch Trockenheit hinzukommt. In solche dunklen, trockenen Ecken lässt sich im Frühling mit unkomplizierten Stauden Farbe bringen, etwa mit einer Wolfsmilch *(Euphorbia robbiae)* mit lindgrünen Blütenständen, kombiniert mit dem frischen Grün des Dornigen Schildfarns *(Polystichum aculeatum)*. Dazu kommen dekorative Bodendecker wie Taubnesseln *(Lamium)*, Efeu, Kriechender Günsel *(Ajuga reptans)* mit purpurroten Blättern, Kleines Immergrün *(Vinca minor*, etwa die panaschierte Sorte 'Variegata'*)* und die kriechende Waldsteinie *(Waldsteinia ternata)*. Im zeitigen Frühjahr öffnen auch die eleganten Elfenblumen *(Epimedium)* ihre kleinen Blüten, die auf ganz dünnen Stielen stehen. Das ausdauernde Silberblatt *(Lunaria rediviva)* steuert dunkelrote und weiße Blüten bei, aus denen sich zum

***Ein schattiger Tunnel führt zu der abgeschiedenen Sitzecke, in der eine Galionsfigur die Aufmerksamkeit auf sich zieht. Einjährige Sommerblumen und Kübelpflanzen bringen Farbe ins Bild.***

Herbst die elliptischen Schoten mit ihrer durchscheinenden Scheidewand entwickeln. Bergenien sind beliebt wegen ihrer stark glänzenden Blätter und der rosa oder kirschroten Blüten. Eine für kleine Gärten besonders geeignete Sorte ist die hellrosa blühende, nur 20 cm hohe 'Baby Doll'. Wenn der Sommer voranschreitet, verschwinden die schön gelappten Blätter des Frauenmantels *(Alchemilla mollis)* förmlich unter seinen blassgelben Blütenwolken. Mit gelber Flatterhirse *(Milium effusum* 'Aureum'*)* lässt sich die Szenerie zusätzlich beleben. Im Herbst schließlich erscheinen die malvenfarbenen Blütenähren der Liriope *(Liriope spicata)*. Auch sie passt mit ihren immergrünen grasartigen Blättern und nur 30 cm Höhe gut in kleine Gärten.

Böden, die nicht restlos austrocknen, bieten größere Gestaltungsmöglichkeiten. Als immergrüner Hintergrund eignet sich der winterblühende Lorbeerschneeball *(Viburnum tinus)*, besonders die Sorte 'Gwenllian', die nur gut 1 m Höhe und Breite erreicht. Die buntlaubige Aukube 'Rozannie' *(Aucuba japonica* 'Rozannie'*)* mit ihren leuchtend roten Beeren passt sehr gut zu der niedrigen, schmalblättrigen Lorbeerkirsche *Prunus laurocerasus* 'Dart's Low Green'. Laub abwerfende Sträucher wie die Hortensie 'Blue Deckle' wachsen kompakt und blühen im Spätsommer überreich, die tiefrosa blühende Sorte 'Preziosa' besticht im Herbst zusätzlich durch bronzefarbenes Laub.

Zur Unterpflanzung der Sträucher eignen sich am besten niedrig bleibende Stauden mit langer Blütezeit. Einige Nieswurzarten wie *Helleborus corsicus* und *H. foetidissima* tragen vom zeitigen Frühjahr an etwa vier Monate lang blassgrüne Blüten. Das Kaukasus-Vergissmeinnicht *(Brunnera macrophylla)* hat große, runde Blätter und bildet lockere Blütenstände in Blau oder in Weiß; das Gedenkemein *(Omphalodes verna)* hat zartere Blätter und an Vergissmeinnicht erinnernde Frühlingsblüten. Über diesen niedrig bleibenden Pflanzen erheben sich die bogenförmigen Stengel des Salomonssiegels *(Polygonatum* x *hybridum)*, dessen cremeweiße Glöckchenblüten sich im späten Frühjahr öffnen. Die Blüten des Tränenden Herzens *(Dicentra spectabilis)* folgen, abgelöst von Akelei *(Aquilegia vulgaris)* und später im Jahr vom Fingerhut *(Digitalis)*. Im lichteren Schatten gedeiht das weiß blühende Hornveilchen *(Viola cornuta* 'Alba'*)*, das sich auch gegenüber den starkwüchsigen Sorten des Wurmfarns *(Dryopteris filix-mas)* behauptet.

### Heiße und exponierte Standorte

Intensives Sonnenlicht kann für Pflanzen genauso zum Problem werden wie tiefer Schatten. Die Natur hat dem entgegengewirkt: Pflanzen heißer Zonen haben oft relativ kleine Blätter oder sind von feinen Haaren bedeckt, was die Verdunstung mindert und das Sonnenlicht von den Blättern reflektiert. Deshalb sind viele sonnenliebende Pflanzen grau oder silbrig. Für einen kleinen Garten mit trockenen, sonnigen Bedingungen greift man am besten auf Pflanzen aus dem Mittelmeerraum, aus Steppen oder sogar aus subtropischen Gebieten zurück. Sie alle bevorzugen konstant trockene Bedingungen. Wenn mit längeren Regenperioden im Winter zu rechnen ist, muss ein wirklich guter Wasserabzug gewährleistet sein; in kalten, vernässten Böden werden diese Pflanzen nicht gedeihen.

Für einen so exponierten Platz wie einen Dachgarten sollten Pflanzen mit ähnlichen Ansprüchen ausgewählt werden, die in der Lage sind, längere Hitze- und Trockenperioden zu überstehen. Die Grundlage bilden kleine Sträucher, zum Beispiel lange blühende Sorten des Fingerstrauchs *(Potentilla fruticosa)*, von denen viele nicht einmal 1 m hoch werden. Die Blätter sind sehr klein, doch blühen die Pflanzen überreich, meist gelb. Bei *P. fruticosa* 'Manchu' stehen rein weiße Blüten zwi-

links ***Die Mauer mit dem wunderschönen kupfernen Brunnen bekommt kaum Sonne ab, die Rabatte links davon umso mehr, so dass graublättrige mediterrane Pflanzen wie Lavendel und Wollziest* (Stachys lanata) *dort ausgesprochen gut gedeihen.***

rechts ***Um die Mittagszeit liegt diese Dachterrasse in Paris in der vollen Sonne, denn die Seitenwände bieten nach oben hin keinen Schutz. Die silberblättrigen Heiligenblumen* (Santolina) *und* Artemisia-*Arten fühlen sich in diesem Klima richtig wohl.***

oben ***Ein interessanter Kontrast: die aufrecht stehenden Blütenstände der Fackellilie* (Kniphofia *'Little Maid'*) *neben den flach ausgebreiteten der Fetthenne* (Sedum spectabile *'Brilliant'*). *Beide brauchen gut durchlässigen Boden und viel Sonne.***

schen den grauen Blättern, diese kleine, kriechende Sorte wächst nahezu dem Boden aufliegend. Auch die kleineren Vertreter der Zistrosen sind sehr gut geeignet. *Cistus* x *hybridus* oder auch *C.* 'Silver Pink' sind dichte Sträucher mit grauen Blättern und rosa Blüten. Als Ergebnis einer Kreuzung mit *Halimium* entstand die wunderschöne x *Halimiocistus sahucii*, ein nur 30 cm hoher, aber breit wachsender Strauch mit zahllosen weißen Blüten.

Perfekt geeignet für kleine, ganzjährig sonnige Gärten sind verschiedene Arten der Strauchveronika *(Hebe)*, von denen es viele Zwergsorten gibt, etwa die zinngraue *H.* 'Carl Teschner' mit purpurroten Blüten, *H. pinguifolia* 'Pagei' mit bläulichen Blättern und die silbrige *H. pimeleoides* 'Quicksilver'. Auch Heiligenblumen *(Santolina)* und Lavendel sind für sonnige Plätze ideal. Die zuverlässige graublättrige *Santolina chamaecyparissus* blüht gewöhnlich mimosengelb, es gibt aber auch eine zitronengelbe Sorte, *S. pinnata neapolitana* 'Edward Bowles', die grünlich-graue Blätter hat und kleiner als die Art ist. Die Blätter von *S. rosmarinifolia* 'Primrose Gem' dagegen sind von einem frischen Moosgrün. Lavendel verdient wegen seines Dufts, seiner Form und seiner vielseitigen Verwendbarkeit einen Platz an der Sonne. *Lavandula angustifolia* 'Hidcote' ist eine Zwergsorte mit dunklen, fliederfarbenen Blüten, die recht dicht wächst und sich gut für Einfassungen eignet.

Sehr schön passt dazu etwa die weiß blühende Silberkamille *Anthemis punctata* ssp. *cupaniana* oder auch ein paar rötlich braune Farbtupfer, wie der dunkelrot blühende Kugellauch *(Allium sphaerocephalon)* oder später im Sommer *Knautia macedonica,* deren tiefrote Blüten an Skabiosen erinnern.

Als Einfassung eignet sich eine der kleineren Storchschnabelarten, zum Beispiel der Kaukasus-Storchschnabel *(Geranium renardii)*.

## Aufgaben und Funktionen

Pflanzen können als lebendes Baumaterial betrachtet werden, als Bausteine des Gartens oder als Mittel, um Flächen zu gliedern. Auf kleinem Raum kommt jeder einzelnen Pflanze eine wesentliche Funktion zu, sei es, dass sie das Gerüst bildet, Mauern bekleidet oder einfach farbliche Akzente setzt.

links ***Koniferen in unterschiedlichen Schattierungen bilden das immergrüne Gerüst dieses Gartens, zusätzliche Farbakzente setzen sommergrüne Gehölze wie rotlaubige Ahornsorten und panaschierte Hartriegel. Im Sommer bringen frostempfindliche Kübelpflanzen Abwechslung.***

### Das Gerüst des Gartens

In der Regel bilden immergrüne Gehölze das Gerüst eines kleinen Gartens. Da sie ihr Laub nicht abwerfen, schaffen sie eine dauerhafte Kulisse, vor der sich im Laufe der Jahreszeiten immer neue Pflanzen präsentieren können. Sie sind damit ebenso wertvolle Gestaltungselemente wie Pflaster, Mauern oder Zäune.

Zu den immergrünen Sträuchern, die für kleine Gärten besonders geeignet sind, gehört der Lorbeer, dessen glänzende Blätter in dunklen Ecken das Licht reflektieren. 'Mischeana' ist eine Sorte der Lorbeerkirsche *(Prunus laurocerasus)* mit langen, glatten Blättern und breiter, abgeflachter Krone. Sie bleibt kleiner als die Art und eignet sich selbst in tiefem Schatten als frei stehende, stark wachsende Grundbepflanzung. Auch die Orangenblume *(Choisya)* hat glänzendes Laub, besonders empfehlenswert ist eine kleinere Sorte, 'Aztec Pearl', mit aromatisch duftenden Blättern. Sie blüht zweimal im Jahr, zunächst im späten Frühjahr und dann noch einmal im Spätsommer. In strengen Wintern sollte sie mit Vlies abgedeckt werden. Für tiefen Schatten ist Feuerdorn *(Pyracantha)* ideal, den man auch als Strauch an Mauern ziehen kann. Am Fuß der Sträucher, die als Grundbepflanzung dienen, bringen panaschierte Zwergsorten des Kletter-Spindelstrauchs *(Euonymus fortunei)* Licht und Farbe: Die Sorte 'Emerald Gaiety' hat weiß und grün panaschierte Blätter, bei 'Emerald ´n´Gold' sind sie gelb und grün.

In sonniger Lage an einer warmen Mauer sind die immergrünen Säckelblumen *(Ceanothus)* sehr schön, die allerdings nur in milden Lagen ausreichend winterhart sind. Es gibt viele dunkelblau blühende Sorten, von denen 'Gloire de Versailles' die härteste ist. Man schneidet jedes Jahr einige Triebe zurück, um das Wachstum unter Kontrolle zu halten und die Bildung junger Triebe anzuregen. Auch die ganz kleine *Escallonia*-Hybride 'Red Elf' ist in Gegenden mit mildem Klima einen Versuch wert. Sie ist immergrün, wirft aber in besonders kalten Wintern das Laub ab. Härter als 'Red Elf' ist 'Langleyensis'. Natürlich wäre ein Pflanzengerüst ausschließlich aus immergrünen Mauersträuchern recht langweilig, einige auffälligere Gestalten dürfen nicht fehlen. Die gefährlich stachelspitzigen Palmlilien *(Yucca)* sind auf kleinem Raum zu aufdringlich steif, die gewünschte Wirkung lässt sich aber auch mit den ebenso schwertförmigen, immergrünen Blättern von Neuseeländischem Flachs *(Phormium)* erzielen. 'Maori Sunrise' ist eine relativ klein bleibende Sorte mit purpurroten Blättern, auch *Ph. cookianum* ssp. *hookeri* 'Cream Delight' bleibt klein und hat elegant zurückgebogene Blätter, die das zentrale, typisch schwertförmige Laub umgeben. Die frostempfindliche Pflanze kann im mitteleuropäischen Klima allerdings nur im Kübel gezogen werden.

### Ordnung durch Gliederung

Ein sehr kleiner Garten kann rasch zum reinsten Chaos werden, wenn die eigenwillige Natur vieler Pflanzen nicht berücksichtigt wird. Hält man sie aber mit schön geschnittenen, ganz niedrigen Hecken in Schranken, kann sich der Garten sehen lassen. Gliederung ist immer ein wirksames Mittel, um Ordnung zu halten. Am besten eignen sich dazu die vielen

oben **Beeteinfassungen aus geschnittenem Buchsbaum passen ausgezeichnet in symmetrisch angelegte, formale Gärten wie den hier abgebildeten. Die Bepflanzung der quadratischen Beete wechselt mit der Jahreszeit; in diesem Sommer sind es Gartennelken (Dianthus).**

rechts **Völlig anders wirkt dieses grüne Pflanzenmeer. Eine einzelne Formschnittpflanze – eine als Hochstamm gezogene Konifere – gibt der romantischen, fließenden Unordnung Halt.**

Sorten des winterharten Buchsbaums *(Buxus sempervirens)*. 'Suffruticosa' ist eine weit verbreitete Zwergsorte, 'Rotundifolia' lässt sich gut zu kuppelförmigen Formen schneiden. 'Elegantissima' und 'Aureovariegata' sind silberweiß bzw. gelb panaschierte Sorten, die Farbe in den Garten bringen. Lavendel und Heiligenblumen ergeben dichte, graublättrige Einfassungen für Beete mit dekorativer Bepflanzung. Eine Alternative für wärmere Gebiete sind die duftenden Myrten, die neben mildem Klima sehr durchlässigen Boden brauchen. Gamander *(Teucrium chamaedrys)* ist ein aromatischer, mittelgrüner Halbstrauch von etwas unregelmäßigem Wuchs, der im Spätsommer rosa blüht und etwa 30 cm hoch wird. Als Abschirmung für eine Sitzecke oder den Grillplatz sind duftende Lavendelhecken oder die weniger dicht wachsenden Bartblumen *(Caryopteris* x *clandonensis* 'Kew Blue'*)* genau das Richtige.

## Ein Kleid für die Wände

Ein Garten wird schnell zu einer grünen Oase, wenn Mauern und Zäune mit Sträuchern und Kletterpflanzen bekleidet sind. Dazu eignen sich Pflanzen, die sich entweder nicht zu stark ausbreiten oder durch Schnitt willig in Form bringen lassen. Der anspruchslose, Schatten ertragende Feuerdorn zum Beispiel, die Sonne liebenden, immergrünen Säckelblumen und, in etwas geschützterer Lage, auch die schön blühenden Eskallonien brauchen weniger Platz als viele andere Mauersträucher und lassen sich so schneiden, dass sie der Mauer dicht anliegen. Der Boden am Fuß einer solchen Mauer sollte mit gut verrottetem, faserigem Kompost angereichert werden, um die Feuchtigkeit zu halten.

Eine Laub abwerfende Alternative stellen die früh blühenden Zierquitten *(Choenomeles)* dar. Um ihren eleganten Wuchs nicht zu beeinträchtigen, sollten sie nicht stark gestutzt werden, sondern nur einen vorsichtigen Erziehungsschnitt erhalten. Unter den vielen rot, rosa und weiß blühenden Sorten ist die apfelblütige *Ch. speciosa* 'Moerloosei' eine besondere Schönheit. *Ch.* x *superba* 'Pink Lady' bleibt niedrig und wächst

mehr in die Breite, sie macht sich daher gut unter einem Fenster. Auch die niedrigen, grätenförmig verzweigten Sorten von *Cotoneaster horizontalis* eignen sich als attraktive »Fensterrahmen« und legen sich wie ein Teppich über das Wegpflaster. Kletterpflanzen beanspruchen weniger Bodenfläche als Mauersträucher; bei beengten Platzverhältnissen sind sie daher die bessere Wahl. Immergrün sind nur wenige von ihnen, kleinblättrige Efeusorten wie *Hedera helix* 'Oro di Bogliasco' (syn. 'Goldherz') etwa, die mit ihren gelben Blättern selbst schattigste Gartenbereiche aufhellt. Ausgewachsen wird sie leicht kopflastig und muss zurückgeschnitten werden. Auch Waldreben *(Clematis)* gedeihen auf engem Raum. Unter den

beiden immergrünen Arten zeichnet sich *C. cirrhosa* var. *balearica* durch farnartige Blätter und schöne, cremefarbene, hängende Glockenblüten aus, die im Winter erscheinen. Von üppigerem Wuchs ist *C. armandii* mit langen, glänzenden Blättern und weißen oder rosa Blüten im zeitigen Frühjahr. Kleiner und völlig winterhart sind die Alpenwaldrebe *(C. alpina)* und *C. macropetala,* die beide im Frühjahr kleine Blütenlaternen und im Herbst lockere Fruchtstände mit langen Haarschweifen tragen. Im Sommer blühen die meist violetten oder weißen Sorten von *C. viticella*, eine der schönsten ist jedoch die dunkelblaue 'Polish Spirit'. Darüber hinaus gibt es zahlreiche großblumige Sorten, die alle nur wenig Platz brauchen. Kletterrosen dürfen in keinem Garten fehlen. Wählen Sie robuste, krankheitsresistente Sorten, denn abgeschlossene, schlecht belüftete Standorte begünstigen die Ausbreitung von Pilzkrankheiten und Insekten. Einige Kletterrosen wie die dunkelrote 'Guinée' und die reich blühende Noisette 'Mme. Alfred Carrière' gedeihen gut an kühlen, schattigen Wänden. Einen sonnigen Platz bevorzugen die weiße, sehr üppig und früh blühende 'Aimée Vibert', ebenfalls eine Noisette-Rose, und 'Adelaïde d'Órléans' mit zahllosen dicht stehenden, blassrosa Blüten. Das ist natürlich nur eine kleine Auswahl, achten Sie beim Kauf auf Duft, Wuchsform und nicht allzu starkes Wachstum. Für ganz bescheidene Platzverhältnisse eignen sich Rosen, die sich an Säulen ziehen lassen, zum Beispiel 'Casino' mit Büscheln gefüllter, halbkugeliger duftender Blüten oder die ebenfalls duftende 'Dublin Bay' mit ihren fast blutroten Blütenbüscheln. Andere blühende Kletterpflanzen für kleine Gärten sind der Jasmin-Nachtschatten *(Solanum jasminoides)*, der an einer sonnigen, geschützten Wand sehr lange blüht, und die Blaue Passionsblume *(Passiflora caerulea)*, die allerdings sehr mildes Klima mit warmen Sommern braucht. Unter den Kletterpflanzen mit attraktivem Laub sind an erster Stelle die selbstklimmenden Jungfernreben zu nennen, zum Beispiel die zierliche, nur in milden Lagen winterharte *Parthenocissus henryana* mit ihren hell geäderten, dunkelgrünen, fünflappigen Blättern, die sich im Herbst flammend rot färben.

### Bäume für kleine Gärten

Kleine Bäume spenden Schatten und schirmen nach oben hin ab; sie können aber auch zum zentralen Blickpunkt des Gartens werden. Für diesen Zweck eignet sich ein Zierapfel wie der säulenförmig wachsende 'Van Eseltine' oder die viel kleinere Zwergmispel *Cotoneaster* x *watereri* 'Pendulus' mit überhängendem Wuchs, die meist auf einen 2 m hohen Stamm veredelt wird. Diese Technik ist auch bei anderen, an sich bodendeckenden Pflanzen üblich, etwa panaschierten Spindelsträuchern oder einigen alpinen Weidenarten wie der Schweizer Weide *(Salix helvetica)*. Der niederliegend wachsende Erbsenstrauch *(Caragana arborescens* 'Walker'*)* kann so als Hochstamm mit überhängenden, ganz kleinen, gelben Schmetterlingsblüten und farnartigen Fiederblättern gezogen werden. Die bäumchenartigen Formen dieser Sträucher passen in den kleinsten Garten und ziehen die Aufmerksamkeit auf sich.

Für »richtige« Bäume wird der Platz in ganz kleinen Gärten selten reichen, es sei denn, man verwendet so schlanke Sorten wie *Prunus serrulata* 'Amanogawa'. Der straff aufrechte Wuchs dieser Japanischen Blütenkirsche lässt sie im Zen-

gegenüber oben ***Ein einzelner Japanischer Ahorn*** **(Acer japonicum *'Vitifolium')* *bildet den zentralen Blickpunkt in diesem kleinen Garten. Die Kiesel und die bewusst spärliche Bepflanzung zu seinen Füßen betonen seine Rolle.***

gegenüber unten ***Der etagenartige Aufbau macht den Pagodenhartriegel*** **(Cornus controversa),** ***hier die panaschierte Sorte 'Variegata', zu einer unverwechselbaren Erscheinung. Wo immer er zu sehen ist, erzielt er Aufmerksamkeit wie eine Operndiva.***

links ***Kletterpflanzen schmücken Mauern, ohne viel Bodenfläche zu beanspruchen. Hier sind Waldreben*** **(Clematis *'Jackmanii Superba' und* C. macropetala *'Markham's Pink') mit dem schönen, purpurgrauen Laub einer Weinrebe* (Vitis vinifera *'Purpurea') verwoben.***

gegenüber ganz rechts ***Von Raureif wie überzuckert, heben sich die rötlichen Blätter von*** **Nandina domestica *'Nana' im winterlichen Garten schön vor dem blauen »Teppich« aus Wacholder* (Juniperus squamata *'Blue Star') ab.***

trum des Gartens allerdings zu dominant erscheinen, man setzt sie besser an den Rand. Weicher wirkt *Pyrus salicifolia* 'Pendula', eine Trauerform der Weidenblättrigen Birne mit überhängenden Zweigen und silbrigem, im Wind flatterndem Laub. Sie bleibt recht klein und ist das ganze Jahr über schön anzusehen.

Die Spitzenreiter unter den Bäumen für kleine Gärten sind die Japanischen Ahorne – ihre Eleganz ist unübertroffen. Sie passen hervorragend in schlichte, minimalistisch angelegte Gärten. Diese Ahornsorten wachsen sehr langsam, werden daher oft als Sträucher gepflanzt. Wenn sie schließlich doch hoch werden, entwickeln sie eine ausladende, überhängende oder horizontal wachsende Krone. Von unten, gegen das Licht betrachtet, ist das ein wunderschöner Anblick. Einige Sorten, zum Beispiel *Acer palmatum* 'Osakazuki', bestechen durch ihre atemberaubende Herbstfärbung, andere, wie *A. palmatum* 'Dissectum Atropurpureum', werden in erster Linie wegen ihrer fein geschlitzten Blätter geschätzt.

In sehr sonnigen Lagen sind Schatten spendende Bäumchen besonders kostbar. *Betula pendula* 'Fastigiata', eine Säulenform der Sandbirke, dämpft das Sonnenlicht sehr wirksam, ebenso verschiedene Ebereschen *(Sorbus)*, die darüber hinaus schöne Blüten und Früchte besitzen. Offener Wuchs, blassrosa Blütenstände und rein weiße Früchte zeichnen die Kaschmir-Eberesche *(S. cashmiriana)* aus, kleiner bleibt die Vielfiedrige Eberesche *(S. vilmorinii)* mit schönen farnartigen Blättern und weißen, rosa überhauchten Früchten. Unter den verschiedenen Arten des Weißdorns *(Crataegus)* gibt es einige kleine, dicht verzweigte, die tiefen Schatten spenden: *C. laciniata* wächst langsam, blüht weiß und hat gelbe Früchte. *C. tanacetifolia* ist von noch langsamerem Wuchs, besitzt aber wegen seiner grauen, tief eingeschnittenen Blätter, der duftenden weißen Blüten und gelben Früchte hohen Zierwert.

## Pflanzungen für jede Jahreszeit

Kleine Gärten sind vom Haus aus meist mit einem einzigen Blick zu erfassen, sie sollten deshalb das ganze Jahr über interessante Aspekte bieten. Es gibt kleine Sträucher, die im Frühjahr blühen; viele bestechen auch im Herbst durch dekorative Früchte oder buntes Laub. Solche Arten gehören in die Grundbepflanzung des Gartens. Stauden und Zwiebelge-

wächse dagegen spiegeln den Wechsel der Jahreszeiten wider. Hier sollten Sie auf Pflanzen zurückgreifen, die sich schnell entwickeln und ohne viel Aufhebens wieder einziehen, also sozusagen selbst »aufräumen«.

Viele Blumenzwiebeln können am Fuß von Sträuchern gesetzt werden. Für schattige Ecken eignen sich die früh blühenden Winterlinge *(Eranthis hyemalis)* und Frühlingsanemonen *(Anemone blanda)*, später können kleine Narzissen wie 'February

Gold' oder Miniaturformen wie *Narcissus* 'Minnow' folgen. Die zarte Schönheit der Frühlings-Alpenveilchen *(Cyclamen coum)* mit ihren rosa und weißen Blüten über silbern gemustertem, dunkelgrünem Laub wird man erst in einem kleinen Garten richtig schätzen lernen, ebenso die kleinen Hybriden der Netzblatt-Iris *(Iris reticulata)*. Krokusarten wie *Crocus tommasinianus* sind zierlicher als die daraus hervorgegangenen Kreuzungen. Nach einem langen Winter sind ihre weit geöffneten, der Sonne entgegengereckten Blüten ein willkommener Anblick. Blausterne *(Scilla sibirica)* können in großen Gruppen gesetzt werden, ohne überhand zu nehmen. Unter den Tulpen gibt es einige kleine Arten wie *Tulipa tarda*, die – wie die Krokusse – ihre Blüten in der Sonne öffnen. Große Tulpen lassen sich in formalen Anlagen gut als vertikale Gestaltungselemente einsetzen; sie bieten ein breites Spektrum an Blütenfarben und -formen. Im Sommer kommt die Zeit der verschiedenen Zierlaucharten, *Allium sphaerocephalon* zum Beispiel oder *A. hollandicum* mit kugeligen Blütenständen auf hohen Stielen oder kleinere Arten wie der gelb blühende *A. moly*.

Wenn Sie sich Blütenstauden rund ums Jahr wünschen, beginnen Sie früh mit Gemswurz *(Doronicum)* und freuen Sie sich anschließend an altmodischen Gartennelken *(Dianthus)*, Margeritensorten *(Leucanthemum maximum)* und Glockenblumen wie *Campanula lactiflora* 'Pouffe'. Später können Sie zu Sonnenhut *(Rudbeckia)*, *Phlox*, Japanischen Anemonen *(Anemone x hybrida)* und Astern übergehen, gefolgt von *Nerine* und Kaffernlilien *(Schizostylis coccinea)*. Überschäumende sommerliche Farbenpracht bringen Einjährige wie Kornblumen *(Centaurea cyanus)*, Mohn *(Papaver)*, Leinkraut *(Linaria)*, Sumpfblumen *(Limnanthes)*, Jungfer im Grünen *(Nigella damascena)*, Ziertabak *(Nicotiana)*, Lein *(Linum)* und Schmuckkörbchen *(Cosmos)*. Mit frostempfindlichen Stauden wie Verbenen, Fleißigen Lieschen *(Impatiens)*, *Tagetes* und halbstrauchigen Cinerarien *(Senecio cineraria)* lassen sich die letzten Lücken schließen.

Am Ende des Jahres tragen Zwergmispeln, Rosen, Feuerdorn und Skimmien rote, orangefarbene, gelbe oder weiße Früchte. Auch die Haarschweife der Clematisfrüchte, die papierdünnen Schoten des Silberblatts *(Lunaria rediviva)*, die abgestorbenen Blütenstände der Schmucklilie *(Agapanthus)* und die auf langen Stielen stehenden verblühten Blütenkugeln des Zierlauchs schmücken im Herbst noch über Monate den Garten, bevor sie vom ersten Schnee begraben werden. Dies ist auch die Zeit der leuchtenden Farben, in der sich das Laub vieler Ahornarten und Azaleen feurig verfärbt und die Blätter der Reben scharlach- und dunkelrote Töne annehmen.

## Obst und Gemüse

Obst und Gemüse in einem kleinen Garten anzubauen ist eine echte Herausforderung. Mit Platz sparenden Methoden – wie zum Beispiel Obstbäumen an Spalieren – ist jedoch einiges machbar. Gemüse kann in einem Zierbeet durchaus dekorativ

links ***Diese dunkelrot blühende Sorte der Frühlingschristrose*** **(Helleborus orientalis)** ***mit cremefarbenen Staubblättern bietet im Frühling einen exquisiten Anblick. Hier wächst sie zusammen mit Scharbockskraut und kleinblütigen Narzissen.***

gegenüber ***Eine majestätische Engelwurz*** **(Angelica archangelica)** ***bildet den Mittelpunkt dieses Mini-»potagers« mit Kräutern, Salat und kleinen Tomaten. An Spalieren gezogene Obstbäume dienen als Zaun, und farbsprühende*** **Tagetes** ***betonen die geometrische Gliederung.***

wirken, und Kräuter lassen sich ebenso wie Obst und Gemüse auch als Kübelpflanzen kultivieren.

Äpfel, Birnen und Pflaumen können als einstämmiges Spalierobst, Pfirsiche und Kirschen als strahlenförmige Fächer an einer warmen Mauer gezogen werden. Liegt Ihr Garten im Schatten, könnten Sie Schattenmorellen anbauen, deren bittere, schwarze Früchte sich zum Kochen eignen. Wie man solche Formen durch Schnittmaßnahmen heranzieht, ist im Kapitel »Pflege« auf Seite 63 beschrieben. Strauchobst wie zum Beispiel Stachelbeeren lässt sich als dekorativer Halbstamm ziehen. Als Alternative bietet sich eine der einstämmigen, als Kordon gezogenen Obstsorten an, etwa der Apfel 'Waltz' mit Blüten entlang der »Mittelsäule« im Frühjahr und Tafeläpfeln im Herbst.

Auch Weinreben benötigen nur wenig Grundfläche. Eine robuste Sorte für gemäßigteres Klima ist *Vitis* 'Brant', die man in heißen Sommern an über mannshohen Drähten ziehen kann, auch die zartere *V. vinifera* 'Purpurea', eine Sorte mit besonders schöner Herbstfärbung, eignet sich dazu. Mit Stacheln übersäte Brombeersorten wie 'Bedford Giant' schrecken, entlang des Zauns gepflanzt, ungebetene Gäste ab; einladender wirkt die kaum bewehrte 'Oregon Thornless', deren Blätter ein wenig an Petersilie erinnern. Auch die Vertikale lässt sich zum Gemüseanbau nutzen: An langen Stangen, die entweder an einer Wand aufgereiht oder zu einer Art Zelt aufgestellt werden, können Sie Feuerbohnen ziehen; daneben kleine Gurken, Tomaten, Zierkürbisse oder sogar Chilis. Einige Kletterhilfen sind für sich allein schon sehr dekorativ, zum Beispiel besonders schöne Spaliere oder vorgefertigte Obeliske, die in unterschiedlichen Ausführungen erhältlich sind.

Im Erdreich selbst wird wahrscheinlich nur Platz für ein wenig Salat und ein paar Kräuter sein. Gemüse kann auf seine Art sehr attraktiv sein – man denke nur an Salatsorten wie 'Lollo Rosso' oder 'Sangria', aber auch an Kohlsorten wie 'Dwarf Green Curled', Rote Bete 'Red Ace' und roten Mangold. Niedrig bleibende Buschbohnen und Erbsen wie 'Little Marvel' lassen sich gut in großen Töpfen kultivieren, können aber auch in einem sonnigen Eckchen in lockeren, guten Boden ausgepflanzt werden, wenn man sie zeitig im Haus vorgezogen hat. Es gibt eine ganze Reihe von Zwergsorten, die hervorragend für kleine Gärten, ja sogar für Balkonkästen geeignet sind.

Kräuter und kleine Gärten gehören traditionell zusammen. Buschig wachsender Thymian, Salbei und Rosmarin bilden den Rahmen für empfindlichere sommerliche Kräuter wie Basilikum. Schnittlauch *(Allium schoenoprasum)* ist als Einfassung sehr hübsch, er braucht allerdings nährstoffreichen, feuchten Boden und viel Sonne. Fenchel – grün oder bronzefarben erhältlich – macht sich mit seinen feinen, fiedrigen Blättern gut in Beeten zwischen anderen krautigen Pflanzen. Auch Salbei ist sehr dekorativ: Es sind Sorten mit purpurfarbenen, gelben, panaschierten oder schmalen, grauen Blättern erhältlich. Noch mehr Farben liefern rote Gartenmelde *(Atriplex hortensis)*, goldener Majoran, bläuliche Weinraute und blühender Thymian. Man kann solche Kräuter mit niedrigen Hecken aus Lavendel und Heiligenblumen einfassen oder – etwas weniger streng – mit Schnittlauch oder kleinen Gartennelken; man kann sie aber auch ineinander fließen lassen und

dazwischen hohen, schlanken Zierlauch, farbenprächtige Ringelblumen und Kapuzinerkresse setzen, dazu blauen Lein. Wuchernde Kräuter wie Minze und Estragon werden am besten in Töpfen gezogen, und selbst in Schalen oder in Balkonkästen lässt sich ein ganzer Kräutergarten unterbringen.

## Kübelpflanzen

Ob für Innenhöfe, Dächer, Balkone oder schmale Durchgänge, für sehr kleine Gärten sind Kübelpflanzen einfach unentbehrlich. Wo es unmöglich ist, richtige Beete anzulegen, lassen sich mit Hilfe von Kübeln dennoch fast alle Pflanzen kultivieren, vorausgesetzt, sie kommen mit dem begrenzten Wurzelraum aus. In vielen kleinen Gärten liegt das Hauptgewicht auf Pflanzen mit attraktivem Blattwerk; hier ist man geradezu angewiesen auf Blütenpracht in Töpfen, Kästen oder Trögen, um Frühlings- und Sommerfarben hineinzubringen. Nicht zuletzt lässt sich mit Kübelpflanzen der Wechsel der Jahreszeiten unterstreichen oder auch von Jahr zu Jahr Abwechslung in den Garten bringen.

Kleine Kübel wirken in Gruppen am besten; besonders große, schöne Stücke dagegen brauchen einen Extraplatz, um richtig zur Geltung zu kommen. Manchmal ist das Gefäß spektakulärer als die Pflanzen, die darin wachsen. Die riesigen Amphoren aus Terrakotta, wie man sie aus dem Mittelmeerraum kennt, sind ohne jede Bepflanzung sogar am schönsten, ebenso wie Ölfässer. Imitationen alter Bleitröge sind sehr stilvoll und gut geeignet für schlichte, aber dennoch ausdrucksvolle Bepflanzungen wie – in warmem Klima – etwa Oleander. In gemäßigtem Klima käme vielleicht ein Japanischer Ahorn in Frage oder eine große Gruppe weißer Lilien. Steinerne Urnen mit ihrem ausgesprochen würdevollen Charakter verlangen eine entsprechend stilvolle Bepflanzung – schöne Keulenlilien zum Beispiel, elegante Ziergräser oder auch formgeschnittener Lorbeer. Traditioneller und charmanter sind größere Gruppen von Edelpelargonien, Hängefuchsien und silbrigem Gottvergess *(Ballota pseudodictamnus)*.

Pflanzkübel aus Holz sind meist rechteckig, mit ihnen lässt sich daher jede Ecke lückenlos nutzen. Die klassischen quadratischen Modelle sind ideal für Einzelpflanzen, etwa som-

links ***Mehrere Exemplare von*** **Parahebe lyallii,** ***einem halb immergrünen Strauch, bringen mit ihrem weißen Blütenmeer Leben in die Treppenflucht zum Dachgarten. Werden verwelkte Blüten regelmäßig entfernt, blühen die Pflanzen gelegentlich ein zweites Mal.***

unten **_Buchsbaumkugeln in Terrakottatöpfen bilden einen Kreis um eine große steinerne Urne, die mit weiß blühenden Petunien, Verbenen, Margeriten und silberblättrigem_ Helichrysum petiolare _bepflanzt ist._**

merblühende Hochstamm-Margeriten, schmal geschnittene Lorbeerkegel, geschnittenen *Ilex* oder Buchsbaumkugeln. Große, schmale, rechteckige Tröge eignen sich gut für Bambus, der – frei ausgepflanzt – durch Ausläuferbildung stark wuchert, im Kübel aber einen großen Auftritt hat. Mehrere solcher Tröge mit Bambus nebeneinander gestellt ergeben einen wirkungsvollen Sichtschutz. In Holzkübeln lassen sich

auch ausgezeichnet einjährige Sommerblumen ziehen, möglichst dicht an dicht gesetzt und bunt gemischt. Hier bieten sich Geranien, Gänseblümchen, blaue Lobelien, Cinerarien *(Senecio cineraria)* mit silbernen Blättern, Verbenen oder *Tagetes* in Rostorange, Mahagonirot und Gold an. Eine solche Blütenfülle entschädigt für alle Einschränkungen, die die geringe Größe des eigentlichen Gartens mit sich bringt. Fenster- oder Balkonkästen werden aus unterschiedlichen Materialien hergestellt, meist sind sie aus Plastik oder Holz. Bepflanzen Sie sie mit einigen aufrecht wachsenden Pflanzen wie Iris oder Gelben Binsenlilien *(Sisyrinchium striatum)*, die beim Blick aus dem Fenster gut zu sehen sind, dazu Efeupelargonien, Kleines Immergrün, *Helichrysum petiolare* oder Hängefuchsien, die mit ihrem herabhängenden Wuchs von außen oder von unten betrachtet schöner wirken.

Stellt man einen Teil der Kübelpflanzen auf Sockel oder Etageren, ergibt sich eine stufenförmige Anordnung, die bis über Kopfhöhe reichen kann. Auf diese Weise lassen sich auf kleiner Fläche mehr Pflanzen unterbringen, darunter auch solche mit kriechendem und hängendem Wuchs, etwa attraktive Efeusorten mit einer kleinen Waldrebe, die langsam wachsende Heckenkirsche *Lonicera syringantha* mit kriechender Kapuzinerkresse oder Lobelien mit Verbenen. Sehr schön sieht es auch aus, wenn zu Füßen eines stattlichen Kübels mit einer großen Solitärpflanze mehrere kleinere Töpfe mit niedrigen Pflanzen stehen, zum Beispiel ein Neuseeländischer Flachs *(Phormium* 'Bronze Baby'*)* umgeben von mahagonifarbenen *Tagetes* 'Paprika'. Am Anfang einige Blumenzwiebeln, später mit der Jahreszeit wechselnde Bepflanzung – und die Pflanzkübel sehen immer wieder anders aus.

Die Auswahl an Sommerblühern in allen Farben ist geradezu überwältigend, und von einem kleinen Garten voller Blüten in den verschiedensten Farben träumen viele von uns. Margeriten, Petunien,Verbenen, Begonien, Lobelien, Kapmargeriten, *Tagetes*, Malven, Salbei, Schmuckkörbchen und Mittagsblumen sowie Ziertabak in Klein und Groß bieten alle Farben und Formen. Am besten fasst man die Pflanzen nach Farben zusammen, um eine zu unruhige Wirkung zu vermeiden. So passen zum Beispiel buschiger Heliotrop und kriechend wachsende Verbenen gut zueinander, ebenso – eine etwas zurückhaltendere Kombination – hoher weißer Ziertabak *(Nicotiana sylvestris)* und niedrige weiße Glockenblumen *(Campanula isophylla)* mit einem kleinblättrigen grünen Efeu. Wahrhaft brillante Farben zeigen flammend orangefarbene Kapblumen *(Dimorphotheca sinuata)* zusammen mit anderen lebhaft gefärbten südafrikanischen Pflanzen wie Gazanien und *Nemesia*. Im Schatten sind Fleißige Lieschen unübertroffen, die

ganz rechts **_Mit Kübelpflanzen lässt sich jeder Quadratzentimeter eines kleinen Gartens nutzen. Hier sind es Geranien aus der Zonale-Gruppe, die in kleinen Tontöpfen etagenartig angeordnet eine Wendeltreppe zieren._**

es in rein weißen, aber auch lebhaft rosa und roten Farbtönen gibt. Ich persönlich mag die Bärenohren *(Arctotis)* mit ihren silbernen Blättern und den dunkelbronze- oder orangefarbenen Blüten besonders gern. Ihr Geld wirklich wert sind Pflanzen wie Petunien, Pelargonien und Lobelien, die auch den Herbst hindurch noch blühen. Frostempfindliche Sträucher kann man den Sommer über in Kübeln ziehen, etwa die ungewöhnliche Fuchsie 'Thalia', deren lange, schlanke Röhrenblüten in Orangerot vor dem rötlich braunen Laub sehr auffallen.

Ausdauernde Pflanzen in Kübeln zu halten bietet sich an bei Arten, die in Ihrem normalen Gartenboden nicht gedeihen würden. Auf diese Weise muss man auf eindrucksvolle Arten wie kleine Azaleen, Zwergrhododendren und Skimmien selbst in Gegenden mit alkalischem Boden nicht verzichten; auch nicht auf die begehrten Kamelien, die nicht der Morgensonne ausgesetzt werden sollten. Eine andere Möglichkeit besteht darin, Kübel mit immergrünen Formschnittpflanzen aufzustellen, die man stets neu anordnet. Einige Wolfsmilcharten wie *Euphorbia characias*, aber auch große Ziergräser wie der Chinaschilf *(Miscanthus sinensis)* wirken in großen Töpfen sehr edel, ebenso Ahorn und manche Zwergsträucher wie der reich blühende Fingerstrauch.

Flache Pflanzschalen, in volle Sonne gestellt, eignen sich für ganz kleine Gebirgspflanzen, die in ihrer Heimat zwischen Steinen und Kies der Mittagshitze trotzen. Unter ihnen finden sich zahlreiche Zwergsträucher mit von Natur aus hübschem Wuchs, die sich ganz dicht dem Untergrund anliegend vor dem Wind schützen. Solch ein kriechender alpiner Strauch ist etwa der Rosmarinseidelbast *(Daphne cneorum)*, dessen Sorte 'Eximia' nur 15 cm hoch und doppelt so breit wird.

Für feuchtere Böden eignen sich einige alpine Zwergweiden wie die seltene *Salix* 'Boydii', *S. retusa* und *S. apoda*. Sehr schön sind auch die ganz kleinen Zwergmispeln *Cotoneaster congestus* und *C. astrophoros* zusammen mit winterharten, kleinen Dickblattgewächsen.

Mit Steinen, die man halb im Kies versenkt, lassen sich Assoziationen an alpine Landschaften wecken, dazu passen Pflanzen wie kleine Hauswurz *(Sempervivum)* und Mauerpfeffer *(Sedum)* sowie Steinbrecharten *(Saxifraga)*.

oben ***In dicht an dicht stehenden Töpfen aus Terrakotta kann man polsterförmig wachsende alpine Stauden wie die Hauswurz*** **(Sempervivum)** ***ziehen, die sehr durchlässigen, kiesigen Boden brauchen.***

Wenn Sie an solchen »alpinen« Arrangements in flachen Schalen oder kleinen Tontöpfen Gefallen finden, sollten Sie anspruchslose Pflanzen verwenden, zum Beispiel kleine Polsternelken, Glockenblumen, Grasnelken *(Armeria)*, Phlox, Veilchen, Steinbrech, Hauswurz und Fetthenne und im Hintergrund *Thymus minima*, *Helichrysum bellidioides*, *Limonium minutum* und *Raoulia australis*. Dazu gesellt man kleine Alpenveilchen, Zwergnarzissen wie 'Little Beauty' und 'Minnow' und ebenfalls im Frühjahr blühende, nur 10 cm hoch werdende Blausterne *(Scilla sibirica)*. Unbedingt erforderlich sind eine gute Drainage und eine Deckschicht aus feinem Kies, die den Wurzelraum kühl hält.

Die Anwendungsbeispiele für Pflanzkübel zeigen, wie viele Möglichkeiten sich den Besitzern kleiner Gärten bieten. Gute Pflanzenkenntnis und Vorstellungskraft sind der Schlüssel zu erfolgreichem Gärtnern, und im nächsten Kapitel werden wir uns mit den unterschiedlichen Gartenstilen beschäftigen, die alle in jedem noch so kleinen Garten zu verwirklichen sind.

links ***Bunt bemalte Tontöpfe wurden auf spezielle Halterungen aufgesteckt und mit rosa Begonien gefüllt, denen die Sonne gut bekommt.***

*Wie viele Pflanzen aus aller Welt sich in Kübeln auf engstem Raum unterbringen lassen, zeigt dieser winzige Garten eines echten »Pflanzenverrückten«. Kübel aller Größen und Formen, auf Tischen und Stufen und auf dem Boden, beherbergen unter anderem* Euphorbia mellifera, *Schwarzen Schlangenbart* (Ophiopogon nigrescens), *Funkien, Christrosen, Purpurglöckchen, Tränendes Herz, Efeu und eine Keulenlilie* (Cordyline) *mit bronzefarbenen Blättern.*

# Effektvoll gestalten

Bei der Gestaltung eines Gartens geht es – unabhängig von seiner Größe – letztlich immer darum, einen passenden Rahmen für die Bewohner zu schaffen und dem Ganzen Atmosphäre zu verleihen. Wenn Ihrem Garten persönlicher Ausdruck fehlt, können das weder Details der Bepflanzung noch praktische Aspekte wettmachen. Die grüne Oase vor der Haustür muss Ihnen gefallen, zu jeder Zeit; es genügt nicht, wenn Ihr Garten zwar bestimmte Anforderungen erfüllt, Sie aber emotional nicht anspricht und deshalb auch nicht zur Erholung nach einem langen Arbeitstag beitragen kann. Im vorigen Kapitel haben wir uns damit beschäftigt, nach welchen Gesichtspunkten man Pflanzen für einen kleinen Garten aussucht; jetzt werden wir uns ansehen, wie man sie einsetzt und miteinander kombiniert, um eine ganz bestimmte Atmosphäre zu erzeugen. Das setzt ein Gespür für die ästhetischen Qualitäten einer Pflanze voraus, und genau damit wollen wir uns auch als Erstes näher befassen. Schließlich sind die Pflanzen der lebendige Teil des Ganzen, und erst durch sie wird aus einem Stück Land ein Garten.

## Ästhetik

Die Essenz eines Gartens, seine Atmosphäre, sein alles durchdringender Geist, entsteht, wenn man die Pflanzen so auswählt und zusammenstellt, wie ein Künstler es mit seinem Arbeitsmaterial tut. Als »Handwerkszeug« des Künstlers haben die ästhetischen Eigenschaften einer Pflanze – Wuchsform, Textur und Farbe – auf den Gesamteindruck eines Gartens wesentlichen Einfluss.

### Wuchsform

Jede Pflanze hat eine bestimmte, naturgegebene Wuchsform oder Silhouette. Einige Pflanzen sind hoch und schmal, andere wachsen breit ausladend; es gibt solche mit hängendem Wuchs und wieder andere, die sich flach an den Boden schmiegen. Vertikale Strukturen lassen das Auge verharren, sie sind ideale Blickfänge. Oft werden Urnen oder Skulpturen für diesen Zweck benutzt; Pflanzen mit aufrechtem Wuchs eignen sich aber ebenso gut. In kleinem Rahmen sind der Raketenwacholder *(Juniperus scopulorum* 'Skyrocket'*)* oder die Scheinzypresse *Chamaecyparis lawsoniana* 'Little Spire' mit ihrem ganz schlanken Wuchs günstiger als die bekannten Säulenzypressen und Säuleneiben. Wo nur wenig Platz ist, lassen sich auch mit einer der beiden aufrecht wachsenden Efeusorten – *Hedera helix* 'Congesta' und *H. helix* 'Erecta' – ordnende Akzente setzen. Eine ähnlich dominierende Wirkung haben immergrüne Stauden: Neuseeländischer Flachs *(Phormium tenax)* mit seinen steifen, schwertförmigen Blättern ist ein auffallender, kräftig gefärbter vertikaler Blickfang. Auffällige Farben finden sich auch bei den blauen, steifen Halmen des Blaustrahlhafers *(Avena candida)* und bei den silbrigen Speeren von *Astelia nervosa*. Die sommergrüne Montbretie *Crocosmia* 'Lucifer' hat ebenfalls schwertförmige Blätter, wird aber höher und zeigt von der Seite keinen so ausgeprägt V-förmigen Wuchs.

Eine einzelne, steif aufrecht wachsende Pflanze kann leicht zu streng wirken. Zu kleinen Gruppen, etwa von drei Pflanzen, zusammengesetzt, fügen sich solche Pflanzen viel harmonischer ins Bild. So sieht zum Beispiel eine einzelne Schwertlilie *(Iris germanica)* etwas unglücklich aus, während eine Gruppe

links ***Dieser nicht überdachte Innenhof wird in erster Linie vom Haus aus betrachtet. Sparsame Bepflanzung – ein regelmäßig gestutzter Strauch-Wacholder*** **(Juniperus virginiana *'Grey Owl'*),** ***ein eleganter Fächerahorn*** **(Acer palmatum *'Osakazuki'*)** ***und ein junger Bambus*** **(Fargesia murielae)** ***– , zusammen mit kleinen Steinsäulen, Reihen langer schmaler Granitplatten und liegenden Findlingen erzeugt die stille Atmosphäre eines Gartens im japanischen Stil.***

***In diesem eindrucksvoll gestalteten gepflasterten Innenhof bilden runde Steine und Pflanzkübel das statische, skulpturartige Grundmotiv. Die straff aufrechten Formen der Ziergräser bringen Spannung hinein.***

mit ihren straff aufrecht stehenden Blättern sehr eindrucksvoll wirkt. Verdopplung hat einen ähnlichen Effekt: Stellt man einer besonders auffälligen, aufrecht wachsenden Pflanze in einem anderen Eckchen des Gartens ein zweites Exemplar von ähnlichem Wuchs gegenüber, verliert sie ihre Dominanz. Auch wenn es sich um eine andere Art handelt, erzeugt die zweite Pflanze eine Verbindung zu einem anderen Teil des Gartens. Wenn also etwa die Schwertlilien mit ein paar Gelben Binsenlilien *(Sisyrinchium striatum)* an anderer Stelle wetteifern, wird die visuelle Verbindung zwischen beiden zu einem Teil des Gesamtbilds. Schmale, aufrechte Blütenstände lenken auf ganz ähnliche Weise den Blick. Staudengiganten wie Königskerze oder Rittersporn können in bescheidenerem Rahmen von den Blütenähren von *Veronica gentianoides* vertreten werden, auf die die aufrecht wachsenden, blauvioletten Blütenstände eines Salbeis *(Salvia nemorosa* 'Ostfriesland'*)* und kleinerer Fackellilien wie *Kniphofia galpinii* und *K.* 'Little Maid' folgen. Später im Jahr können die rosa, rot oder weiß blühenden Kaffernlilien *(Schizostylis coccinea)* von schmalen, blauvioletten Blütentrauben der immergrünen *Liriope muscari* eingefasst werden.

***Eine in Form und Textur gelungene Zusammenstellung: die runden Blütenstände einer Wolfsmilch* (Euphorbia characias ssp. wulfenii) *und die auf langen Stielen stehenden, cremefarbenen Glockenblüten von* Tellima grandiflora.**

Dichte, kompakte Formen wie die runden Polster der Strauchveronika *(Hebe)* vermitteln immer einen Eindruck von Ruhe und Unbeweglichkeit. Lavendel wird meist zu einem breiten Kegel geschnitten; seine Blütenähren korrespondieren mit anderen vertikalen Formen in der Bepflanzung. Einige kleine immergrüne Nadelgehölze wie die zwergige Stechfichte *Picea pungens* 'Globosa' und die goldgelbe Bergkiefer *(Pinus mugo* 'Ophir'*)*, die dicht und rund wachsen, passen besser zu niedrigen alpinen Pflanzen oder zu Japanischem Ahorn als zu blühenden Stauden. Im Gegensatz dazu suggerieren Trauerformen und Pflanzen mit bogig überhängendem Wuchs Bewegung und bringen Leben in einen kleinen Garten. Hierher gehören Ziergräser, die sich beim kleinsten Lüftchen hin und her wiegen und rascheln, oder Stauden wie der Trichterschwertel *(Dierama pulcherrimum)* mit seinen nickenden, hängenden Blüten.

## Textur

Unter der Textur einer Pflanze versteht man die Beschaffenheit ihres Blattwerks, im Unterschied zur Struktur, die den Verzweigungscharakter bezeichnet. Pflanzen mit ganz unterschiedlicher Textur sind zum Beispiel Fächerahorne mit ihrem filigranen, fein geschlitzten Laub auf der einen, Funkien mit ihren großen, unzerteilten Blättern auf der anderen Seite. Der Begriff bezeichnet aber auch die fühlbare Beschaffenheit der Blätter: Unsere Finger ertasten die rauen Ähren von Gräsern und die pelzigen Blätter des Wollziests *(Stachys lanata)*, die glatt geschliffenen, blassgrauen der Silberraute *(Artemisia ludoviciana* var. *latiloba)* oder die schimmernden, seidenweichen einer Silberwinde *(Convolvulus cneorum)*. Einige der alpinen Weiden sind besonders schön anzufassen, etwa die zwergige Schweizer Weide *(Salix helvetica)* mit seidigen, silbrigen Kätzchen. Die etwas größere *S. lanata*

unten ***Ganz vorn wachsen kleiner, gelber Thymian, Frauenmantel und Kriechender Günsel. Dahinter bildet die Schaumblüte*** **(Tiarella wherryi)** ***mit niedrigen weißen Ähren einen Kreis um*** **Artemisia,** ***Astilben und Glockenblumen. Dazu kommen noch Ziertabak und Reitgras*** **(Calamogrostis)** ***mit seinen federfeinen Halmen.***

ganz rechts ***Die vertikalen Blütenstände von kobaltblauem Eisenhut, dem zu Füßen blauvioletter Lavendel wächst, korrespondieren mit einer prächtigen Königskerze in einem Pflanzkübel. In der Abenddämmerung werden die Blautöne intensiver und verleihen den Blüten der Nachtkerze*** **(Oenothera fruticosa** ***'Fyrverkeri'***) ***ein geradezu elektrisierendes Gelb.***

hat eine dichtere Struktur mit silbrigen, wollig behaarten Zweigen und Blättern.

Das Auge erfreuen Texturen wie die lockeren Blütenstände eines Schleierkrauts *(Gypsophila paniculata* 'Baby's Breath'*)* oder die dicht gedrängten Blüten der Silberkamille *(Anthemis punctata* ssp. *cupaniana)*. Einen ganz auffallenden Kontrast zu den farnartigen Blättern der Japanischen Zwergsilberraute *Artemisia schmidtiana* 'Nana' bildet das ledrige Laub eines Purpurglöckchens *(Heuchera)* 'Pewter Moon'. Einem sehr kleinen Garten verleihen solche starken Gegensätze zusätzlichen Reiz. Manche Texturen warten mit Überraschungen auf. Das gilt zum Beispiel für die sonnenhungrigen, stacheligen Edeldisteln *(Eryngium)*. Bei *E. giganteum* 'Silver Ghost' sind die kegelförmigen Blütenstände von metallisch silbern schimmernden Hochblättern umgeben; bei der Alpendistel *(E. alpinum)* sind die blauen Blüten größer und tragen einen Kragen aus feinerer Spitze. Diese Pflanzen bilden einen schönen Kontrast zu feinen Fenchelblättern und den an Nadelkissen erinnernden, von Hochblättern umgebenen Blüten der Sterndolden *(Astrantia)*. Nicht zu vergessen die vielfältigen Strukturen von Ziergräsern, deren weiche, lockere Blütenstände und schilfartigen Halme im Sommer besonders schön aussehen. Das Reitgras *Calamogrostis* x *acutiflora* 'Karl Foerster' zum Beispiel kontrastiert in Wuchsform wie Textur mit dem wundervoll zarten Federgras *(Stipa tenuifolia)* und den flaumigen Spätsommerblüten des Federborstengrases *(Pennisetum orientale)*. Schneidet man diese Gräser im Herbst nicht ab, verschönern sie mit ihren blassen, pergamentartigen Texturen den Winter.

**Farbe**

Farben sind anregend, erfrischend und mit Gefühlseindrücken verbunden. Sie haben starken Einfluss auf unsere Stimmung, können beruhigend oder belebend wirken und eine Fläche warm oder kalt erscheinen lassen. Im Garten wird die Wahl der Farben allerdings nicht nur von persönlichen Vorlieben bestimmt, sondern auch von den Lichtverhältnissen: Zarte Farben zum Beispiel leuchten im Schatten, während sie in voller Sonne ausgebleicht wirken; man setzt sie daher gern ein, um einen dunklen Innenhof aufzuhellen.

Wenn Sie kräftige Farben mögen, müssen Sie auch im kleinen Garten nicht auf knallige Rot-, Orange- und Gelbtöne verzichten. Dabei sollte allerdings keine Farbenschlacht entstehen; besser ist es, wenn eine Farbe dominiert. Zu Scharlachrot als vorherrschendem Farton passen zum Beispiel Ockergelb oder blasse Cremetöne, nicht aber ein reines Goldgelb. In einer Zusammenstellung von Blau und Rot, in der Karminrot dominiert, sollten die Blautöne entweder leicht ins Violette spielen oder etwas blasser sein. So könnte die kleine, tiefrote *Astilbe* x *arendsii* 'Fanal' in feuchtem Schatten als Kontrast neben einer graugrünen *Hosta* 'Halcyon' wachsen. Schön sind auch kräftig orangefarbene Fackellilien und seidig orangefarbene Tigerlilien mit blassgelbem Fingerkraut. Ein kräftiges Gelb sieht zusammen mit Blassblau atemberaubend aus, in Verbindung mit dunklem Violett wirkt es sogar noch intensiver: Probieren Sie es einmal mit Alant *(Inula ensifolia)*, einem unermüdlichen Sommerblüher, und dem Salbei *Salvia* x *sylvestris* 'Mainacht'.

Kühlere Pastellfarben reagieren wunderbar auf wenig Licht; sie entfalten ihre besondere Leuchtkraft gerade in den Abendstunden, in denen berufstätige Besitzer von Stadtgärten ihr grünes Refugium bevorzugt nutzen. Wenn der Tag zur Neige geht, verstärkt das ultraviolette Licht blasse Blau- und Lavendeltöne wie etwa die von *Geranium himalayense*, bis sie beinah fluoreszieren. Die kühlste Farbe, die noch in der dunkelsten Ecke des Gartens leuchtet, ist Weiß. Gärten ganz in Weiß sind ziemlich in Mode gekommen; dieses monochrome Konzept ist

aber nicht unproblematisch, weil das Weiß meist nicht ganz rein ist, sondern blasse Creme-, Blau-, Flieder- oder Rosatöne enthält. Weiß wird oft mit silbriger Belaubung kombiniert, eine sehr ruhige Zusammenstellung. Für kleine Gärten eignen sich besonders Silberrauten, etwa die bemerkenswert schöne *Artemisia ludoviciana* 'Silver Queen' mit langen, schmalen, silbrigen Blättern oder *Artemisia schmidtiana* 'Nana', die viel kleiner bleibt und filigrane, weiche Polster bildet.
Auch sanfte Pastelltöne wie Rosa oder zartes Blau werden gern mit silbriger Belaubung kombiniert. Kleine Pflanzen in diesen Farben sind etwa alpine Nelken und Zwergiris wie *Iris* 'Blue Denim' und *I.* 'Brighteyes', ebenso die blaue Binsenlilie *Sisyrinchium idahoense* var. *bellum*. Auch kleine Lavendel, kissenförmig wachsende Glockenblumen und weiche, kriechende Silberkamillen, die bei gelegentlichem Rückschnitt pflegeleicht sind, eignen sich. Dazwischen kann man blassblauen Lein *(Linum narbonense)* setzen. Grün ist Balsam für die Seele und auch die wesentliche Stütze in einem kompakten Garten, wo die beruhigenden Eigenschaften dieser Farbe am meisten geschätzt werden. Frischgrüne Farne, grün blühende Nieswurz und Elfenblumen machen an sich düstere Ecken vom Frühling bis in den Sommer zu einem wohl tuenden Anblick. Immergrüne Pflanzen bilden das Rückgrat des Gartens und gleichzeitig den Hintergrund, vor dem sich jahreszeitliche Veränderungen abspielen. Das Spektrum der Grüntöne ist groß, nehmen Sie etwa das Blaugrün des Blauschwingels *(Festuca glauca)*, das Lindgrün der Flatterhirse *Milium effusum* 'Aureum', das Apfelgrün des Strauchs *Griselinia littoralis* und nicht zuletzt das dunkle Grün einer Lorbeerkirsche wie *Prunus laurocerasus* 'Dart´s Low Green'.
Die einzelnen Farbnuancen unterscheiden sich auch in ihrer Wirkung, manche eignen sich als dunkler Hintergrund für blasse Blütenfarben, andere, um eine brillante Farbkombination von Gelb, Orange und Violett zu betonen. Subtile Farbeffekte ergeben taubenblaue Skabiosen und weinrote, kleinblütige Sterndolden *(Astrantia major* f. *rosea)* vor einem dunkelgrünen Hintergrund. In voller Sonne bietet sich eine Kombination aus Ziergräsern, federartigem, hellgrünem Fenchel und grüner *Artemisia lactiflora* an, gemischt mit bunten Sommerblumen.

links ***Der kugelige Blütenstand eines Zierlauchs* (Allium christophii) *ist der Blickfang in dieser Gruppe von Pflanzen mit besonders auffälligen Blüten. Blauvioletter Salbei* (Salvia x sylvestris 'Mainacht') *im Hintergrund bildet einen schönen Kontrast zu den rosafarbenen, margeritenähnlichen Blüten von* Osteospermum jucundum.**

ganz links ***Die Farbe der Blüten und der Anstrich des Hintergrunds wurden genau aufeinander abgestimmt. Das Bild zeigt, wie eindrucksvoll ein Ton-in-Ton-Konzept sein kann.***

## Stilrichtungen

Der Stil eines Gartens ist eine sehr persönliche Angelegenheit; das ist nicht anders als bei allen anderen Dingen auch. Der eine erwartet von seinem Garten Ruhe und Frieden, der andere Aufregung und Begeisterung. So wie Gärten unterschiedliche individuelle Ansprüche erfüllen können, lassen sich durch die Bepflanzung ganz verschiedene Wirkungen erzielen. Der Stil kann von klassisch formal bis zum duftenden Überfluss in der Tradition englischer Blumengärten variieren. In jedem Fall muss die Rolle der Natur berücksichtigt werden: Ganz gleich, wie Sie Ihren Garten gestalten, er wird niemals den statischen, vollendeten Zustand einer Inneneinrichtung erreichen. Schon der Wechsel der Jahreszeiten sorgt dafür, dass auch kleine Gärten sich ständig wandeln und immer wieder andere Aspekte im Vordergrund stehen. Bei der Auswahl von Pflanzen geht es darum, die für einen bestimmten Standort am besten geeigneten zu finden; sie gezielt einzusetzen bedeutet, mit der Natur zusammenzuarbeiten, um eine ganz bestimmte, erwünschte Wirkung zu erzielen.

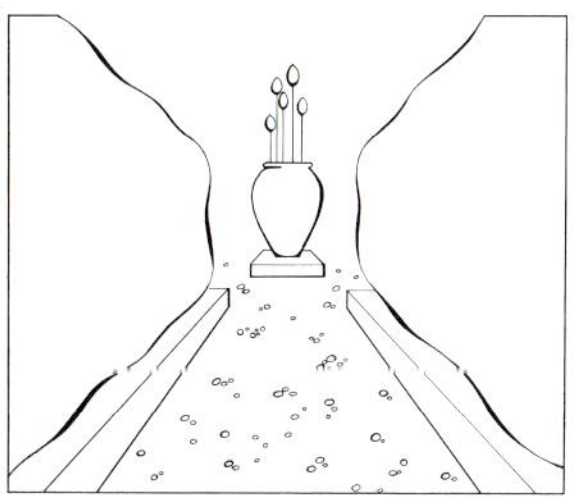

oben ***Der Blick des Betrachters wird wie durch einen Tunnel in die Tiefe geführt. Als Brennpunkt dient eine bepflanzte Urne. Auch auf kleinem Raum ist diese Methode äußerst wirkungsvoll***

### Vornehme Zurückhaltung

Bei bewusster Beschränkung auf eine begrenzte Auswahl von Pflanzen lässt sich ein minimalistischer Innenhof gestalten oder auch ein geometrisch gegliederter, formaler Garten. Oscar Wilde nannte es »Elegant sufficiency, where any more would be needless superfluity«, etwa »Eleganz liegt im Genug, jedes Mehr wäre nutzlos und überflüssig«. Solche Gärten wirken geordnet und friedvoll; sie bergen nichts Überraschendes oder Widersprüchliches in sich, der Geist kann sich entspannen. Die heutigen oft nur noch handtuchgroßen Grundstücke verlangen geradezu nach formaler Gestaltung, denn Ordnung steht allen kleinen Räumen gut, und Symmetrie befriedigt durch ihre Ausgewogenheit und Harmonie.

Zu jeder Blickachse, die das Auge lenkt, gehört auch ein Fixpunkt. Das kann eine besonders große Urne sein oder eine Skulptur, in einem kleinen Garten eignet sich eine wirklich auffallende Pflanze aber oft besser: im Halbschatten etwa eine eindrucksvolle, panaschierte *Yucca gloriosa* 'Variegata', in der Sonne ein Neuseeländischer Flachs. Auf ganz kleinem Raum bietet sich ein geschnittenes Lorbeerbäumchen, wie ein Eis am Stiel geformt, an oder ein Margeritenhochstamm mit

rechts ***Unter einem Japanischen Ahorn* (Acer japonicum) *blüht eine Gruppe von niedrigen* Rhododendren *'Blue Tit', davor breitet sich ein »Teppich« von Bubiköpfchen* (Soleirolia soleirolii) *im Kiesbett aus – eine zurückhaltende Bepflanzung. Moos füllt die Fugen zwischen den Granitplatten aus.***

graugrünen Blättern und weißen Blüten. Setzen Sie die zurückhaltende Bepflanzung an den Wänden fort, mit Feuerdorn zum Beispiel, dessen Äste man sorgfältig waagerecht ausrichtet, oder kleinblättrigem Efeu an großen rautenförmigen Spalieren. Auf Ordnung ausgerichtete Pflanzstile sind in der Regel geometrisch angelegt. Zurückhaltend elegant wirken kleine, mit niedrigen Hecken aus Buchsbaum, Lavendel *(Lavandula angustifolia* 'Nana Alba'*)* oder Heiligenblumen *(Santolina chamaecyparissus* var. *nana)* eingehegte Beete. Dort hinein setzt man reich blühende Sommerblumen und Blütenstauden. So ein Rahmen kann aber auch ganz besondere Attraktionen präsentieren, zum Beispiel ein Meer aus Tulpenblüten im Frühjahr, auf das später zauberhaftes Blumenrohr *(Canna)* und leuchtende Inkalilien *(Alstroemeria)* folgen. Formale Wirkung lässt sich aber auch ohne eingehegte Beete erzielen, zum Beispiel mit niedrigen Kegeln von zwergiger Strauchveronika *(Hebe)* und Horsten einer Fetthenne *(Sedum spectabile)*. Beides sind statische Formen, die fest im Boden verankert sind.

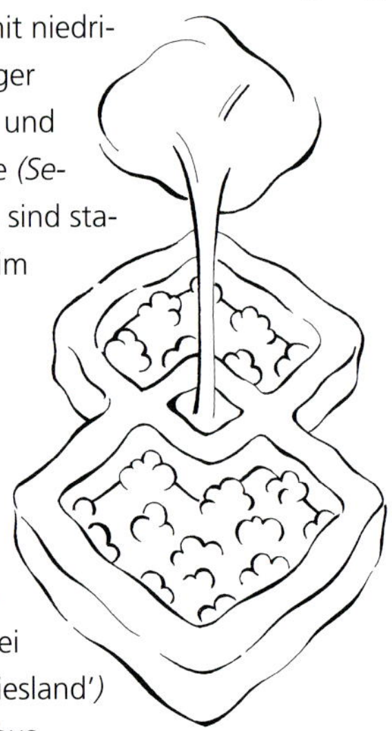

Auch die niedrigen, flachen Blütenköpfe der Goldgarbe *(Achillea* x *lewisii* 'King Edward'*)* oder die aufrecht stehenden Ähren von Steppensalbei *(Salvia nemorosa* 'Ostfriesland'*)* strahlen formale Ruhe aus.

## Gestaffelt pflanzen

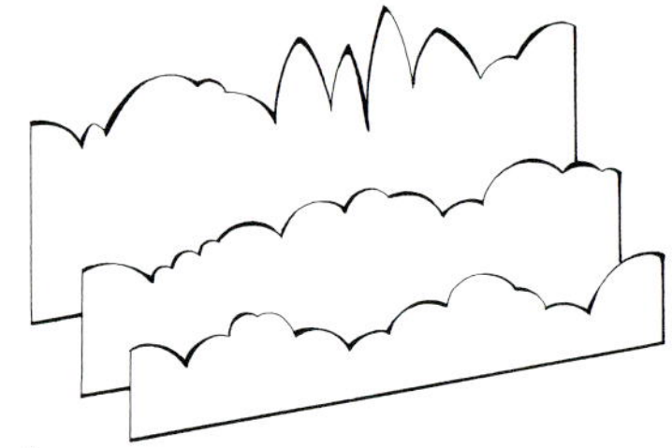

Kleine Gärten grenzen meist direkt ans Haus, und man blickt von innen heraus frontal in den Garten. Wenn das Grundstück eben ist, ergibt es sich fast von selbst, die Pflanzen nach Wuchshöhe gestaffelt zu setzen, also die höchsten nach hinten und die niedrigeren davor, so dass sie nicht verdeckt werden. Etagenartiges Pflanzen ist für kleine Flächen ideal; Bäume und hohe Sträucher bilden dabei das oberste »Stockwerk«, mittelgroße Sträucher und Stauden das mittlere und niederliegende Pflanzen und Bodendecker als »Teppich« die unterste Ebene. Schlichte Mauersträucher dienen als Hintergrund.

An Mauern in voller Sonne geben Spaliere oder strahlenförmige Fächer von Obstbäumen einen eleganten Hintergrund ab. Eine schöne Alternative sind nicht zu wüchsige Kletterpflanzen (siehe Seite 31) wie die windende *Actinidia kolomikta* oder die mit Haftscheiben Halt findende Jungfernrebe *Parthenocissus henryana*. Beide suchen, was Laub und Wuchs betrifft, ihresgleichen: *A. kolomikta* hat grüne Blätter, die in der Sonne zart erröten, das samtgrüne Laub von *P. henryana* ist im Sommer schön gezeichnet und verfärbt sich im Herbst bordeauxrot. Für das mittlere »Stockwerk« eignen sich hohe Silberrauten *(Artemisia)*, Schwertlilien *(Iris)* und Margeriten *(Leucanthemum)*, belebt durch die Ähren von *Veronica virginica*, und zu ihren Füßen kleine *Heuchera* 'Red Spangles' oder *H.* 'Snow Storm' zusammen mit alpinen Storchschnabelarten wie *Geranium cinereum* var. *subcaulescens*. Als niedrige Schicht kommen Silberkamille *(Anthemis punctata* ssp. *cupaniana)* und der vielseitige Frauenmantel *(Alchemilla mollis)* in Frage. Echte Bodendecker sind kleinblättrige

links ***In diesem formal gestalteten Vorgarten wächst Spalierobst an den Wänden und Buchsbaumkegel säumen die Treppenstufen. Niedrige Hecken trennen das Grundstück von der Straße.***

unten ***Weiß blühende Pankrazlilien* (Pancratium maritimum) *beleben eine gestaffelte Pflanzung mit panaschiertem Chinaschilf* (Miscanthus sinensis *'Variegatus'*), *Mädchenauge* (Coreopsis) *und Taglilien* (Hemerocallis).**

Zwergmispeln wie *Cotoneaster dammeri* und einige nahezu flach wachsende Nadelgehölze wie *Juniperus communis* 'Repanda', eine Sorte des Gemeinen Wacholders.
Natürlich dürfen bei gestaffelter Bepflanzung Blumenzwiebeln nicht fehlen. Mittelhohe Tulpen geben formalen Anlagen Rhythmus; besonders schön sind die kastanienbraune 'Queen of Night', 'White Triumphator' mit lilienartigen Blüten und die zartrosa 'Elegant Lady'. Unter den Narzissen empfehlen sich die kühlen, exquisiten Schönheiten aus der Gruppe der rein weißen Dichternarzissen, etwa *Narcissus actaea*, oder solche in verlockendem Gelb wie 'February Gold'. Zierlauch hat viel Klasse, ohne viel Platz zu beanspruchen; wie wäre es mit den violetten Trommelschlegeln von *Allium hollandicum* oder den kleineren, kornblumenblauen von *A. caeruleum*? Im Sommer verleiht die duftende Königslilie *(Lilium regale)* einem formalen Garten Stil.
Für Mauern im Schatten eignen sich zuverlässige Kletterpflanzen, am schönsten sind Sorten mit panaschierten Blättern wie der Kletter-Spindelstrauch *Euonymus fortunei* 'Silver Queen' oder Gelbbunter Efeu *(Hedera helix* 'Oro di Bogliasco'*)*. Davor machen sich niedrige Stauden mit schönem Laub gut, etwa Farne, Frühlingschristrose *(Helleborus orientalis)* und ein paar kleine Lungenkräuter wie *Pulmonaria angustifolia* 'Munstead Blue', akzentuiert durch Fingerhüte und Türkenbundlilien. Dazwischen verteilt man Maiglöckchen *(Convallaria majalis)* und den wohlriechenden Waldmeister *(Galium odoratum)*, der seine kleinen, weißen Blüten zu Beginn des Sommers öffnet. Zum Herbst folgen die Blüten des Alpenveilchens *(Cyclamen hederifolium)*, und im Spätwinter breitet sich schließlich ein dichter Teppich von Winterlingen *(Eranthis hyemalis)* oder Frühlingsanemonen *(Anemone blanda)* aus.

rechts ***Eine Robinie* (Robinia pseudoacacia *'Frisia'*) *mit goldgelben Blättern überragt die mittlere Pflanzstufe aus panaschierter* Kerria japonica *und frostempfindlichem Ziertabak* (Nicotiana sylvestris). *Den Abschluss auf unterster Ebene bilden Funkien, gelb panaschierte Taubnessel* (Lamium maculatum *'Aureum'*) *und Purpurglöckchen* (Heuchera micrantha *var.* diversifolia *'Palace Purple'*).**

### Der Blick nach oben

Wenn nur eine kleine Grundfläche zur Verfügung steht, liegt es nahe, den Gartenbereich nach oben hin zu erweitern. Bögen und Pergolen sind bewährte Gerüste für Kletterpflanzen. Wenn Sie stabile Holz- oder Metallpfosten verwenden, deren Fuß in Beton eingegossen ist, tragen die Querstreben auch Pflanzen wie Rosen oder Weinreben, die den Garten überwachsen und von unten bewundert werden können. Die Querstreben können aus demselben Material wie die Pfosten bestehen, man kann aber auch straff gespannte, dicke rost-

freie Drahtseile oder schweres Tauwerk nehmen. In einem ganz kleinen Garten dient ein hoher, senkrechter Holzpfahl einer *Clematis* wie 'Polish Spirit' oder einer Kletterrose wie 'Zéphirine Drouhin' als Stütze, oder ein panaschierter Efeu verwandelt ihn in eine immergrüne Säule. Es gibt mittlerweile auch sehr schöne Obelisken aus Metall mit nicht mehr als 30 mal 30 cm Grundfläche. Solche Obelisken sind sehr dekorativ, ob mit oder ohne Blütenkleid, und der perfekte Blickfang. Auch frei stehende Pfeiler aus schmalen Holzgittern mit quadratischer Grundfläche dürfen bei stabiler Ausfertigung und solider Verankerung recht hoch sein. Machen Sie es doch wie im 17. Jahrhundert und setzen Sie eine Säuleneibe hinein, oder lassen Sie Kletterpflanzen daran emporranken.

Zeltförmige Konstruktionen aus Bambusrohren werden traditionell als frei stehender Halt für Stangenbohnen oder Kapuzinerkresse benutzt. Heute gibt es auch Konstruktionen aus Leichtmetall, die denselben Zweck erfüllen. Solche gewundenen Spiralen aus silbrig glänzendem Aluminium sind im Winter sehr dekorativ, im Sommer werden sie mit Kletterpflanzen bekleidet. Sie sehen einzeln sehr schön aus, aber auch als Paar, in Dreiergruppen oder in einer langen Reihe, die gleichzeitig als Wind- oder Sichtschutz dienen kann.

links ***Über Margeriten und Petunien erhebt sich ein Paar metallener Obelisken. In diesem Jahr sind sie noch ganz schmucklos, doch schon bald werden die Kletterrosen daran emporwachsen.***

### Gewebe aus Pflanzen

Pflanzen nach Wuchshöhe zu staffeln ist nicht die einzige Lösung für Platzprobleme. Aus einem Grundstück, das nicht sehr tief ist, lässt sich mit einer weniger formalen Methode mehr machen. Gruppen sehr hoher, schlanker Pflanzen lassen den Blick durch und wirken beinah wie ein transparenter Wandschirm, wenn man sie vor kleinere oder dichter wachsende Pflanzen setzt. So liefert zum Beispiel das Patagonische Eisenkraut *(Verbena bonariensis)* gegen Ende des Sommers einen etwa 1,5 m hohen »Schirm« aus duftenden, malvenfarbenen Blütenständen auf verzweigten, ganz dünnen Stielen. Ähnlich transparent sind Purpurglöckchen *(Heuchera),* etwa *H. cylindrica* 'Greenfinch', die über einer grundständigen Blattrosette hohe, zarte Blütenähren trägt. Auch viele Wiesenrauten sind von so leichtem Bau, zum Beispiel *Thalictrum delavayi* 'Hewitt's Double', die im Spätsommer über graugrünem Laub luftig lockere Blütenstände in einem fliederfarbenen Blassrosa öffnet. Eine weitere ganz schlank wachsende Art ist die Pfirsichblättrige Glockenblume *(Campanula persicifolia)*, aus deren grundständigen Blattrosetten sich lange, schmale Blütenstände mit nickenden blauen oder weißen Blüten schieben.

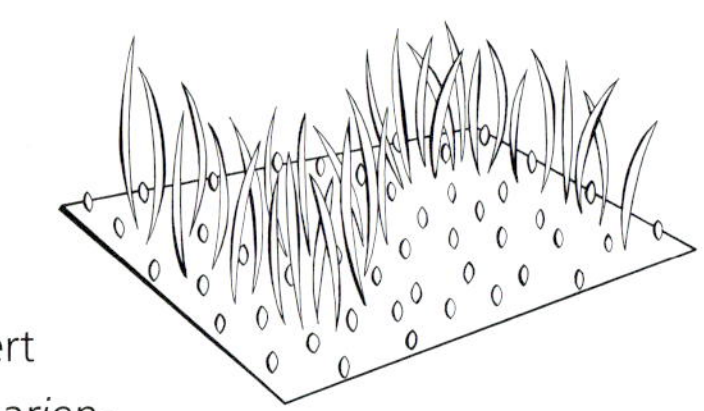

Solche »durchscheinenden« Pflanzen lassen sich gut in Form mäandrierender Bänder pflanzen, mit kleineren Pflanzen

rechts ***Wie ein roter Faden zieht sich Akelei durch diese bunte Mischung von Farnen, Fingerhüten, Wollziest* (Stachys lanata) *und Kambrischem Scheinmohn* (Meconopsis cambrica).**

davor und dahinter. Geeignete Begleiter sind Pflanzen mit rundlicherem Wuchs wie *Coreopsis verticillata* 'Moonbeam', eine Sorte des Mädchenauges, Taglilien *(Hemerocallis)* mit grasartigen Blättern oder Sterndolden *(Astrantia)*, die dichte Horste bilden, aber auch *Aster* x *frikartii* 'Mönch', halbhohe Astilben wie die weiß blühende *A.* 'Professor van der Wielen' sowie blau *(Geranium libani)* und weiß *(G. clarkei* 'Kashmir White'*)* blühende Storchschnabelarten. Als Sommerblüher kommt für eine solche Bepflanzung auch hoher Zierlauch in Frage, etwas früher Akeleien.

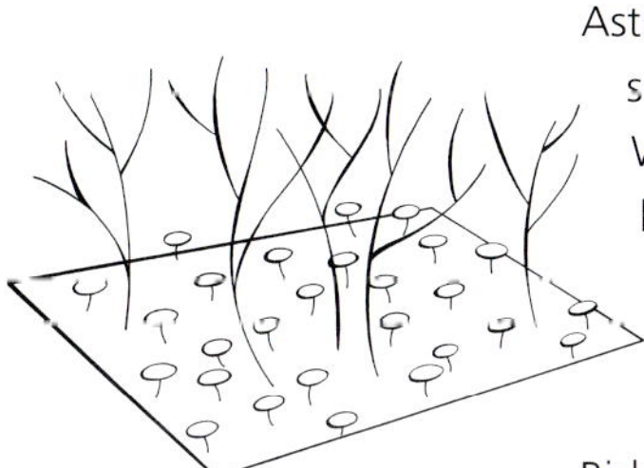

## Ein Fest der Sinne

Bisher haben wir eher formale, geordnete Stilrichtungen betrachtet. Vielleicht gefällt Ihnen aber eine üppigere, überschäumende und frei fließende Bepflanzung viel besser. Ein solches Konzept setzt sehr genaue Kenntnis der einzelnen Pflanzen und ihres Wuchsverhaltens voraus.

Nur so lässt sich entscheiden, welche Arten zusammengesetzt werden können, um die gewünschte sinnliche Wirkung zu erzielen, ohne dass aus der charmanten Unordnung irgendwann ein Chaos wird. Für die Auswahl sind Merkmale wie Duft und Farbe, aber auch ein auffälliges Erscheinungsbild und sogar Klangeigenschaften von Bedeutung. Sinnesfreuden steigern den Erlebniswert eines Gartens ganz erheblich, besonders für die romantisch Veranlagten unter uns. Farben haben großen Einfluss auf unsere Stimmung, ebenso durch Auge oder Tastsinn erfahrbare Texturen (siehe Seite 42). Düfte wecken bestimmte Vorstellungen und rufen Erinnerungen wach, und die Geräusche in einem Garten voller Bewegung sind ein Vergnügen ganz subtiler Art.

## Duft

In kleinen, abgeschlossenen Gärten nimmt man Gerüche besonders stark wahr; Duft steht daher auf unserer Wunschliste pflanzlicher Eigenschaften ganz oben. Sträucher wie Orangenblume, Seidelbast, ein kleiner Falscher Jasmin wie *Philadelphus* 'Manteau d'Hermine' und kleinere Flieder wie *Syringa meyeri* var. *spontanea* 'Palibin' verbreiten im Frühsommer ihr berauschendes Parfum. Im schützenden Mikroklima eines Stadtgartens gedeihen unter Umständen sogar Myrten (in weniger milden Lagen im Kübel), die im Sommer sehr stark duften, etwa die dicht wachsende *Myrtus communis* ssp. *tarentina* 'Variegata'. Zusammen mit duftenden Rosen und Lavendel feiern sie eine wahrhafte Duftorgie. Sommerabende werden zu einem berauschenden Erlebnis, wenn Ziertabak und Lilien ihren Duft verströmen, noch verstärkt von einem Hammerstrauch *(Cestrum parqui)*. Auch die aromatisch riechenden Blätter von *Artemisia*, Thymian und Rosmarin leisten ihren Beitrag. Vor einer warmen Mauer in milder Lage entfaltet auch *Itea ilicifolia*, ein etwas frostempfindlicher Strauch, seinen sommerlichen Duft (in rauerem Klima eignet sich *I. virginica* besser). Ihm nach tun es die robusteren Glyzinen und Jasmin, die man an Mauern oder Lauben zieht. Duftende Kostbarkeiten für die dunkle Jahreszeit sind die winterblühenden Sträucher *Lonicera* x *purpusii* und die Winterblüte *(Chimonanthus praecox)*. Auch Mahonien regen die Sinne an, am besten pflanzt man kleinere Sorten wie *Mahonia* x *wagneri* 'Undulata', die nur 1,5 m hoch wird.

ganz rechts ***Einjährig gezogene Ziertabaksorten* (Nicotiana alata), *ausdauernder Lavendel und die goldgelb beblätterte Orangenblume* (Choisya ternata 'Sundance') *verströmen in diesem Innenhof ihren Duft.***

## Bewegung

Bewegung bringt Leben in einen Garten. Selbst einem Garten in eher »gesetztem«, formalem Stil können Sie Leben einhauchen, wenn Sie Ziergräser pflanzen, deren Halme beim

leisesten Windzug in Schwingung geraten. Gelbe Flatterhirse *(Milium effusum* 'Aureum'*)* steuert vom späten Frühjahr an die typischen wogenden Bewegungen des Grases bei. Später im Jahr folgen Sorten von Chinaschilf *(Miscanthus sinensis)* wie 'Ferner Osten' und 'Undine', beide werden gut 1 m hoch. Die Rasenschmiele *(Deschampsia cespitosa)* trägt einen schwankenden Blütenschleier, die leichten Blütenrispen der Drahtschmiele *(D. flexuosa)* stehen über den zurückgebogenen Blättern niemals still. Im Spätsommer wiegen sich die pelzigen Blütenstände der Federborstengräser *(Pennisetum)* wie etwa *P. setaceum* über den schlanken, überhängenden Halmen im Wind.

Trauerformen mit ihren herabhängenden Zweigen erinnern an kaskadenartig herabfallendes Wasser. Die Blätter vieler Fächerahornsorten, besonders solche aus der Gruppe der *Acer palmatum* 'Dissectum Viride', schweben mit der Eleganz von Balletttänzern in der Luft. Das Gleiche gilt für kleine Fuchsien wie *Fuchsia magellanica* var. *gracilis* 'Tricolor', deren Triebe und Blüten im Bogen herabhängen. Die schlanken, bogig überhängenden Blütenstände des Trichterschwertels *(Dierama pulcherrimum)*, die in rosafarbenen Glockenblüten enden, schwanken schon mit dem leisesten Lufthauch hin und her, dennoch sind sie stabil wie biegsamer Stahl. Diese Pflanze ist etwas Besonderes, am besten wird sie auf einer ebenen Fläche präsentiert, die gepflastert oder mit einem ganz niedrigen Pflanzenteppich bedeckt sein kann.

## Exotische Pflanzen

In klimatisch sehr begünstigten Gegenden lässt sich in einem sonnigen Innenhof unter Umständen ein mehr oder weniger frostfreies Mikroklima schaffen. Hier kann man mit exotischen Blattpflanzen und auch härteren subtropischen Arten ein dschungelartiges Dickicht anlegen. Viele dieser Pflanzen können allerdings recht groß werden und wachsen breit ausladend. Man sollte daher wissen, inwieweit sie sich durch Rückschnitt oder Kübelhaltung im Zaum halten lassen. Exotische Pflanzen haben ihren besonderen Reiz, und wer einen Garten mit geeignetem Klima besitzt und sich eine wirklich außergewöhnliche Umgebung mit einer Überfülle riesiger Blätter und Blüten wünscht, sollte den Versuch wagen.

Als Basis bietet sich die Zimmeraralie *(Fatsia japonica)* an, sie ist anspruchslos, immergrün und sorgt für eine subtropische Atmosphäre. Näher zum Licht pflanzt man die Japanische Wollmispel *(Eriobotrya japonica)*, die große Blätter mit leder-

links **Cortaderia selloana *'Pumila' ist eine Sorte des Pampasgrases, die nur etwa 1,5 m hoch wird. Ihre flaumigen, weißen Blütenstände erheben sich aus einem Horst zerzauster schmaler Halme. Sie wiegt sich ebenso im Wind wie die Halme des davor wachsenden Federborstengrases* (Pennisetum alopecuroides). *Die niedrige Bepflanzung mit* Aster amellus *'Rosa Erfüllung',* Artemisia *'Powis Castle' und* Heuchera micrantha *var.* diversifolia *'Palace Purple' gibt der Gruppe Halt.***

links **Exotische Palmen mit silbernen und grünen Wedeln schaffen einen dschungelartigen, aber gemütlichen Rahmen für das von Holzboden umgebene, tiefe quadratische Wasserbecken.**

links ***Ein inspirierender Garten in Kalifornien mit einer ganze Reihe bemerkenswerter Pflanzen, zum Beispiel einer Zwergpalme* (Chamaerops humilis)*, grün- und bronzeblättrigem Neuseeländischem Flachs* (Phormium tenax) *und einer* Cantua buxifolia*, die über allem rankt.***

artiger Struktur hat. Besonders prächtig wirkt sie als kleiner Baum mit einer dichten, runden Krone gezogen. Nicht mehr als 1 m Höhe erreicht das Köcherblümchen *(Cuphea cyanaea)*, eine frostempfindliche, immergrüne Pflanze aus Südamerika, die im Sommer wochenlang leuchtend orange blüht. Einen Hauch von Fernost bringen kleinere Bambusarten. Wegen ihrer Rhizome, die sich weit ausbreiten und kaum zu beseitigen sind, hält man sie am besten in Kübeln. Eine wunderschöne kleine Palme mit glänzenden Blättern ist die aus Südeuropa stammende Zwergpalme *(Chamaerops humilis)*. Sie verträgt nur wenig Frost und muss mit Beginn des Winters in Gartenvlies eingewickelt werden. Wahrhaft exotisch sind Palmlilien *(Yucca)* und Keulenlilien wie *Cordyline australis* 'Torbay Dazzler' mit ihren schwertförmigen Blättern. Zu diesen Pflanzen passen sehr gut der anspruchslose Neuseeländische Flachs oder der Stachelakanthus *(Acanthus spinosus)* mit seinen charakteristischen Blättern.

Einen wirklich außergewöhnlichen Anblick bietet *Dicksonia antarctica*, ein aus Australien stammender Baumfarn. Im Sommer entrollen sich seine großen Wedel und überspannen den ganzen Garten wie ein Dach, durch das nur grünlich gedämpftes Licht fällt. Im Winter muss man allerdings mit dem kahlen, dicken, grob aussehenden Stumpf vorlieb nehmen, der an eine minimalistische Skulptur erinnert. Ein anderer dekorativer Farn, der in feuchtem Schatten bis zu 2 m hoch wird, ist der Königsfarn *(Osmunda regalis)*. Wo es trockener ist, kann man den unauffälligen, aber dennoch hübschen Wurmfarn *(Dryopteris filix-mas)* verwenden. An feuchten, schattigen Stellen mit wenig Platz lässt sich durch Farne mit glänzenden Blättern, wie man sie bei verschiedenen Sorten der Hirschzunge *(Phyllitis scolopendrium)* findet, ein exotischer Eindruck erzielen.

Wenn Sie Pflanzen mit schönen Blüten vorziehen, bieten sich härtere Hibiskusarten an, zum Beispiel *Hibiscus syriacus* 'Oiseau Bleu', für saure Boden kommen auch Zylinderputzer *(Callistemon)* und rot blühende *Crinodendron* in Frage. In vollsonniger Lage lassen sich auch empfindlichere Arten verwenden, die vom lokalen Mikroklima profitieren, dazu zählt etwa der Kalifornische Baummohn *(Romneya coulteri)*. Mit seinen zinngrauen, tief eingeschnittenen Blättern und großen, weißen krausen Mohnblüten wirkt er recht exotisch. Vom Fenster aus betrachtet beschwören diese großblättrigen und reich blühenden Pflanzen wirklich den Eindruck eines Dschungels herauf, der alles, was außerhalb des Gartens liegt, dem Blick entzieht. Eher eine charaktervolle Solitärstaude ist *Euphorbia characias* ssp. *wulfenii*, eine immergrüne Wolfsmilch aus dem westlichen Mittelmeerraum mit graugrünem Laub und lindgrünen Blütenständen. Ungewöhnliche, duftende gelb-rote Blüten hat *Hedychium gardnerianum*, der Kahili-Ingwer. Sie stehen in langen Ähren über den breit lanzettförmigen Blättern. Dazu passt rotblättriger Rizinus *(Ricinus communis* 'Impala'*)* im Hintergrund. Wenn noch etwas Platz ist, kann man noch einige weniger frostempfindliche Pflanzen wie Schmucklilien *(Agapanthus)*, *Nerine*, Spinnenpflanzen *(Cleome)* und Lilien zu ihren exotischeren Verwandten setzen. An einer warmen Mauer ist der Papageischnabel *(Clianthus puniceus)* einen Versuch wert. Der halb immergrüne Spreizklimmer öffnet seine leuchtend scharlachroten, klauen- oder schnabelförmigen Blüten im Frühjahr. Als Sommerblüher kommt die leuchtend orangefarbene *Lapageria rosea* aus Chile in Frage oder auch die frostempfindliche Schönmalve *(Abutilon megapotamicum)*. Die ungewöhnlichen Blüten dieser Art hängen an langen Stielen, sie besitzen einen dunkelroten Kelch, der die apricotfarbenen Kronblätter umgibt. Eine exotische Erscheinung in kleinen Gärten sind auch die Passionsblumen *(Passiflora)*. Neben den überwiegend tropischen Vertretern gibt es auch einige recht frostharte Arten wie *P. caerulea*, deren Blüten eine Nebenkrone aus violetten Filamenten besitzen.

## Giganten

Der Stil eines Gartens wird bis zu einem gewissen Grad auch von der Inneneinrichtung des Hauses beeinflusst. Bei eher spärlicher Möblierung, wie sie heute modern ist, bietet sich ein Kontrast aus üppigem Blattwerk direkt an. Dabei ist man keinesfalls auf tropische Pflanzen angewiesen, auch bei vielen Arten aus Gebieten mit gemäßigtem Klima können die Blätter gewaltige Ausmaße annehmen. Ein solcher Stil negiert die tatsächlichen Dimensionen des Gartens; die bewusste Verwendung übergroßer Pflanzen hat etwas Dramatisches, wählen Sie die Pflanzen am besten nach den gleichen Kriterien aus wie eine Skulptur.

Selbst manche großen, baumförmigen Sträucher lassen sich in Miniaturgärten kultivieren – man muss nur wissen, wie man die Pflanzen klein halten kann. So entwickelt der Götterbaum *(Ailanthus altissima)* riesige, gefiederte Blätter von fast 1 m Länge, wenn er jeden Winter 15 cm über dem Boden gekappt wird. Auch panaschierte Sorten der Japanischen Aralie *(Aralia elata)*, die Wurzelausläufer treiben und mehrstämmig wachsen, bilden große, gefiederte Blätter, die einen kleinen Garten dominieren. Unter diese baumartigen Sträucher könnten Sie zum Beispiel eine Gruppe von frostempfindlichen *Bergenia ciliata* setzen, die im lichten Schatten gedeihen und etwa 30 cm breite, runde Blätter entwickeln. *B. cordifolia* 'Purpurea' ist härter und hat noch größere Blätter. Eine Alternative sind Funkien wie *Hosta sieboldiana* var. *elegans* mit wirklich riesigen, überlappenden graugrünen Blättern, die sich als Bodendecker im Schatten eignen. Eigentlich ist es gar nicht möglich, so riesige Sumpfpflanzen wie Gelbe Scheinkalla *(Lysichiton americanus)*, Mammutblatt *(Gunnera manicata)* und Schildblatt *(Peltiphyllum peltatum)* in einem kleinen Hinterhof zu ziehen. Für einen leidenschaftlichen Pflanzenliebhaber ist aber nichts unmöglich, er wird Mittel und Wege

oben links ***In diesem sehr geschützten, in einem milden Klima liegenden Stadtgarten wachsen exotische Pflanzen: eine Faserbanane* (Musa basjoo) *mit riesigen Blättern, ein Baumfarn* (Dicksonia antarctica) *mit langen Wedeln, eine Akazie mit schön gefiederten Blättern und eine Fächerpalme. In gemäßigtem Klima muss die Banane im Winter einen sehr guten Schutz aus Vlies erhalten.***

unten links ***Federmohn* (Macleaya cordata) *wird über 2 m hoch und trägt von der Basis bis zur Spitze imposante, taubengraue, gelappte Blätter. Im Sommer erscheinen ganz oben rosafarbene Blütenstände, und dann beherrscht diese Riesenpflanze den ganzen sonnigen Garten.***

rechts ***Zwischen die mächtige Königskerze mit silbrigen Blättern* (Verbascum bombyciferum) *und den Blätterschopf einer Keulenlilie* (Cordyline) *fügt sich die schlanke Gestalt des Obelisken aus Metall gut ein.***

finden. Für sonnige Plätze lohnt es sich, nach einem Honigstrauch *(Melianthus major)* Ausschau zu halten. Diese salbeigraue Blattpflanze hat tief gesägte, etwas silbrige Blätter. Sie ist zwar frostempfindlich, kann aber den Winter überstehen, wenn man sie alljährlich im Herbst zurückschneidet. Eine sehr hohe Staude ist der Federmohn *(Macleaya cordata)*, beliebt wegen seiner großen, gelappten, zinngrauen Blätter und feinen, bronzefarbenen Blütenschleier. Er ist winterhart, neigt aber ein wenig zum Wuchern.

Blütenstauden, die man in großen Gärten in Gruppen oder sogar in Massen pflanzt, lassen sich bei beengten Platzverhältnissen als Einzelexemplare ziehen. Wirklich mächtige Pflanzen wie Schmalblättriges Weidenröschen *(Epilobium angustifolium)* und Kanadischer Wiesenknopf *(Sanguisorba canadensis)* beherrschen auch als Solitärstauden die Szene. Diese beiden Arten gedeihen gut in lichtem Schatten. An einem sonnigeren Platz passen Sonnenhut *(Rudbeckia)*, etwa

die Sorte 'Herbstsonne', sehr schön zu Steppenkerzen *(Eremurus)*. Alle diese Pflanzen werden gut 2 m hoch.

Wenn Sie sich schon einmal für Pflanzenriesen entschieden haben, sollten Sie auch vor echten Herausforderungen nicht zurückschrecken. So erreicht der Riesenfenchel *(Ferula communis)* 4 m Höhe und wird unausweichlich zum alles beherrschenden Blickpunkt, an dessen Anblick man sich von unten erfreuen muss. Er ist etwas frostempfindlich und außerdem zweijährig, so dass man auch Geduld aufbringen muss. Ebenfalls zweijährig, riesengroß und beeindruckend ist die Eselsdistel *(Onopordum acanthium)*. Vielleicht hält in Ihrem Garten sogar die an eine *Yucca* erinnernde *Beschorneria yuccoides* aus. Blütenstände mit korallenroten Deckblättern hängen bogenförmig über den graugrünen Blättern dieser Pflanze. Sie wird zwar fast 2,5 m hoch, aber um der dramatischen Wirkung willen wird man die Größenverhältnisse sowieso ignorieren. Setzt man mehrere Pflanzen mit Riesenwuchs zusammen, sollten die Begleitpflanzen möglichst niedrig bleiben oder nur grüne Matten bilden, damit sie für die »Primadonnen« einen geeigneten Hintergrund abgeben. Dicht gesetzte Ziergräser wie etwa die grüne *Festuca gautieri* sind geeignete Kandidaten, ebenso die goldene *Hakonechloa macra* 'Alboaurea', die sich im Herbst rostrot färbt, oder Purpurglöckchen *(Heuchera)* mit ihren zierlichen Rosetten, aus denen sich an langen Stielen unauffällige Blüten erheben.

Die verschiedenen Stilrichtungen, die wir vorgestellt haben, zeigen, wie entscheidend Pflanzen zur Atmosphäre eines Gartens beitragen und wie selbst in bescheidenem Rahmen etwas ganz Besonderes entstehen kann. Ihr persönliches Konzept wird sich im Wandel der Jahreszeiten und mit den Jahren weiterentwickeln und immer wieder neue Aspekte schaffen. Einige Pflanzen werden unausweichlich mehr dominieren als andere, und jedes Jahr wird man einige zurückschneiden, andere entfernen und neue Entdeckungen dazupflanzen. Die praktischen Aufgaben, die die Pflege eines kleinen Gartens mit sich bringt, werden im nächsten Kapitel behandelt. Schließlich ist ein Garten nicht nur ständiger Veränderung unterworfen, er wird Ihnen unter Ihren eigenen Händen mit den Jahren auch immer vertrauter werden.

# Pflege

Dieses Kapitel behandelt die praktischen Aspekte, die bei der Anlage eines Gartens auf ganz engem Raum zu berücksichtigen sind. Kleine Gärten sind zwar weniger zeitaufwendig als ihre großen Vettern, müssen aber dennoch gepflegt und in Ordnung gehalten werden, damit ihr besonderer, intimer

***Formale kleine Gärten sind pflegeleicht, besonders wenn Buchsbaum einen wesentlichen Bestandteil der Bepflanzung bildet. Regelmäßiger Schnitt hält diesen schönen, ruhigen Garten makellos instand.***

Charme erhalten bleibt. Kostspielige Fehler lassen sich am leichtesten vermeiden, wenn Sie lernen, mögliche Schwierigkeiten bereits im Voraus zu erkennen und rechtzeitig Gegenmaßnahmen zu ergreifen.

Inzwischen sind Sie sich wahrscheinlich längst im Klaren darüber, worauf Sie in Ihrem kleinen Garten auf keinen Fall verzichten wollen. Sicher haben Sie auch daran gedacht, dass Sie für sämtliche Gartenmöbel und Gerätschaften eine Unterbringungsmöglichkeit brauchen. Auch die Entscheidung für oder gegen einen Rasen dürfte bereits gefallen sein. Die freie Zeit, die Ihnen für die Gartenarbeit zur Verfügung steht, beeinflusst Auswahl und Ausmaß der Bepflanzung ganz erheblich. Wie viel Mühe wollen Sie sich mit dem Schnitt von Bäumen und Hecken machen? Auch in einem ganz kleinen Garten zahlt sich die Zeit aus, die man in die Pflege von Bäumen und Sträuchern investiert, denn nur so lassen sie sich unter Kontrolle halten.

Ein Garten soll eine Bereicherung sein und nicht nur Zeit und Energie kosten. Überlegen Sie sich deshalb von vornherein, wie Sie den Pflegeaufwand möglichst gering halten können. Sauber verlegte Pflastersteine, solide Mauern und Zäune sehen nicht nur gut aus, sie verlangen auch nur ein Minimum an Pflege. Schaffen Sie sich nicht zu viele Pflanzen an, es sei denn, Sie können sich nichts Schöneres vorstellen, als ständig im Garten herumzuwerkeln. Ein Bewässerungssystem kann viel Zeit und Arbeit sparen. Und vergessen Sie nicht die richtige Beleuchtung, damit Sie abends lange draußen sitzen können. Wenn das Pflaster erst einmal richtig liegt und die Pflanzen angewachsen sind, werden Sie jede Störung vermeiden wollen – planen Sie also vorausschauend, damit Sie Ihren Garten wirklich genießen können.

## Der Boden

Der Boden ist das kostbarste Gut im Garten, an das hohe Anforderungen gestellt werden. Gute Bodenpflege und Maßnahmen zur Erhaltung der Bodenfruchtbarkeit zahlen sich daher unbedingt aus. Der Untergrund eines Gartens, der schon sehr lange genutzt wird, ist in der Regel so stark verdichtet, dass der Boden nicht mehr ausreichend durchlüftet wird. Solange er nicht zusätzlich mit Schadstoffen belastet ist, ist das aber kein Grund, das gesamte Erdreich auszutauschen. Vielmehr kommt es darauf an, Struktur und Fruchtbarkeit wieder herzustellen. Boden entsteht bei der Verwitterung von Gestein – etwa Granit, Kreide oder Sandstein –, das über Jahrtausende durch die Kraft von Wasser, Wind, Frost und Eis abgetragen wurde. Dabei werden die feinen Bestandteile gebildet, die den mineralischen Anteil des Bodens ausmachen und je nach Ausgangsstein ganz verschieden sind. Durch langsame Anreicherung mit organischer Substanz, die bei der Zersetzung toter Pflanzen und kleiner Tiere gebildet wird, entsteht im Verlauf von Jahrhunderten allmählich fruchtbarer Boden. Bei diesem Vorgang spielen Regenwürmer übrigens eine wichtige Rolle. Das Ziel jedes Gärtners ist ein fruchtbarer Boden von ausgewogener Zusammensetzung, etwa ein guter Lehmboden. So ideale Verhältnisse findet man allerdings nur selten vor; meist bedarf es einiger Anstrengung, dieses Ziel zu erreichen.

## Bodenarten

Unterschiedliche Pflanzen stellen an den Boden, in dem sie wachsen, auch ganz verschiedene Ansprüche. Es ist daher wichtig zu wissen, wie der Boden im Garten beschaffen ist. Das erste und für den Gärtner wichtigste Merkmal ist seine Struktur. Ob ein Boden locker und leicht zu bearbeiten ist oder eher schwer, hängt von den jeweiligen Anteilen an Sand und Ton ab. Wenn sich der Boden sandig anfühlt, sich zwischen den Fingern nicht zu kleinen Rollen formen lässt und leicht auseinanderfällt, handelt es sich um Sandboden. So ein Boden ist locker, gut durchlüftet und leicht zu bearbeiten. Im Frühjahr erwärmt er sich recht schnell und ist daher geeignet, um Pflanzen an Ort und Stelle aus Saat heranzuziehen. Das Wasser zieht gut ab, doch werden damit auch die Nährstoffe rasch ausgewaschen. Ein toniger Boden ist vollkommen anders: Er besteht aus sehr feinen Teilchen und fühlt sich beim Zusammendrücken zwischen den Fingern klebrig an. Tonböden verdichten sich leicht und sind dann schlecht durchlüftet und schwer zu bearbeiten, dafür bleiben sie lange feucht und binden Nährstoffe. Sie erwärmen sich nur langsam und neigen zur Vernässung, wodurch die Wurzeln von Jungpflanzen absterben können. Wenn so ein Boden im Sommer austrocknet, schrumpft er, reißt ein und wird hart wie Beton. Dennoch gedeihen viele Pflanzen in nährstoffreichen, tonigen Böden recht gut. Ein dritter Typ, das Schwemmland, besteht aus Schlick, der von Flüssen oder bei Überschwemmungen fortgetragen und an anderer Stelle wieder abgelagert wurde. Er ist sehr fein, fruchtbar und leicht zu bearbeiten, findet sich heute jedoch nur in den wenigsten Gärten.

Extreme Bodentypen sind zum Glück selten. Die meisten Gartenbesitzer werden eine krümelige Mischung zwischen Ton und Sand vorfinden. Jeder Boden lässt sich aber durch Gaben von organischem Material wie Kompost verbessern. Tonböden werden dadurch leichter und lockerer und besser durchlüftet. Bei Sandböden erhöhen Kompostgaben die Wasserhaltekraft und damit auch den Nährstoffgehalt.

## Gehalt an organischer Substanz

rechts ***Rhododendren und Azaleen brauchen unbedingt sauren Boden. Hier wächst eine rubinrote Azalee unter den gefiederten Blättern eines Fächerahorns* **(Acer palmatum var. dissectum)***, der diese Bedingungen gut verträgt.***

Das zweite charakteristische Merkmal eines Bodens ist sein Gehalt an organischer Substanz. In jedem Boden kommen von Natur aus organische Substanzen und Organismen vor, die seine Fruchtbarkeit steigern und ihn erst zu dem lebendigen Medium machen, das er ist. Zersetztes pflanzliches Material, durch die Tätigkeit von Bakterien und anderen Bodenlebewesen entstanden, verbessert auf natürliche Weise den Boden und ist eine Quelle von Nährstoffen für Pflanzen. Die organischen Bestandteile des Bodens sind daher lebensnotwendig für die Pflanzen, ohne sie wäre Wachstum kaum möglich. Im Garten reichert man den Boden mit organischer Substanz in Form von Kompost an. Die meisten Gärtner warten nicht, bis der Kompost ganz feinkrümelig und schwarz geworden ist, sondern verwenden ihn bereits, wenn er noch nicht vollständig verrottet ist. In diesem Zustand ist er lockerer, so dass der Boden gut durchlüftet wird. In kleinen Gärten ist für einen Komposthaufen meist kein Platz, der Kompost muss gekauft werden. Achten Sie darauf, ein sauberes und gut zersetztes Produkt zu bekommen, das keine keimfähigen Samen mehr enthält. Am besten kaufen Sie bei Bedarf nur die jeweils benötigte Menge, das spart den Platz für die Lagerung.

## Säure- und Basengehalt

Böden können sauer, basisch oder auch neutral reagieren, mit allen Abstufungen dazwischen. Der pH-Wert gibt an, wie stark sauer oder basisch ein Boden ist. Die Bestimmung

links ***Ein heftiger Regenguss hat die Böschung weggeschwemmt und die verschiedenen Horizonte im Bodenprofil sichtbar gemacht. Von der obersten Bodenschicht hängen Feinwurzeln herab und lassen das Ganze wie ein abstraktes Gemälde aussehen.***

erfolgt mit einfachen Tests, die in jedem Gartencenter erhältlich sind. Die Skala beginnt meist bei pH 4,5, was einen sehr sauren Boden, etwa in einem Moor, kennzeichnet. Bei niedrigeren Werten ist Pflanzenwachstum im Garten kaum möglich. Der saure Bereich erstreckt sich bis etwa pH 6,5 (schwach sauer). Von pH 6,6 bis 7,3 hat man es mit einem ausgewogenen, neutralen Boden zu tun, während ein Bereich von 7,4 bis 8,0 einen schwach bis stark basischen Boden anzeigt, wie man ihn in Kalkgebieten findet. Die Bestimmung des pH-Werts sollte an mehreren verschiedenen Stellen durchgeführt werden, denn es ist nicht auszuschließen, dass hier und da fremde Erde in den Garten eingebracht wurde. Eine einzelne Bestimmung kann daher irreführend sein.

Die meisten Pflanzen kommen mit schwach sauren Böden zurecht, selbst die, die eigentlich kalkhaltigen Boden bevorzugen. Es gibt aber auch Pflanzen, die unter basischen Bedingungen eingehen. Man bezeichnet sie als kalzifuge, wörtlich »kalkfliehende« Pflanzen. In diese Gruppe gehören Rhododendren, Kamelien, Skimmien, Lavendelheide *(Pieris)*, Heidekraut *(Calluna vulgaris)* und die meisten Heidearten *(Erica)*. Ihre Blätter verfärben sich in kalkhaltigen Böden allmählich gelb, weil die Pflanzen das lebenswichtige Eisen und andere Mineralien daraus nicht aufnehmen können. Man kann diese Pflanzen daher nur in Gärten mit saurem Boden kulitvieren oder aber in Heideerde in Kübeln. Auf kleinen Flächen lässt sich saurer Boden in Form eines Hochbeets einbringen. Darin könnten kleine immergrüne Japanische Azaleen wachsen, etwa die rosa blühende 'Hinomayo', die violette 'Blue Danube' oder die weiße 'Everest', vorausgesetzt, es ist nicht zu schattig. Für Schattenlagen eignen sich die bodendeckende *Pachysandra terminalis* und der sommergrüne Frauenhaarfarn *(Adiantum venustum)*. In alkalischem Boden gedeihen dagegen zum Beispiel Fingersträucher *(Potentilla)*, Zistrosen, Schwertlilien und Skabiosen, aber auch viele alpine Arten.

**Das Bodenprofil**

Die Eigenschaften eines Bodens ändern sich mit zunehmender Tiefe. Die oberste, sehr fruchtbare Lage ist der Oberboden. Er sollte dunkel und humusreich sein und von etwa 5 cm bis zu einer Tiefe von knapp 50 cm reichen. In einem kleinen Stadtgarten, der vielleicht schon Jahrhunderte intensiver Bearbeitung hinter sich hat, wird man kaum einmal bis in den Unterboden vordringen. Häufig liegt der Oberboden in Gärten aber auf einer harten, stark verdichteten Schicht auf, die sich über die Jahre an der Untergrenze der Bodenbearbeitung gebildet hat. Hier kann es notwendig sein, den Boden tief umzugraben oder ihn mit einer Grabegabel aufzubrechen. Darunter befindet sich der Unterboden, dessen Zusammensetzung stark von dem Gestein abhängt, auf dem er liegt. Er enthält viele Mineralstoffe, aber keine oder kaum organische Anteile und ist daher viel heller als der Oberboden. Wenn Sie ein Pflanzloch ausheben, lagern Sie den Oberboden daneben und lockern

Sie den Unterboden mit der Grabegabel, ohne ihn dabei nach oben zu befördern. Außerdem sollten Sie ihm Kompost zuführen. Auch wenn es nicht ganz einfach ist, Ober- und Unterboden getrennt zu bearbeiten, sollte man in jedem Fall darauf achten, die natürliche Bodenschichtung zu erhalten.

### Bodenverbesserung und Düngung

Sie werden in Ihrem kleinen Garten wahrscheinlich so viele Pflanzen wie möglich ziehen wollen. Für den Boden stellt diese unnatürliche Situation eine hohe Belastung dar. Damit die Pflanzen dennoch zufriedenstellend gedeihen können, müssen Sie mit bodenverbessernden Maßnahmen unterstützend eingreifen. Darüber, was richtige Bodenpflege ist, gibt es zwei Lehrmeinungen: Die »grüne« setzt auf die Verwendung von organischem Dünger und Kompost, während die andere die Verwendung von synthetischen Agrochemikalien gutheißt, mit denen Mängel ausgeglichen werden. In der Praxis wenden viele Gärtner eine Kombination beider Ansätze an.

unten ***Zu den schönsten Bodendeckern in schattigen Lagen gehören Waldlilien* (Trillium)*, abgebildet ist eine Sorte mit tiefroten Blüten über einem Kragen aus drei marmorierten Laubblättern. Sie lieben sauren Boden, der hier, unter einem Baum, durch Laubstreu entsteht.***

Bodenverbesserung auf organischem Wege bedeutet sorgfältige Pflege, um einen ökologisch ausgewogenen und gesunden Garten zu schaffen, wobei dem Boden nichts »Unnatürliches« hinzugefügt wird. Dazu gehört die regelmäßige Gabe von zersetztem organischem Material, um die Bodenstruktur zu verbessern, den Boden zu belüften, die Feuchtigkeit zu erhalten und feste Erdklumpen aufzubrechen. Geeignete Zusätze sind selbst hergestellter Kompost oder auch gut abgelagerter Stalldung, ausgelaugter Hopfen, alter Pilzzuchtkompost, Laubstreu und Kuhfladen. All dies ist in Gartencentern in Säcken abgepackt erhältlich.

Im Frühjahr kann zusätzlich organischer Dünger gegeben werden, um fehlende Nährstoffe zu ergänzen. Knochenmehl, Blutmehl, Fischmehl, Huf- und Hornmehl, die in jedem Gartencenter zu kaufen sind, führen den Pflanzen die Hauptnährstoffe in ausgewogenem Verhältnis zu: Stickstoff (N), der das Wachstum von Trieben und Blättern fördert, Phosphor (P) für ein gesundes Wurzelsystem und Kalium (K) für einen reichen Blüten- und Fruchtansatz. Auf den Packungen wird mit den chemischen Symbolen das jeweilige Mengenverhältnis angegeben. Die meisten Düngemittel enthalten zugleich auch wichtige Spurenelemente wie Eisen und Magnesium, die Pflanzen in geringen Mengen brauchen. Ein Mangel an anderen Spurenelementen, die nur in äußerst geringen Mengen erforderlich sind, kann spezifische Symptome verursachen. In solchen Fällen fragt man am besten in einer Gärtnerei nach speziellen Düngemitteln. Synthetische Dünger, die es in fester und flüssiger Form gibt, sind äußerst effektiv und brauchen nur wenig Platz. Sie sollten sehr umweltbewusst angewendet werden, was bedeutet, des Guten nicht zu viel zu tun und dadurch den Pflanzen womöglich zu schaden. In jedem Fall ist die Gebrauchsanweisung zu beachten; die vom Hersteller angegebene Dosierung sollte nicht überschritten werden.

Durch die Wahl des richtigen Düngemittels kann der pH-Wert des Bodens beeinflusst oder stabilisiert werden. Zufuhr von saurem organischem Material wie Laubstreu, aber auch von Ammonium- und Eisensulfat macht den Boden saurer. Es gibt auch spezielle Eisendünger für Pflanzen, deren Blätter sich aufgrund von Eisenmangel (auf kalkhaltigen Böden) bereits gelb verfärbt haben. Soll der Boden basischer werden, führt man ihm Kalk (in Form von Kalziumkarbonat) zu, der dünn von Hand ausgestreut wird; die Hände müssen mit Handschuhen geschützt werden. Nach zwei bis drei Jahren sollte der pH-Wert erneut überprüft werden.

Die meisten Dünger werden im Frühjahr nach dem letzten Frost ausgebracht, bevor das Wachstum einsetzt. Manche, wie etwa flüssiger Algendünger, können ins Gießwasser gegeben und so direkt den Wurzeln zugeführt werden. Waldreben haben im Sommer einen hohen Wasser- und Nährstoffbedarf und schätzen alle zwei Wochen die Gabe von Flüssigdünger. Am besten gräbt man gleich beim Pflanzen einen Schlauch mit ein, über den die Pflanze sehr effektiv gedüngt und gewässert werden kann.

Besonders schnell wirken Dünger, die über die Blätter aufgenommen werden. Man sprüht sie direkt auf das Laub, etwa wenn der Boden durch Bauarbeiten im Garten verdichtet und das Wurzelsystem der Pflanzen geschädigt wurde. Der beste

Zeitpunkt für eine Blattdüngung ist in den Abendstunden, wenn die Blätter besonders aufnahmefähig sind. Eine ausgesprochene Langzeitwirkung haben dagegen Düngergranulate, die die Nährstoffe gleichmäßig über einen längeren Zeitraum hinweg freisetzen. Sehr beschäftigte Menschen mit wenig Zeit werden ihre Vorteile zu schätzen wissen. Solche Langzeitdünger sind besonders für Kübelpflanzen zu empfehlen.
Boden ist nicht das einzige Substrat, in dem Pflanzen kultiviert werden können. Es gibt eine Vielzahl von Einheitserden und Spezialerden, außerdem auch Pflanzsubstrate ohne Erde für Kübel und zur Anzucht aus Saatgut. Sie enthalten meist Sand, Kies und lockernde Zusätze wie Perlit, ein durch Hitzebehandlung aufgeschäumtes vulkanisches Gestein, das Feuchtigkeit speichert. Besonders Jungpflanzen entwickeln sich gut in solchen lockeren Substraten. Für Dachgärten, wo es auf geringes Gewicht ankommt und auf die Fähigkeit, Wasser zu speichern, verwendet man statt Perlit lieber Vermiculit. Das ist ebenfalls ein Material vulkanischen Ursprungs, das wenig wiegt und eine blättrige Glimmerstruktur besitzt. Wenn solche Substrate zugleich Dünger enthalten, wachsen sogar Sträucher darin.

links ***Die Silberkamille*** **(Anthemis punctata *ssp.* cupaniana)** ***ist mit ihrem zartgrauen, filigranen Laub und den weißen, margeritenähnlichen Blüten, die wochenlang in Mengen erscheinen, von unschätzbarem Wert für den Garten. In heißen Sommern sichert ein Rückschnitt, bei dem alle verwelkten Blüten entfernt werden, die Nachblüte.***

## Hygiene im Garten

Gärten müssen wie Wohnungen regelmäßig sauber gehalten werden, um Probleme gar nicht erst entstehen zu lassen. In dieser Hinsicht ist ein kleiner Garten durchaus von Vorteil, denn er lässt sich mit wenig Aufwand in Ordnung halten.
Wichtig ist vor allem, Gartenabfälle wie abgeworfene Blätter, Anhäufungen von Unkraut und Schnittgut regelmäßig zu beseitigen. Wege und Pflaster werden gefegt; den Kehricht sollten Sie allerdings nicht einfach hinter den Büschen verstreuen: Wenn er sich zersetzt, wird er zur Brutstätte ganzer Scharen von Insekten, außerdem können darin Erreger von Pflanzenkrankheiten enthalten sein. Selbst trockene Laubhaufen sind eine Zuflucht für Schnecken aller Art. Abfälle sollten daher gesammelt und abtransportiert werden. Dazu eignen sich Plastiksäcke am besten, die allerdings so stabil sein sollten, dass sie auch von abgeschnittenen Zweigen nicht durchbohrt werden können.
Verwelkte Blüten entfernt man regelmäßig von Hand oder mit einer Gartenschere. Das dauert nur ein paar Augenblicke, lässt den Garten aber den Sommer über immer gepflegt wirken. Es hindert die Pflanzen außerdem daran, ihre Kraft in die Entwicklung von Samen zu stecken, und bewirkt so bei vielen Sträuchern und Stauden eine zweite Blüte, etwa bei Rosen und Silberkamille *(Anthemis punctata* ssp. *cupaniana)*.
Die Fruchtstände einiger Pflanzen, zum Beispiel von Silberlingen, Mohn, Schafgarbe, Großer Japan-Fetthenne *(Sedum spectabile)* und Ziergräsern, sind allerdings so dekorativ und den ganzen Winter über eine solche Zierde, dass man sie besser an der Pflanze ausreifen lässt.

### Schädlinge

In kleinen Gärten haben Schadinsekten nur wenige natürliche Feinde, finden aber ein reiches Angebot an Pflanzen vor; sie können daher leicht zur Plage werden. Vorbeugen ist auch hier besser als heilen, deshalb pflanzt man möglichst krankheits- oder schädlingsresistente Sorten und stärkt die Pflanzen durch regelmäßige Wassergaben und richtige Düngung. Jeder Befall wird am besten schon im Ansatz bekämpft. Das kann mit »biologischen« Methoden geschehen, die keine Chemikalien, sondern natürliche Insektizide und Feinde der Schädlinge verwenden, aber auch mit synthetischen Schädlingsbekämpfungsmitteln.
Kontaktgifte werden auf die Pflanze gesprüht. Sie wirken entweder direkt auf die Schädlinge ein oder werden von diesen von der behandelten Oberfläche aufgenommen. Die Wirkung setzt zwar sofort ein, ist aber oft nicht von Dauer, denn die Larven werden nicht beseitigt und sie übernehmen in der Folge rasch das Feld. Außerdem vergiftet man mit diesen Mitteln auch nützliche Insekten. Dieses Problem lässt sich mit systemischen Mitteln umgehen, die über die Wurzeln aufgenommen und in Trieben und Blättern verteilt wer-

*Funkien sind ein wahrer Leckerbissen für Schnecken. Wenn die Pflanzen jedoch in erhöht stehenden Kübeln kultiviert werden, lassen sich die Plagegeister weitgehend fernhalten und wenn nötig leicht von Hand absammeln. Auf dem Foto ist die elegante, weiß blühende* Hosta *'Frances Williams' zu sehen, die wegen ihrer riesigen blaugrünen Blätter mit gelbem Rand sehr beliebt ist.*

den. Sie töten saugende Insekten, für Bienen sind viele aber ungefährlich. Chemische Schädlingsbekämpfung kann sehr wirksam sein, sofern das richtige Insektizid verwendet wird. Auf jeden Fall muss man die Gebrauchsanweisung beachten, bei der Anwendung sollten Handschuhe getragen werden. Gespritzt wird am Abend, wobei sich weder Kinder noch Haustiere im Garten aufhalten dürfen. Nicht gespritzt wird bei Wind, in der Sonne und bei großer Hitze. Schädlingsbekämpfungsmittel müssen in einem verschlossenen Schrank im Originalgefäß aufbewahrt werden.

Bei der organischen Schädlingsbekämpfung gibt es einige erprobte und bewährte Methoden. Manchmal reicht es schon aus, bei einem Befall mit Blattläusen die Blätter einfach mit reinem Wasser abzuwaschen. Mit Schmierseife kann man Blattläuse, Rote Spinne, Schildläuse und Thripse bekämpfen. Raupen und Nacktschnecken lassen sich von Hand absammeln. Manche Gärtner verwenden auch mit Bier gefüllte Schüsseln oder leere Grapefruithälften, von denen die Schnecken angelockt werden, so dass man sie einsammeln und beseitigen kann. Schließlich lassen sich gegen die meisten Insekten natürliches Pyrethrum und Derriswurzel einsetzen, auch wenn die Wirkung meist nicht lange anhält.

Biologische Schädlingsbekämpfung ist nichts anderes als das, was auch in der freien Natur geschieht: Die Schädlinge werden von ihren natürlichen Feinden gefressen. Marienkäfer dezimieren die Blattläuse, Laufkäfer fressen Nacktschnecken und viele Raupen. Heute gibt es etliche räuberische Insekten und Parasiten zu kaufen, mit denen sich eine Reihe spezifischer Schädlinge bekämpfen lässt. Biologische und chemische Schädlingsbekämpfung zur gleichen Zeit schließen sich aus, weil die meisten Insektizide auch den Räubern und Parasiten schaden.

### Pflanzenkrankheiten in kleinen Gärten

Gute Pflege ist der beste Schutz vor Krankheiten. Eine kräftige Pflanze kann Krankheiten widerstehen, denen eine geschwächte erliegt. Kaufen Sie deshalb nur gesunde Pflanzen und setzen Sie sie in saubere Erde. Es gibt einige Krankheiten, die durch den Boden übertragen werden. Bei anderen erfolgt die Verbreitung durch Insekten oder Wind, und gerade diese Krankheiten werden in kleinen, umschlossenen Gärten besonders leicht von Pflanze zu Pflanze übertragen. Hohe Luftfeuchtigkeit begünstigt die Entstehung von Pilzerkrankungen ebenso wie ein windstiller, schlecht belüftetеter Standort. Bis zu einem gewissen Grad lässt sich die Ausbreitung von Mehltau und anderen Pilzkrankheiten durch Einhaltung eines Sicherheitsabstands zwischen den Pflanzen verhindern. Auf engem Raum ist das allerdings kaum möglich; hier hilft nur ständige Wachsamkeit. Pflanzenkrankheiten werden am häufigsten durch Pilze, Bakterien und Viren verursacht. Die bedeutendste Rolle spielen die Pilze; sie lassen sich mit einigem Erfolg mit chemischen Mitteln bekämpfen. Es gibt

jedoch bislang kein wirksames Pflanzenschutzmittel gegen Viren oder Bakterien. Lediglich gegen die Überträger, zum Beispiel Blattläuse, kann man vorgehen.

Pilzerkrankungen können mit dem richtigen Kontaktfungizid meist erfolgreich bekämpft oder zumindest in ihrer Ausbreitung gehemmt werden. Systemische Fungizide werden von der Pflanze aufgenommen und bieten einen Langzeitschutz. Wenden Sie sich in jedem Fall an eine gute Gärtnerei oder eine amtliche Pflanzenschutzberatung, dort wird man Ihnen ein geeignetes Mittel empfehlen und Sie auch hinsichtlich der richtigen Anwendung beraten. Im Übrigen versteht es sich von selbst, dass man beim Umgang mit solchen Mitteln vorsichtig ist und sie niemals in unbeschriftete Flaschen abfüllt.

### Unkrautbekämpfung

Was der eine Gärtner für Unkraut hält, ist für den anderen ein sorgfältig gehegter Schatz. Viele Gartenpflanzen gelten in ihrer ursprünglichen Heimat als Unkräuter; es ist also alles eine Frage des Standpunkts. Was auch immer der Einzelne als Unkraut betrachten mag, bei der Bekämpfung sollte man zu mechanischen, ökologisch unbedenklichen Methoden zurückkehren – auch wenn dazu das etwas mühsame Ausgraben, Hacken und Jäten gehören. In den wirklich kleinen Gärten, von denen in diesem Buch die Rede ist, dürfte sich der Aufwand aber in durchaus erträglichen Grenzen halten. Auf den Einsatz chemischer Unkrautbekämpfungsmittel (Herbizide) sollte im Hausgarten verzichtet werden.

Eine wirksame vorbeugende Maßnahme ist Mulchen: Eine Mulchdecke konserviert nicht nur die Feuchtigkeit im Boden, sie unterdrückt auch das Aufkommen von Unkräutern. Als Mulchmaterial eignen sich Rinde, gut abgelagerter Dung oder eine 5 cm dicke Kiesschicht. Auf den unkrautfreien Boden ausgebracht, reduzieren sie erneutes Aufkommen erheblich. So eine Mulchdecke sieht außerdem sogar noch gut aus.

In jedem fruchtbaren Boden sind einjährige Unkräuter vorhanden, was immer wir auch dagegen unternehmen. Dazu zählen unter anderem Hirtentäschel *(Capsella bursa-pastoris)*, Hungerblümchen *(Draba verna)*, Franzosenkraut *(Galinsoga parviflora)*, Einjähriges Rispengras *(Poa annua)*, Kreuzkraut *(Senecio vulgaris)* und Vogelmiere *(Stellaria media)*. Man hackt sie am besten regelmäßig aus oder reißt sie mit der Hand heraus, bevor sie in Saat gehen.

Schwieriger loszuwerden sind mehrjährige Unkräuter. In einem kleinen Garten konkurrieren sie mit den Zierpflanzen um die Nährstoffe, und sie setzen sich, wenn nichts dagegen getan wird, meist durch. Das gilt besonders für Ackerschachtelhalm *(Equisetum arvense)*, dessen Rhizome bis in 3 m Tiefe reichen, sowie Ackerwinde *(Convolvulus arvensis)*, Quecke *(Agropyron repens)* und Giersch *(Aegopodium podagraria)*, die noch aus den kleinsten Stückchen der unterirdisch kriechenden Triebe wieder austreiben. Hier hilft nur mehrfaches Ausgraben. Ampfer *(Rumex)* sät sich stark aus und sollte deshalb gleich ausgegraben werden, ebenso wie Brennnesseln *(Urtica dioica)*.

## Pflege der Pflanzen

Ob Ihr kleiner Garten sich richtig entwickelt, hängt von Ihrem Geschick ab. Vor allen Dingen müssen Sie die Ansprüche Ihrer Pflanzen kennen und zur rechten Zeit die richtige Pflege vor-

links ***Dieser ganz kleine Innenhof quillt fast über von blühenden Pflanzen, darunter Inkalilien*** **(Alstroemeria)*****, Rosen, Rote Spornblumen*** **(Centranthus ruber)*****, Binsenlilien*** **(Sisyrinchium)** ***und Lichtnelken. Makellos geschnittene Buchsbaumhecken und Formschnittpflanzen lassen die Anlage dennoch ordentlich und gepflegt wirken.***

nehmen. Informieren Sie sich, wie groß die Pflanzen werden und ob sie kräftig zurückgeschnitten oder nur ausgelichtet werden müssen. Berücksichtigen Sie die unterschiedlichen Ansprüche an Bewässerung und Bodenfeuchtigkeit. Schließlich benötigen manche Pflanzen im jeweiligen örtlichen Klima einen besonderen Winterschutz. All dies wird aber in einem kleinen Garten nicht allzu viel Mühe bereiten.

### Erhaltungs- und Erziehungsschnitt

In der freien Natur wachsen Pflanzen auch ohne jeden Schnitt ganz ausgezeichnet. Aus welchem Grund sollte ein Gärtner sie also schneiden? Wild wachsende Bäume und Sträucher stoßen Zweige von selbst ab – mit zunehmendem Alter, durch Beschädigung oder weil es zu ihren natürlichen Wuchseigenschaften gehört. Im Garten wird durch den Schnitt aber auch jegliches unerwünschte Wachstum beseitigt, sei es, weil die betreffenden Triebe krank sind oder in die falsche Richtung wachsen. Tatsächlich gibt es sogar mehrere gute Gründe, weshalb Schnittmaßnahmen durchgeführt werden: Zum einen erhält oder verbessert ein Rückschnitt die Vitalität einer Pflanze, so dass sie reicher blüht und fruchtet. Zum anderen lassen sich zügellos wachsende Pflanzen durch Schnitt kontrollieren. Oft sind aber auch ganz einfach dekorative Aspekte der Grund für Schnittmaßnahmen (siehe unten), außerdem wahren viele Pflanzen ihre Form besser, wenn sie gelegentlich geschnitten werden. Schließlich lassen sich verschiedene Pflanzen durch Schnitt so klein halten, dass sie auch für den bescheidenen Rahmen noch geeignet sind. Schnittmaßnahmen werden in der Regel während der Vegetationsruhe durchgeführt, vor dem Frühjahrsaustrieb; im Sommer kann ein zweiter, leichter Schnitt folgen. Geschnitten wird knapp oberhalb einer Knospe, die dadurch zum Austreiben angeregt wird. Schnittmaßnahmen fördern das Wachstum. Viele Obstbäume und -sträucher tragen daher nach einem starken Rückschnitt besonders reich. Ausgewachsene Blütensträucher wie etwa der Kleinblättrige Flieder *Syringa pubescens* ssp. *microphylla* 'Superba' produzieren mehr Blüten, wenn ein Drittel der alten, blühenden Triebe entfernt wird. Die kleine, glänzend grau beblätterte Silberwinde *(Convolvulus cneorum)* entwickelt schöneres Laub und mehr Blüten, wenn sie im zeitigen Frühjahr etwas zurückgeschnitten wird. Fingersträucher *(Potentilla)* schließlich setzen häufig erneut Blüten an, wenn sie stark zurückgeschnitten werden. Abgestorbene oder kranke Triebe sollten regelmäßig entfernt werden. Die entstandenen Wunden schließen sich rasch, und schon bald ersetzen gesunde, junge Triebe das alte Holz. Um die Blühwilligkeit von Ziersträuchern anzuregen, ist es wichtig zu wissen, ob sich ihre Blüten an den diesjährigen Trieben entwickeln oder am alten Holz, das heißt an den Trieben, die im Vorjahr gebildet wurden. Die meisten Frühjahrsblüher blühen am alten Holz, zum Beispiel der Besenginster *(Cytisus scoparius)* mit seinen Sorten. Solche Sträucher werden sofort nach der Blüte geschnitten, um ihnen Zeit zur Bildung neuer Triebe zu geben, die im folgenden Jahr die Blüten tragen werden. Der Schmetterlingsstrauch hingegen blüht im Sommer am diesjährigen

unten ***Immergrüner Efeu, sorgfältig geschnitten, schmiegt sich eng an ein rautenförmiges Spalier und sorgt so für ein ganzjährig dekoratives Muster.***

Holz. Er kann im Frühjahr kräftig zurückgeschnitten werden und hat dennoch genügend Zeit, um bis zum Sommer neue, blühende Triebe zu bilden.
Etwas kompliziert sind Waldreben, denn einige von ihnen blühen an einjährigen Trieben, bei anderen dagegen entwickeln sich die Blüten am vorjährigen Holz. Alle neu gepflanzten Waldreben sollten im ersten Spätwinter nach der Pflanzung bis auf das unterste Knospenpaar zurückgeschnitten werden. Es empfiehlt sich, die Namen aller Exemplare im Garten zu kennen und sich zu notieren, wann welche Sorte geschnitten wird. Manche Waldreben neigen dazu, von Jahr zu Jahr immer weiter oben an den Triebenden zu blühen; mit der Zeit verliert man die Blüten aus den Augen, wenn die Triebe nicht jedes Frühjahr zurückgeschnitten werden. Das betrifft etwa *Clematis orientalis* und ihre Sorten, aber auch die Kreuzungen von *C.* 'Jackmanii'. Besonders gut lassen sich auf kleinem Raum die niedrig bleibenden Waldreben wie *C. alpina* und *C. macropetala* verwenden. Wenn sie aus Platzgründen geschnitten werden müssen, nimmt man nach der Blüte die vom Haupttrieb abgehenden Seitentriebe bis auf ein oder zwei Knospenpaare zurück. Die stark wachsenden Sorten der Bergwaldrebe *C. montana* sollten, wenn sie erst einmal gut angewachsen sind, im Frühsommer kräftig geschnitten werden; wenn sie älter sind und ein undurchdringliches Gewirr bilden, schadet auch ein Form gebender Rückschnitt nicht. Bei vielen großblütigen Kreuzungen wie 'The President' reicht leichtes Auslichten, wenn sie anfangen, andere Sträucher zu umschlingen. Wachsen sie allerdings an Mauern, sollten Sie sie nach der ersten Blüte im Frühsommer stark zurückschneiden, damit sie nicht zu groß werden und im selben Jahr nachblühen. In jedem Fall sollten Sie sich an die Empfehlungen in Gartenbüchern und Katalogen von Spezialgärtnereien halten, die *Clematis* anbieten.

Zur Gartenpflege gehört auch, stark wachsende Pflanzen wie die bereits erwähnte Bergwaldrebe und Heckenkirsche zurückzuschneiden, die sich sonst mit der Zeit zu einem Gewirr kahler Triebe entwickeln. Einige Pflanzen wachsen recht schnell, bilden dabei eine etwas unausgewogene Form aus und nehmen auf kleiner Fläche unnötig Platz weg. So trägt Willmotts Hornnarbe *(Ceratostigma willmottianum)* im Herbst prachtvolle blaue Blüten, wird dann aber braun und struppig. Man schneidet deshalb im Frühling bis zum Boden zurück; bis zum Sommer ist ein dichter, buschiger Strauch herangewachsen. Viele Pflanzen frieren in harten Wintern ohnehin weit zurück, die verbliebenen Triebe werden am besten entfernt. Das gilt zum Beispiel für den Backenklee *(Lotus hirsutus)*, einen kleinen, graublättrigen Schmetterlingsblütler aus dem Mittelmeergebiet: Er gedeiht in einem sonnigen Innenhof sehr gut, friert aber auch in milden Wintern zurück und sieht dann recht struppig aus. Man lichtet die alten Triebe daher im Frühjahr aus. Manche Pflanzen wachsen schief, weil sie sich in schattigen Lagen zum Licht hin orientieren, andere entwickeln plötzlich einzelne, stark wachsende Triebe. Solche Erscheinungen treten gelegentlich bei den sonst sehr gefälligen Sorten des Kletter-Spindelstrauchs *(Euonymus fortunei)* auf, denen Trimmen aber nicht schadet. Auch Lavendel, Heiligenblume *(Santolina)*, *Helichrysum* und Ginster müssen alljährlich gestutzt werden. Sie dürfen allerdings nicht bis zum Boden zurückgeschnitten werden, denn sie treiben aus einem

links **Clematis macropetala *'Markham's Pink' ist eine früh blühende Waldrebe mit schönen, nickenden Blüten. Sie wird nicht allzu groß und eignet sich daher besonders für kleine Gärten.***

ganz links ***Die seidigen Fruchtstände verleihen* Clematis *'Ernest Markham' einen zusätzlichen ästhetischen Reiz, der diese Kletterpflanze auch noch lange nach der Blüte attraktiv macht.***

verholzten Stämmchen und sterben ab, wenn dieses beim Schnitt beschädigt wird. Man nimmt deshalb nach dem letzten Frost und noch einmal nach der Blüte nur einen leichten Formschnitt mit der Gartenschere vor und verleiht den Pflanzen eine kuppelartige Form.
Exakte, auf dekorative Wirkung bedachte Schnittmaßnahmen können einen kleinen Garten ganz erheblich aufwerten. Feuerdorn verträgt jegliche Art von Schnitt und lässt sich so zurechtstutzen, dass er flach an einer Mauer anliegt. An einer Wand können seine Triebe aber auch zu waagerecht wachsenden, parallelen Reihen gezogen werden. Auch Eskallonien lassen sich als flache Mauersträucher ziehen, vertragen aber nicht so einen radikalen Formschnitt wie Feuerdorn. Kleinblättrige Efeusorten folgen selbst an dunklen Mauern willig den dünnsten Latten oder Gittern und bilden auf diese Weise schöne Muster.

### Erziehungsschnitt bei Obstgehölzen

Obstgehölze können äußerst wirkungsvoll in die Gestaltung des Gartens einbezogen werden, wenn man sie als Spalier, Fächer oder Kordon an einer Wand zieht. Für kleine Gärten eignen sich als Spalier oder Kordon besonders gut Äpfel oder Birnen, die auf eine schwachwüchsige Unterlage veredelt wurden. Auf Quitte gepfropfte Birnen vertragen feuchtere Bedingungen als Äpfel und reagieren besser auf einen Erziehungsschnitt. 'Conference' ist eine selbst bestäubende Birnensorte und 'Discovery' einer der problemlosesten Äpfel; in der Nähe anderer Apfelbäume kommt es zur Kreuzbestäubung. Sowohl Äpfel als auch Birnen gibt es fertig erzogen zu kaufen. Die weiteren Schnittmaßnahmen zielen darauf ab, die Bildung von möglichst viel Fruchtholz anzuregen. Solch ein Erziehungsschnitt braucht Geduld, es wird etwa drei oder vier Jahre dauern, bis die Pflanzen fruchten.
Um ein Obstgehölz zu einer bestimmten Form zu ziehen, werden zunächst an einer Wand im Abstand von etwa 40 cm horizontale Drähte gespannt. Bei einem Spalier besteht das Ziel darin, einen Stamm aufzubauen, dessen Zweige auf beiden Seiten horizontal den Drähten folgend direkt an der Wand gezogen werden. Kordons zieht man ebenfalls meist einstämmig, aber diagonal an einer Mauer und parallel zueinander, obwohl sie sich auch vertikal ziehen lassen. Mehr

***Eine Kirsche, als symmetrischer Fächer an einer Wand gezogen, ist das ganze Jahr über eine Zierde. Ihr zu Füßen wachsen Straußenfarne, eine sorgfältig geschnittene Hecke aus ganz niedrigem Buchsbaum fasst das Ganze ein.***

Platz als diese beiden Formen benötigen Fächer. Dabei werden die Zweige, ausgehend von der gemeinsamen Basis, strahlenförmig erzogen, so dass sie einen Fächer bilden. Solch ein Erziehungsschnitt ist nicht nur dekorativ; die Obstgehölze profitieren darüber hinaus vom Schutz der Mauer und von der zurückstrahlenden Wärme.
Wenn es Ihnen Freude macht, Gehölze durch Schnitt zu formen, könnten Sie auch ein paar Bäume oder Sträucher ziehen, die an sich für kleine Gärten zu groß werden, aber einen häufigen Rückschnitt vertragen. So kann man etwa *Eucalyptus* auf den Stock setzen, d. h. alle ein oder zwei Jahre bis zum Boden zurückschneiden. Er bildet dann einen mehrstämmigen Strauch, breiter als hoch, mit Blättern, die

viel größer als üblich werden. Der recht winterharte *E. gunnii* treibt unter diesen Bedingungen runde, bläuliche Jugendblätter, die viel schöner als die lanzettförmigen Altersblätter sind. Auch Holunder *(Sambucus nigra)*, zum Beispiel die Ziersorte 'Guincho Purple', kann im Frühjahr bis zum Boden zurückgeschnitten werden; seine Farbe wird so viel intensiver, und seine Größe hält sich im Rahmen. Die ohnehin schon großen, gelben Blätter des Trompetenbaums *Catalpa bignonioides* 'Aurea' werden bei jährlichem Rückschnitt bis zum Boden noch viel breiter. Trompetenbäume lassen sich auch wie Obstgehölze als Fächer an einer warmen Mauer ziehen, wo sie vor Frost und Wind geschützt sind. Die aus dem Atlasgebirge stammende Ginsterart *Cytisus battandieri* gedeiht in milden Lagen sehr gut an einer warmen Mauer, wenn man sie als Jungpflanze erzieht. Nach der Blüte wird nur bis ins junge Holz zurückgeschnitten, um die Bildung silbriger, immergrüner Blätter und leuchtend gelber, nach Ananas duftender Blüten anzuregen.

Frei wachsende Sträucher wie die ansehnlichen Sorten des Tatarischen Hartriegels *(Cornus alba)* vertragen ebenfalls einen jährlichen Rückschnitt bis zum Boden. Sie bilden dann zahlreiche, rot oder gelb gefärbte Triebe, die so typisch für viele Hartriegel sind. Auch die Weide *Salix alba* 'Chermesina' reagiert auf eine solche Maßnahme mit der Bildung orangeroter Triebe. Bei anderen, von Natur aus anmutig wachsenden Pflanzen wie Zierquitten *(Choenomeles)* ist dagegen Zurückhaltung geboten; ihre Proportionen würden durch starken Schnitt zerstört. Hier sollte nur behutsam korrigiert werden. Andere kleine Sträucher wie etwa Seidelbast brauchen fast gar keinen Schnitt, man entfernt lediglich abgestorbene Triebe oder einzelne, zu dicht wachsende Zweige.

### Bewässerung

Der Erdstreifen vor Hauswänden und Gartenmauern ist immer dicht durchwurzelt und neigt zur Austrocknung. Da man auf engem Raum auf solche Flächen nicht verzichten wird, hilft nur regelmäßiges Wässern, damit die Pflanzen nicht leiden. Eine Möglichkeit besteht darin, ein Bewässerungssystem zu installieren, das über eine Zeituhr gesteuert wird. Automatische Bewässerungssysteme mit Sprengern brauchen allerdings einen Tank, der mindestens 75 mal 60 cm kostbarer Fläche einnimmt. Eine Alternative sind langsame Tropfbewässerungssysteme mit einem perforierten Sickerschlauch, der im Garten verlegt und ebenfalls über eine Schaltuhr gesteuert wird. Durch das langsame Versickern werden Boden und Wurzeln sehr gründlich durchfeuchtet, aber so ein Bewässerungsschlauch sieht nicht sehr schön aus, und die Löcher darin können verstopfen, so dass einige Bereiche trocken bleiben.

Teure Bewässerungsanlagen sind nur dann notwendig, wenn Sie viel unterwegs sind. Auf kleiner Fläche macht das Gießen von Hand wenig Mühe und bietet gleichzeitig Gelegenheit, sich den Garten regelmäßig genau anzusehen. Dabei können Sie gleich kleinere Dinge in Ordnung bringen, bevor sie zu großen Problemen werden. Ein Gartenschlauch, an einen Wasserhahn im Freien angeschlossen, ist leichter als eine

***Treppenförmige Stellagen machen aus der Raumnot eine Tugend. Hier dienen sie als Abstellfläche für Gießkannen, dekorativ arrangiert mit kleinen Blumentöpfen, in denen weiße Fleißige Lieschen, grünes Bubiköpfchen, kriechendes Leinkraut und Judenbärte wachsen.***

Gießkanne und erzeugt mit einer Düse einen feinen Strahl. Ohne Düse ist der Strahl so dick, dass er Blüten und Laub beschädigen kann; außerdem spült er die Mulchschicht um die Pflanzen fort. Die meisten Schläuche können ordentlich auf einer Trommel aufgerollt werden, die an einer Wand aufgehängt nicht viel Platz braucht. Im Winter darf man natürlich nicht vergessen, bei Frost den Wasserhahn abzusperren.

Es gibt auch wirksame Methoden, um die Feuchtigkeit länger in den Beeten zu halten. Eine Mulchschicht hemmt die Verdunstung und verhindert zugleich das Aufkommen von einjährigen Unkräutern. Eine dunkle Schicht verwitterter, zerkleinerter Rinde, etwa 8 cm hoch aufgeschüttet, gibt eine gute Mulchdecke ab. In sonnigen Bereichen eignet sich eine Lage Kies, die von den Beeten bis zum Weg durchgehend ausgebracht werden kann. Im Bereich von Wegen verhindert eine Folienunterlage das Wachstum von Unkraut.

Für aufgeschüttete Beete, Tröge und Kübel gibt es Wasser speichernde Kunststoffgranulate (Hygromull), die man zur Erdmischung gibt, nachdem sie sich zuvor mit Wasser vollgesogen haben. Die Erde bleibt so länger feucht. Damit kann auf Torf verzichtet werden, der früher demselben Zweck diente. Für Kübelpflanzen ist eine Tropfbewässerung gut geeignet. Fügt man dem Wasser Dünger zu, fördert man zugleich ein üppiges Pflanzenwachstum. Vor allem Pflanzen in Blumenampeln, die bei Hitze und Trockenheit zweimal täglich gewässert werden müssen, profitieren von Hygromull. Man kann sie mit einem Tropfbewässerungssystem aus feinen Schlauchschlingen bewässern und düngen, wodurch das Substrat feucht gehalten wird. Seilzugsysteme, mit denen man die Blumenampel zum Gießen herablässt, sehen gut aus und sind leicht zu bedienen. Gut durchgewässerte Ampeln sind allerdings sehr schwer, deshalb muss die Halterung an der Wand fest und stabil sein.

### Winterschutz

Exotische und empfindliche Pflanzen können in Gartenvlies eingewickelt werden, um sie vor starkem Frost zu schützen. Dieses Material ist leicht, lichtdurchlässig und lässt Luft und Feuchtigkeit durch. Kälte ist aber nicht das einzige Problem im Winter, der Wind kommt hinzu, der Boden und Blätter austrocknet. Besonders groß ist diese Gefahr in Dachgärten. Hier sollte man empfindliche Pflanzen auf der Windseite durch feines, mit Pfählen gesichertes Plastikgewebe schützen, das den Wind bremst.

***Das kleine Gartenhaus wird durch seinen glänzenden Anstrich und das Fenster aus buntem Glas zum Blickfang dieses kleinen Gartens. Die in einer Reihe aufgestellten, geschnittenen Buchsbaumkugeln in weiß gestrichenen Töpfen sondern es vom Rest des Gartens ab, verdecken es aber nicht.***

## Gartengeräte und -einrichtung

Mit der Zeit sammelt sich einiges an Gartengerät an, das bei beengten Wohnverhältnissen im Haus nicht mehr gelagert werden kann. Aber selbst im kleinsten Garten kommt man nicht ganz ohne Werkzeug aus, das nun einmal irgendwo untergebracht werden muss. Versuchen Sie, sich auf das unbedingt Notwendige zu beschränken: eine kleine Handgabel und eine Pflanzschaufel, eine Grabegabel und ein Spaten, eine gute Gartenschere und eine Gießkanne mit langer Tülle. Am Werkzeug sollten Sie nicht sparen: Geräte aus rostfreiem

Stahl zahlen sich langfristig aus, vor allem, wenn man sie draußen unterbringen muss. Mit der Zeit werden sich auch Bambusstangen, Schnur und Bindfäden ansammeln, leere Plastiktöpfe sollten Sie aber lieber wegwerfen. Außerdem brauchen Sie einen Besen und eine Kehrichtschaufel, um das Pflaster zu fegen, und für die Gartenabfälle einen stabilen, zusammenlegbaren Plastiksack mit weiter Öffnung. Eine große Plastikplane ist nützlich als Unterlage beim Umtopfen und Teilen von Pflanzen.
Ihre wichtigste Investition dürfte eine wirklich gute Gartenschere sein. Es gibt verschiedene Typen: Bei Ambossscheren schneidet eine scharfe Klinge gegen eine fest stehende Backe. Scheren dieses Typs lassen sich besonders leicht handhaben, produzieren aber gelegentlich eine etwas ausgefranste Schnittkante. Zweischneidige Gartenscheren haben zwei gebogene Klingen, wobei die schärfere gegen eine breitere schneidet und einen sauberen, glatten Schnitt liefert. Für Menschen, die an Arthritis leiden oder denen die Kraft in den Händen fehlt, gibt es leichte Gartenscheren mit einer Ratsche, die gut funktionieren und leicht zu bedienen sind. Gartenscheren sollten stets sauber, scharf und gut geölt sein.

### Gartenmöbel

Gartenmöbel, die das ganze Jahr über draußen bleiben, müssen wetterfest sein. Tische und Stühle sollten aus behandeltem Holz, Kunststoff oder Metall bestehen. Bauholz braucht keine weitere Pflege, sofern es sich um Harthölzer handelt. Kunststoffmöbel eignen sich wegen ihres geringen Gewichts gut für Dachgärten, müssen aber befestigt werden, damit sie bei Windböen nicht davonwehen. Außerdem ist Kunststoff auf die Dauer nicht beständig gegen UV-Licht und verwittert. Möbel aus Metall gibt es in unterschiedlicher Qualität; Aluminium rostet nicht, wenn es im Winter draußen bleibt. Zusammenklappbare Möbel bringen nur dann einen Vorteil, wenn genug Platz vorhanden ist, um sie zu lagern. Vielleicht lässt sich mit einer an der Wand befestigten hochklappbaren Tischplatte eine Möglichkeit schaffen, im Freien zu essen. Nicht zuletzt gibt es sogar aufblasbare Sitzmöbel. Sehr Platz sparend ist auch ein »Einbaudesign«: Stützmauern von Hochbeeten können gleichzeitig als Sitzgelegenheit dienen. Eine schlichte, vom Tischler gefertigte Holzbank mit einer Vorratskiste, die so genannte »Shaker-Bank«, ist so schön, dass sie auch im Haus benutzt werden kann. Sie wurde ursprünglich von der Religionsgemeinschaft der Shaker hergestellt, die für ihr Kunsthandwerk, besonders Möbel, bekannt ist.

oben ***Holz ist eines der praktischsten und schönsten Materialien für Gartenmöbel. Die Ziegelmauer des Hochbeets hinter dem blau gebeizten Tisch dient gleichzeitig als Sitzgelegenheit.***

### Gewächshäuser und Schuppen

Jeder echte Pflanzenliebhaber wird früher oder später mit der Anschaffung eines Gewächshauses oder eines Frühbeets liebäugeln. Am unauffälligsten wirkt vermutlich ein Anbaugewächshaus am Haus, bei dem aber darauf zu achten ist, dass es genügend Licht erhält. Es gibt heute eine Reihe von Kleingewächshäusern, die sich für die Anzucht von Stecklingen und die Überwinterung empfindlicher wertvoller Pflanzen eignen. Noch weniger Platz benötigt ein Frühbeet, das aus alten Fensterrahmen bei Bedarf im Garten zusammengebaut werden kann. Vielleicht wollen Sie den Platz aber auch lieber für

ganz links ***In dieser schattigen Ecke sind neben schattenverträglichen Kübelpflanzen wie Funkien und Efeu auch einige Gerätschaften untergebracht.***

rechts ***Die Begrenzung dieses Dachgartens, ein Metallgerüst, ist zugleich eine ideale Kletterhilfe für eine Kiwipflanze*** **(Actinidia chinensis).**

oben ***Glyzinen sind windende Kletterpflanzen. Dieses Exemplar mit lavendelfarbenen Blütentrauben und attraktivem Laub schlingt sich um die Pfosten einer Pergola aus Holz.***

einen Gartenschuppen nutzen, der dann allerdings groß genug sein sollte, um die Gartenmöbel, die notwendigsten Gerätschaften und gegebenenfalls auch einen Rasenmäher unterzubringen. Wenn der Platz nicht ausreicht, lässt sich am Haus oder an einer Gartenmauer vielleicht ein kleiner Verschlag anbauen, in dem man ein paar Regale und Gestelle anbringt. Damit das Ganze möglichst wetterfest wird, sollten Sie druckimprägniertes Holz verwenden und das Dach mit Kupferblech oder Dachpappe verkleiden.

### Kletterhilfen für Pflanzen

Die meisten Kletterpflanzen brauchen Rankgerüste oder andere Kletterhilfen, die zwar ordentlich und stabil, aber zugleich unauffällig sein sollten. Mit Kunststoff ummantelter Maschendraht erfüllt zwar seinen Zweck, sieht aber nicht sonderlich schön aus. Besser ist solider, verzinkter Draht, den man in ordentlichen, parallel gezogenen Reihen an einer Mauer so straff spannt, dass er nicht durchhängt. Er wird mit Hilfe von Schraubösen in so großem Abstand zur Wand befestigt, dass die Kletterpflanzen ausreichend Platz zum Ranken haben. Auch stabile Holzspaliere geben Kletterpflanzen festen Halt und verdecken zugleich unschöne Mauern. Sie sind als vorgefertigte Teile erhältlich, können aber auch aus druckimprägniertem Holz selbst gebaut werden. Sehr praktisch ist es, das Spalier an Holzstäben zu befestigen und unten mit Scharnieren zu versehen. Auf diese Weise kann es zusammen mit der Kletterpflanze nach vorn umgeklappt werden, wenn die Wand einen neuen Anstrich braucht.

Neu gesetzte Pflanzen, etwa Waldreben und Kletterrosen, müssen angebunden werden. Verwenden Sie dazu Schnüre, die nicht einschneiden und den Trieben auch dann noch genügend Platz lassen, wenn sie an Dicke zunehmen. Grünes oder aus natürlichen Fasern bestehendes Blumenband oder Schnur ist unauffällig, muss aber von Zeit zu Zeit erneuert werden. Achten Sie einmal auf die bis ins kleinste Detail reichende Sorgfalt, die von japanischen Gärtnern von jeher auf das Aufbinden von Pflanzen verwandt wird. Das Ergebnis hat auf ganz eigene Art unverkennbar Stil.

# ILLUSION

In der Abgeschiedenheit eines privaten Gartens kann die Fantasie spielen: Die Wirklichkeit bleibt draußen, und eine Inszenierung aus einer anderen Zeit und von einem anderen Ort zieht den Betrachter in ihren Bann. Einfallsreichtum beim Umgang mit dem Material und etwas künstlerisches Geschick genügen, und schon können Sie mit Hilfe optischer Tricks Ihren Garten größer, heller und weiter erscheinen lassen. Erschaffen Sie mit Hilfe von Spiegeln Phantomwelten, und lassen Sie sich von Wandmalereien aus der Realität entführen.

**Eine witzige Idee ist dieses Fenster in einem Gitterspalier, in dem sich eine Maske aus Ton spiegelt.**

**Dieser überlebensgroße Bronzefisch scheint förmlich nach Luft zu schnappen, während das Wasser aus seinem Maul in das Wasserbecken läuft.**

**Der in der Ferne verschwindende Feldweg in dieser Wandmalerei lädt dazu ein, auf Entdeckungsreise zu gehen. Das Fahrrad dazu steht bereit.**

**Haus und Garten gehen auf dieser Veranda fließend ineinander über. Dazu tragen auch die Kletterpflanzen bei, die von den Balken herabhängen.**

**Allein durch die Wirkung von Spiegeln scheint die Enge dieses kleinen Innenhofs einer unergründlichen Tiefe zu weichen.**

Die Urne auf ihrem Sockel steht vor einem Spiegel, der wie eine Lichtöffnung die Mauer zu durchbrechen scheint. Schalen auf kleinen Säulen und Hochstämmchen mit runder Krone flankieren den zentralen Blickfang.

***Die beiden winzigen Höfe zweier befreundeter Nachbarn teilen sich einen Teich, der wie ein schmaler Kanal angelegt ist. Der Platz lässt sich so besser nutzen, und die Gärten sind durch ein gemeinsames Element verbunden.***

# Verbergen und in Szene setzen

In einem kleinen Garten ist jedes Detail überdeutlich zu sehen, wirklich schöne Aspekte ebenso wie hässliche. Mit unveränderlichen Elementen findet man sich am besten ab und verbirgt oder integriert sie so geschickt wie möglich. Bei sorgfältiger Planung müssen nicht einmal die besonders hässlichen Seiten bleiben, wie sie sind, Tarnung oder Renovierung können Wunder wirken. Die unansehnlichsten Teile des Gartens lassen sich meist kaschieren; der Garten insgesamt wird erheblich aufgewertet, wenn er einen Eindruck von Weiträumigkeit vermittelt und seine speziellen Vorzüge gebührend herausgestellt sind.

## Verbergen

In jedem Garten gibt es ein paar weniger schöne Winkel, etwa dort, wo die Mülltonnen oder die Öl- und Gastanks stehen. Wird ein Garten von Grund auf neu angelegt, reserviert man für solche notwendigen, aber rein zweckmäßigen Einrichtungen eine passende Ecke, die man mit Holz umkleidet. Das Ganze wird noch mit einer geeigneten Kletterpflanze verdeckt, also nicht gerade einem Schlingknöterich *(Fallopia baldschuanica)* oder einer Japanischen Heckenkirsche *(Lonicera japonica)*, die zwar alles rasch begrünen, aber für diesen Zweck viel zu groß werden. Vorteilhafter ist die Weinrebensorte *Vitis vinifera* 'Purpurea'. Eine Hecke aus geschnittenem Buchsbaum oder der Heckenkirsche *Lonicera nitida* kaschiert nicht nur, sondern ist auch noch eine echte Zierde. *Buxus sempervirens* 'Suffruticosa' ist allerdings ungeeignet; diese Zwergsorte braucht viel zu lange, um zu einem dichten Sichtschutz heranzuwachsen.

Häufig laufen an den Außenwänden Abzugsrohre und Entlüftungen entlang oder es sind dort Ventilatoren angebracht. Hier sollte man auf Kletterpflanzen verzichten, denn es könnte schlimme Folgen haben, wenn sie die Leitungen verstopfen. Besser sind Mauersträucher, etwa Sorten des immergrünen Klebsamens *(Pittosporum tenuifolium)* wie 'Irene Paterson' mit frischgrünen, marmorierten Blättern oder *P.* 'Garnettii' mit graugrün panaschiertem Laub. Allerdings sind Klebsamen

ganz rechts ***Jeder Quadratmeter Platz wurde genutzt, um zwei vorzüglich gestaltete grüne Dachgärten zu schaffen. Der obere wurde als geometrischer Garten angelegt, dessen gitterförmiges Prinzip sowohl in der Bepflanzung als auch in der weißen Pergola zum Ausdruck kommt.***

unten ***Ein stabiles Holzgitter trennt den Familiengarten von einem ruhigeren Bereich. Es bietet zwar auch einen gewissen Sichtschutz, doch eine Öffnung im Gitterwerk lässt den Blick frei auf eine Maske aus Ton, die an einer Wand aufgehängt ist.***

ziemlich frostempfindlich und in Mitteleuropa nur bedingt winterhart. Fallrohre von Dachrinnen lassen sich hinter Kletterpflanzen verbergen, die man an Drähten oder Netzen emporzieht. Die meist als Einjährige gezogene Schönranke *(Eccremocarpus scaber)* wächst äußerst rasch und blüht den ganzen Sommer über. Sie verträgt leichten Frost und lässt sich in einem geschützten Innenhof durchaus auch über einige Winter bringen. Gut geeignet sind natürlich auch die kleinblättrigen Sorten des immergrünen, winterharten und mit Haftwurzeln kletternden Efeus, etwa *Hedera helix* 'Glacier'. Allerdings können sie mit zunehmendem Alter recht schwer werden und Mauern beschädigen. Deshalb sollte man sie regelmäßig zurückschneiden. Auch die Pfeifenwinde *(Aristolochia macrophylla)* mit ihren großen Blättern lässt sich gut an Drähten ziehen. In ihren seltsamen Röhrenblüten sammeln sich im Sommer die Fliegen. Es heißt allerdings ständig auf der Hut sein, damit die Pflanze sich nicht zu sehr ausbreitet und zum Beispiel hinter Fallrohren Fuß fasst, die sie mit zunehmendem Dickenwachstum glatt von der Wand drückt. Wenn Laub abwerfende Kletterpflanzen über die Dachrinnen hinauswachsen, können Laub und Blüten die Dachrinnen verstopfen. Man schneidet die Pflanzen deshalb zurück, sobald sie Dachhöhe erreicht haben.

Abflüsse und Kanaldeckel scheinen immer genau dort zu liegen, wo sie eine ansonsten perfekte Pflasteranordnung stören oder es unmöglich machen, eine extra für diese Stelle ausgesuchte Pflanze zu ziehen. Unter Umständen ist es möglich, Pflaster um einen Abfluss herum zu legen, aber Kanaldeckel liegen meist dort, wo sie sich einfach nicht in die Geometrie des Pflasters einfügen. Wenn eine Verlegung nicht in Frage kommt, sind Deckel mit erhöhtem Metallrand vielleicht eine Lösung, die genau über einen solchen Schacht passen. Sie sind in der Mitte etwas eingesenkt, so dass zurechtgeschnittene Pflastersteine oder auch Kies ebenerdig abschließen. Sichtbar ist nur der dünne äußere Rand, bei Bedarf lässt sich der Deckel leicht hochnehmen.

Alternativ könnte eine größere Kübelpflanze auf den Kanaldeckel gestellt werden. Wenn der Kübel sehr schwer ist, sollte er auf rostfreien Rollen stehen, damit er bei Bedarf verschoben werden kann. Leider bewirkt diese Tarnmethode oft das genaue Gegenteil von dem, was beabsichtigt war: Meist werden große Kübelpflanzen aus Platzgründen in einer Ecke aufgestellt oder – aus gestalterischen Erwägungen – entlang von Wegen oder am Rand der Terrasse. Isoliert stehend wirkt so eine Pflanze etwas seltsam, und wenn es ganz offensichtlich keinen anderen Grund gibt, sie an dieser Stelle zu platzieren,

wird der Kanaldeckel noch zusätzlich betont. Wenn in der Nähe des Deckels ein Beet angelegt werden kann, lässt sich eine immergrüne Pflanze mit kriechendem Wuchs zur Tarnung benutzen, zum Beispiel ein Sadebaum *(Juniperus sabina* 'Tamariscifolia'*)*. Bei Bedarf werden die Zweige über dem Deckel einfach beiseite geschoben. Denselben Zweck erfüllen kleinere Steine und Kiesel. Unter einem Holzbelag, der die gesamte Fläche bedeckt, lassen sich alle diese Schandflecken verbergen. Um bei Bedarf den Zugang zu ermöglichen, lässt man in die Planken eine aufklappbare Luke ein.

## Einfriedungen

Grundstückseinfriedungen müssen nicht unbedingt einengend wirken. Unter guten Nachbarn können kleine Gärten sogar miteinander verbunden und gemeinsam genutzt werden. Hässliche Mauern und Zäune sind allerdings ein wahrer Schandfleck, besonders in kleinen Gärten, wo man sie praktisch ständig vor Augen hat. Zäune in schlechtem Zustand können ersetzt oder ausgebessert werden, wirkliche Probleme bereiten dagegen heruntergekommene Ziegelmauern. Ein Anstrich hilft nicht weiter, denn alte Ziegel sind porös, und die ursprüngliche Oberfläche lässt sich nicht wiederherstellen. Hinzu kommt, dass die Farbe mit der Zeit unregelmäßig abblättert und in den Fugen bald schmuddelig wirkt. Wenn der Mörtel aus den Fugen bröckelt, können Sie eine Mauer neu verfugen; wenn Ihnen aber auch die Ziegel nicht gefallen, ist es besser, die Mauer hinter Paneelen, einem Ziergitter oder Pflanzen verschwinden zu lassen. Dazu eignen sich leichte Holzlatten, die man mit Hilfe von verzinkten Schrauben und Dübeln an der Wand befestigt. Sollen an dem Gitter Kletterpflanzen ranken, muss man Abstandshalter verwenden, damit die Pflanzen sich um die Pfosten und Latten schlingen können. Hölzerne Garnrollen sind für diesen Zweck gut geeignet.

Wenn Sie mit Ihrem Garten eine alte, bereits gestrichene Mauer übernommen haben oder wenn Sie eine schmutzige Betonmauer streichen wollen, sollten Sie es sich zweimal überlegen, bevor Sie ausgerechnet Weiß als Farbe für den Neuanstrich wählen. Das Gleiche gilt für finstere Ecken, die man mit einem weißen Anstrich vielleicht gern etwas aufhellen würde. Weiß muss ständig erneuert werden, weil es durch Besiedlung mit Algen und Moosen schnell grüne Flecken bekommt und Schmutzstreifen deutlich sichtbar sind. Auch auf Schwarz sollten Sie besser verzichten: Es verlangt ebenfalls einen perfekten Anstrich und wirkt – außer bei bewusst modernistisch gestalteten Gärten – eher deprimierend. Außerdem sieht man auf einer ebenen schwarzen Fläche jedes Staubkörnchen und jeden Schmutzfleck. Am besten eignen sich neutrale Töne wie Sandfarben, die gegenüber Pflanzen und Spalieren in den Hintergrund treten. Die allerbeste Tarnung liefert die Farbe der Umgebung – aus diesem Grund tragen Soldaten in der Wüste sandfarbene Uniformen, während Dschungel-Kampfanzüge in Grün- und Olivtönen gehalten sind. Mit einem solchen Tarnanstrich könnten Sie etwa einen Schuppen oder Tanks, die im Garten sonst stark auffallen, optisch in den Hintergrund treten lassen. Selbsthaftende Kletterpflanzen wie Jungfernreben *(Parthenocissus tricuspidata)* oder Efeu tun das Übrige. Natürlich können Sie eine Mauer oder einen anderen Blickfang auch ganz kühn in einer leuchtenden Farbe streichen und so die Aufmerksamkeit erst recht darauf lenken. Dazu passen lebhaft gefärbte Pflanzen mit

unten ***Diese benachbarten Häuser und Gärten sind in Stil und Farbe perfekt aufeinander abgestimmt. Sowohl blasses Terrakotta als auch sanftes Rosa eignen sich besonders für sonnige Gegenden.***

ganz links ***Die Wand hinter dem Spalier erhielt einen blass sandsteinfarbenen Anstrich. Dieser Ton passt sehr schön zum Blauviolett der Hortensie*** **(Hortensia macrophylla *'Mariesii Perfecta'*),** ***die im Kübel auf einem Sockel vor der Wand steht.***

großen Blättern, etwa der blutrote Rhabarber *Rheum palmatum* 'Atrosanguineum', der kleiner bleibende Stachelakanthus *(Acanthus spinosus)* oder, an geschützten Plätzen, auch eine Montbretie, zum Beispiel *Crocosmia* 'Lucifer'.

**Die Aussicht verbessern**

Mit manchem müssen wir leben, ob es uns gefällt oder nicht. Wenn Sie mitten in der Stadt wohnen, wird der Blick aus Ihrem Garten vermutlich nicht gerade die reine Augenweide sein. »Optische Umweltverschmutzung« gehört jedoch nicht zu den Dingen, die Sie im großen Maßstab lösen können. Konzentrieren Sie sich deshalb lieber auf die Frage, wie Sie die hässliche Aussicht verschönern können. Gegen einen klapprigen, mit Wellplastik gedeckten Schuppen in Nachbars Garten hilft nur ein Sichtschutz. Mit Rücksicht auf die Nachbarn nimmt man ein stabiles Spalier, das kaum Licht wegnimmt und erst nach und nach mit Pflanzen begrünt wird. Das fällt viel weniger auf, als wenn plötzlich eine hohe Hecke gepflanzt oder ein solider Zaun gesetzt wird. Als arme Studentin habe ich einmal neben einem ängstlichen Nachbarn gewohnt, dessen kleiner Garten mit einem Maschendrahtzaun mit Stacheldrahtkrone gesichert war. Jede Pflanze, die sich an den Draht heftete, wurde abgeschnitten. Ich habe dann eine frei stehende Wand aus Bambusstäben gebaut, an denen ich im Sommer einen dichten Wald von Stockrosen hochzog. Mit dem Ergebnis waren wir übrigens beide zufrieden.

In einer Industriegegend oder in der Nachbarschaft eines alles überragenden Kraftwerksblocks ist es geschickter, die Aufmerksamkeit von der Umgebung abzulenken und ganz auf den eigenen Garten zu richten. Stellen Sie einfach ein besonders auffälliges Stück in Ihrem Garten so stark heraus, dass es die alleinige Daseinsberechtigung für den ganzen Garten zu sein scheint. Dabei könnte es sich um eine klassische oder zeitgenössische Skulptur handeln, aber auch um eine von Pflanzen überwachsene Laube oder ein kleines Wasserspiel. Alle anderen Gestaltungselemente werden dem untergeordnet, die Bepflanzung dient als Hintergrund, und alle Wege und Beeteinfassungen führen auf diesen einen Zielpunkt zu. Es kann natürlich auch sein, dass zwar Ihr eigener Garten klein ist, nicht aber der Ihres Nachbarn. Und vielleicht steht auf dem Nachbargrundstück ein Baum, der so groß ist, dass er Ihren Garten gleich mit beherrscht. Wenn er sehr viel Licht wegnimmt, bitten Sie doch darum, die Krone ein wenig auszulichten oder die unteren Äste zu entfernen. Um Ihre Nachbarn von Ihrem guten Willen zu überzeugen, könnten Sie anbieten, die Kosten zu übernehmen. Beauftragen Sie aber unbedingt einen Baumchirurgen mit dieser Arbeit, denn sie erfordert viel Erfahrung und Fingerspitzengefühl.

ganz rechts ***Wer achtet schon auf die Fabrik im Hintergrund, wenn es in dem kleinen Dachgarten so viel Reizvolles zu sehen gibt. Der Schatten der Pergola zeichnet in diesem sonnendurchfluteten Garten faszinierende Muster.***

## Richtig in Szene setzen

Es gibt keine absoluten Maßstäbe dafür, was ästhetisch ist und was nicht. Hässlichkeit hängt ebenso wie Schönheit von der subjektiven Sicht des Betrachters ab. Die in Großbritannien derzeit herrschende Vorliebe für abgenutzt wirkende Möbelstücke, deren an sich tadellose Oberfläche absichtlich beschädigt wird, wäre vor hundert Jahren als absoluter Unsinn abgetan worden. Wir halten makellose Perfektion für den Gipfel an Schönheit, gleichzeitig sind wir ganz verrückt nach »antiken«, zerkratzten und verschrammten Schubkarren und Gießkannen mit ihrem leicht angeschlagenen Charme. Das wurde mir so richtig bewusst, als ich in einem dieser Hochglanzmagazine ein Foto von einer verwitterten Hütte im australischen Busch sah. Die Farbe war abgeblättert, die Tür hing nur noch in einer Angel und das Dach war mit verrostetem Wellblech gedeckt – aber vor dem Hintergrund der unwirtlichen roten Wüste war das ein wunderschönes Bild. Damit will ich natürlich nicht sagen, dass Sie Ihre Möbel demolieren und den Garten verkommen lassen sollten. Aber vielleicht denken Sie einmal darüber nach, ob wirklich immer alles so perfekt renoviert und herausgeputzt sein muss.

Selbst im kleinsten Garten gibt es mit Sicherheit ein paar Aspekte, die mit weniger attraktiven Dingen versöhnen. Das können schöne alte Ziegelmauern sein, aber auch ein Geländer, ein Balkon oder eine Feuertreppe aus kunstvoll verziertem Gusseisen. Solche Schätze sollten Sie hüten und entsprechend herausstellen. Schöne architektonische Details wirken allerdings ohne jede weitere Ausschmückung am besten. Besonders interessante alte Stücke sind solche, die durch Gebrauch abgenutzt sind. Echte Schätze sind verzinkte Eimer, gusseiserne Kohlenlochabdeckungen und alte Lüftungsgitter, die selbst in den gepflegtesten kleinen Garten passen. »Gartenantiquitäten« kommen gegenwärtig zu neuen Ehren, und alle möglichen Haushaltsgegenstände werden zu originellen Pflanzgefäßen zweckentfremdet. Ich selbst habe in meinem Garten einen Dampfkochtopf aus Aluminium gefunden, der frisch poliert ein bisschen an eine Granathülse erinnerte, jetzt aber ein prächtiges Exemplar des Chinaschilfs beherbergt.

### Den Blick nach innen richten

Wenn die Umgebung nicht sonderlich attraktiv ist, sollte der Garten selbst genug Reiz besitzen, um die Aufmerksamkeit zu fesseln. Skulpturen oder Sammelobjekte sind das ganze Jahr über ein hübscher Blickfang. Skulpturen sind seit der Antike in westlichen Gärten zu finden, und heute reicht die Bandbreite der dreidimensionalen Kunst von figürlichen Darstellungen bis zu abstrakten Installationen. Beliebte Sammelobjekte sind ungewöhnlich gewachsenes Holz, interessant geformte Steine oder Muschelschalen, aber auch Teile alter Gerätschaften und anderer Gebrauchsgegenstände. Unabhängig davon, welche Art Gartenschmuck Sie bevorzugen, kommt es auf die richtige Präsentation an. Ein besonders bedeutsames Stück könnten Sie durch einen Sockel erhöhen oder ganz frei, quasi zum Anfassen, aufstellen; romantisch wirkt eine teilweise von Blattwerk verborgene Statue.

Eine besonders starke Anziehungskraft geht von Wasser aus; man kann es hören, sehen und sogar fühlen. Es kann fließen, strömen, sprudeln oder sanft über eine Fläche rinnen. Die eindrucksvolle »Wasserwand« im Paley Park in Manhattan ist ein klassisches Beispiel für die beruhigende Wirkung des Wassers. Sie verwandelt diesen Park, der auf drei Seiten von Hochhäusern eingezwängt wird und auf der vierten dem lärmenden Verkehr ausgesetzt ist, in einen Ort der Friedens und der Ruhe. Auch in Ihrem eigenen Garten können Sie die Geräusche oder den Anblick von Wasser dazu nutzen, von Lärmquellen und wenig schönen Anblicken in der Umgebung abzulenken. Unbewegtes Wasser strahlt große Ruhe aus; die spiegelglatte Oberfläche könnte hier und da von ganz kleinen Seerosen durchbrochen werden, etwa der duftenden *Nym-*

ganz links ***Der Besitzer dieses Gartens hat das Beste aus der dunklen Wand des Schuppens gemacht und sie mit ganz persönlichen, lieb gewonnenen Gegenständen dekoriert, die allerdings witterungsbeständig sein müssen.***

rechts **_So ein kleines Wasserspiel braucht nur wenig Platz. Es lässt sich leicht aus Firstziegeln bauen, von denen das Wasser in ein Gefäß aus Schiefer läuft, das wiederum auf einer schwarzen Schieferplatte steht. Die Einfassung besteht aus schönen, hellen Decksteinen._**

ganz rechts **_Dieser kleine, beschauliche Garten verdankt seine ruhige Ausstrahlung dem zentralen Teich in klassischem Stil. Der Boden um den Teich ist locker mit Kieselsteinen belegt, zwischen denen Gras wächst. Entlang der Einfriedung wachsen subtropische Pflanzen wie Fächerpalmen und Keulenlilien._**

*phaea* 'Caroliniana Nivea'. Sehr schön wirkt auch das Glitzern eines kleinen Wasserfalls, kombiniert mit Ostasiatischen Sumpfschwertlilien *(Iris laevigata)*. Sie können natürlich auch einen Springbrunnen in einem flachen Teich anlegen, in dem Weiße Sumpfdotterblumen *(Caltha palustris* var. *alba)* und das Vergissmeinnicht *Myosotis scorpioides* 'Mermaid' wachsen. Das Wasser darf aber auf keinen Fall stark plätschern, sonst klingt der Springbrunnen eher wie eine ununterbrochen laufende Wasserspülung.
Selbst wenn Ihr Garten nur ein besserer Durchgang ist, können Sie mit Wasser einen optischen Anziehungspunkt schaffen. Pflanzen Sie in einen Bottich eine kleine Seerose, etwa die weiße *Nymphaea* 'Pygmaea Alba' oder die hellgelbe 'Helvola', die frostfrei überwintert werden muss. Die Sauerstoffversorgung des Miniteichs sichern Wasserpflanzen, zum Beispiel *Lagarosiphon major* (in Mitteleuropa im Haus überwintern oder jährlich neu kaufen). Oder bringen Sie an einer Mauer einen Wasserspeier an, der aus einem tiefer gelegenen Becken gespeist wird, in den das Wasser auch wieder zurückfließt. Es muss ja nicht unbedingt der klassische Löwenkopf sein. Manche Firmen bieten Alternativen an, etwa einen Clown, der von einem Reifen springt. Sie könnten auch einen Künstler beauftragen, einen Wasserspeier nach eigenen Vorstellungen anzufertigen. Oder nehmen Sie ein einfaches, fertig gekauftes Wandstück aus Terrakotta oder eine enge Röhre, von der das Wasser in einen Steintrog oder auf einen kleinen Hügel aus Kieselsteinen tropft, der zugleich das Vorratsbecken verbirgt. Zusätzlich braucht man eine kleine Pumpe, die in die Erde eingegraben wird und das Rohr speist, das in die Mauer eingelassen wird. Natürlich darf der Stromanschluss nicht fehlen. Wenn Sie kleine Kinder haben, ist eine Anlage mit einem unzugänglichen Wasserreservoir die sicherste Lösung. Damit gibt es keine offenen Wasserflächen, in die Kinder hineinfallen könnten. Sprudelsteine, die es in großer Auswahl zu kaufen gibt, sind eine schöne Möglichkeit: Das Wasser entspringt aus der Mitte eines Mühlsteins, eines angebohrten

Felsens oder zwischen Kieselsteinen. Es könnte dann über Kopfsteine rinnen, umpflanzt mit kleinen Farnen, Prachtspieren (zum Beispiel *Astilbe simplicifolia* 'Sprite') und Funkien wie *Hosta lancifolia*, um sich schließlich in einem unterirdischen Reservoir zu sammeln, bevor es wieder hochgepumpt wird und sich der Kreislauf schließt. Die technische Ausführung einer solchen Anlage sollten Sie aus Sicherheitsgründen einem Spezialisten für Wassergärten überlassen. Er wird Sie auch hinsichtlich der Bepflanzung beraten und Ihnen für Ihre Zwecke geeignete Pumpen empfehlen. Die Elektroinstallation gehört in die Hände eines erfahrenen Elektrikers. Eine geschickte Beleuchtung, gleich zusammen mit den Wasserleitungen eingebaut, verleiht der Anlage in den Abendstunden zusätzlichen Reiz (siehe Seite 78).

### Gärten auf mehreren Ebenen

Nicht alle Gärten sind vollkommen eben. Wenn Ihr Garten in hügeligem Gelände steil ansteigt oder abfällt, müssen Sie zumindest unmittelbar am Haus eine Fläche einebnen. In Souterrainwohnungen blickt man aus dem Fenster oft auf eine senkrechte Wand mit einem Eisengeländer. Manchmal ist das Mauerwerk so schön, dass die Aussicht durchaus ihren Reiz hat. Oft ist es aber abgenutzt oder wird kaum jemals von einem Sonnenstrahl erreicht. In diesem Fall geben Sie der Mauer einen hellen Anstrich, der das Tageslicht reflektiert und die finstere Ecke aufhellt. An einer Terrakottamauer mit ihrem warmen Farbton würde hier auch ein weiß gestrichenes Spalier sehr schön aussehen. Als Bepflanzung eignen sich schattenverträgliche Sträucher und Kletterpflanzen. Die Efeuaralie (x *Fatshedera lizei*) hat sehr schöne, tief gelappte, glänzende Blätter und wird nur etwa 1 bis 1,5 m hoch. Dazu passt eine duftende Kletterrose wie 'Madame Alfred Carrière'. Wie Girlanden herabhängende Waldreben eignen sich besonders für kunstvoll gestaltete Spaliere und wachsen bei sorgfältiger Pflege sehr gut in großen Kübeln. Als ganzjährig attraktive Alternative bieten sich kleinblättrige Efeusorten an. Man zieht sie an Bambusstäben, Latten oder Drähten, die in rautenförmiger Anordnung mit Ösen an der Mauer befestigt werden. Auf den Treppenstufen machen sich Topfpflanzen gut, zum Beispiel Fleißige Lieschen oder panaschierte, kleinblättrige Efeusorten wie *Hedera helix* 'Adam'. Ein langer Holztrog, auf der Mauer aufgestellt, bietet die Möglichkeit, Pflanzen von oben an der senkrechten Wand herabhängen zu lassen. Die Lichtverhältnisse sind auf dieser Ebene besser als im Souterrainbereich, man könnte daher Kleines Immergrün *(Vinca minor)*, Hängefuchsien, Verbenen und Lobelien pflanzen. Wenn Ihr Haus in eine steile Böschung gebaut ist, könnten Sie mit Terrassenstufen Ihren eigenen »hängenden Garten« anlegen. Es empfiehlt sich allerdings, mit der Terrassierung einen Gartenarchitekten zu beauftragen, denn die Stützmauern aus aufgesetzten Steinen oder dickem Holz müssen stabil genug sein und das Wasser muss durch gute Drainage abgeleitet werden. Wenn die Terrassen erst einmal angelegt und mit Pflanzen bewachsen sind, werden die Stützmauern schon bald nicht mehr zu sehen sein.

ganz links ***Selbst in einem ganz kleinen Garten spiegelt sich im Wasser noch das Licht des Himmels. Neben der kleinen Vogeltränke wachsen Ananaslilien*** **(Eucomis bicolor)*****; im Wasser hat sich bereits Entenflott eingefunden, das sich aber leicht von Hand beseitigen lässt.***

unten ***Mit der Aufschüttung des Bodens wurde in diesem Innenhof nicht nur ein schmales Beet geschaffen, sondern zugleich die Möglichkeit, an der Stützmauer Wasserspeier anzubringen, die einen kleinen Wasserlauf speisen. Die steile Treppe, die übers Wasser führt, erinnert an einen Strebebogen.***

rechts ***Kübel mit einjährigen Sternblümchen* (Brachycome iberidifolia) *säumen die Treppenstufen, die zu dem tiefer liegenden, schmalen Durchgang vor einer Wohnung im Souterrain führen. Sie bringen Farbe, während die Kletterpflanzen ein grünes Dach bilden und immergrüner Efeu zusammen mit Feuerdorn die Wände schmückt.***

Eine steile Böschung, die solide angelegt wurde und nicht gegen das Haus drückt, falls sie doch einmal ins Rutschen kommen sollte, kann auch ohne Terrassierung bepflanzt werden. Viele Pflanzen gedeihen an senkrechten oder abschüssigen Stellen ganz ausgezeichnet. Kriechende Wacholder wie *Juniperus communis* 'Green Carpet', aber auch Zwergmispeln wie *Cotoneaster dammeri* und die noch kleinere *C. astrophoros*, die im Herbst rote Beeren trägt, wachsen dem Boden anliegend und folgen den Konturen des Untergrunds. Dazwischen setzt man ein paar große Steine, Zwergkiefern und einige alpine Pflanzen wie Steinbrech *(Saxifraga)*, Glockenblumen *(Campanula)* und Silberwurz *(Dryas octopetala)*. In tieferem Schatten können sich Kriechender Günsel *(Ajuga reptans)*, Taubnesseln *(Lamium)* und Efeu ausbreiten. Rot- oder grünlaubige Sorten von Japanischem Ahorn, Hängefuchsien und andere Pflanzen mit einem eleganten, bogig überhängenden Wuchs kommen von unten betrachtet am besten zur Geltung.

### Erhöht angelegte Beete

In unterschiedlicher Höhe angelegte Beete bringen Abwechslung in einen ansonsten ebenen Garten, außerdem lässt sich bei gleicher Grundfläche eine größere Zahl von Pflanzen unterbringen. Zum Bau frei stehender, erhöht angelegter Beete eignen sich stabile, imprägnierte Bretter, Ziegel oder Steinwälle. Wichtig sind Aussparungen, durch die das Wasser abziehen kann. Das Wasser sollte sich in schmalen, mit Kieseln gefüllten Rinnen am Fuß der Beete sammeln und von dort in andere Rabatten oder in die Kanalisation abgeleitet werden. In einem hofartigen, umbauten Garten können Sie entlang der Begrenzungsmauern in 50 bis 80 cm Höhe Beete anlegen, die sich rings um das Grundstück ziehen. In eine solche Konstruktion lassen sich gleichzeitig Sitzplätze integrieren.

Erhöht angelegte Beete erleichtern älteren Menschen und Körperbehinderten die Gartenarbeit, weil das lästige Bücken weitgehend entfällt. Außerdem lassen sich darin sehr gut Pflanzen mit kriechendem oder überhängendem Wuchs ziehen, etwa einjährige Verbenen und Lobelien, aber auch kriechende Blütensträucher wie die Säckelblume *(Ceanothus thyrsiflorus* var. *repens)* oder die recht frostempfindlichen niederliegenden Sorten des Rosmarins. Nicht zuletzt kommen Pflanzen, die bogig überhängend wachsen, an erhöhten Standorten am besten zur Geltung. Hier sind die Fuchsie 'Mrs. Popple' zu nennen, der Fächerahorn *Acer palmatum* var. *dissectum* und Trichterschwertel *(Dierama pulcherrimum)*.

oben links ***In diesem Dachgarten werden alle Pflanzen in erhöht aufgestellten Trögen gezogen. Kapmargeriten*** **(Osteospermum caulescens)** ***danken die volle Mittagssonne mit zahlreichen Blüten, die den ganzen Sommer über erscheinen.***

Das Substrat, mit dem die Beete aufgeschüttet werden, muss nicht unbedingt identisch sein mit dem Gartenboden. Hochbeete bieten damit ähnliche Möglichkeiten wie Kübel: In Gegenden mit basischem Boden zum Beispiel könnten Sie hier Rhododendronarten oder Azaleen in Heideerde ziehen. Auch Liebhaber alpiner Pflanzen kommen auf ihre Kosten. Sie legen niedrige Beete mit durchlässigem grobem Sand und einer Kiesabdeckung an, in denen ihre Schätze hervorragend gedeihen. Einige größere Steine und zwergwüchsige Nadelgehölze, etwa eine Sorte der Balsamtanne *(Abies balsamea* f. *hudsonia)* oder eine Nestfichte *(Picea abies* 'Nidiformis'*)*, vervollständigen diese Miniaturlandschaft, in der alpine Storchschnabelarten, Glockenblumen, Phlox, kleine Netzblatt-Iris *(Iris reticulata)* und Narzissen *(Narcissus cyclamineus)* in einem dichten Teppich aus Bodendeckern wie *Raoulia australis* und *Thymus minima* wachsen.

ganz links ***Von Natur aus sehr klein bleibende Pflanzen eignen sich gut für Steingärten; zu einer ganzen Kollektion zusammengestellt, wirken sie am besten. Sie alle schätzen Sonne und einen gut durchlässigen, kiesigen Boden.***

## Der Garten bei Nacht

Als Wohnraum im Freien sollte der Garten natürlich auch nach Einbruch der Dunkelheit zugänglich sein, selbst im Winter, und seinen speziellen Charakter und viel Atmosphäre entfalten, wenn der Abend zur Nacht wird. Beleuchtung spielt dabei eine große Rolle; sie ist außerdem an Stufen und Eingängen aus Sicherheitsgründen erforderlich und schreckt ungebetene Besucher ab. Eine Fachfirma mit Erfahrung in der Anlage von Außenbeleuchtungen kann hier hilfreiche Tips geben. Steintreppen können rechts und links neben den Stufen beleuchtet werden. Das sieht im Dunkeln sehr schön aus und macht sie sicher begehbar. Wandlampen oder auf Pfosten installierte, frei stehende Lichtquellen, die ihr Licht nur nach unten abstrahlen, tauchen Treppen und Wege in ein sanftes Licht, das die Orientierung erleichtert, ohne zu blenden.
Eine gelungene Außenbeleuchtung ist subtil und nuancenreich, sie lässt manche Pflanzen als Silhouette erscheinen, während andere direkt angestrahlt werden. Ein Garten sollte niemals hell erleuchtet wie ein Fußballplatz sein, denn grelles Licht ohne Schatten nimmt ihm die Tiefe und zerstört jede geheimnisvolle Stimmung. In winzig kleinen Innenhöfen setzt man Lichteffekte am besten sehr zurückhaltend ein, zum Beispiel einen einzelnen Strahler, der auf eine Skulptur, eine Urne oder eine bestimmte Pflanze gerichtet ist. Beleuchtung von der Seite bringt Formen und Texturen besonders plastisch zur Geltung, frontale Beleuchtung lässt Gegenstände eher flach und Oberflächen arm an Konturen erscheinen. Die Lichtquelle selbst kann für den Betrachter unsichtbar installiert werden, der Lichtstrahl lässt sich entweder breit streuen oder gezielt auf einen Punkt richten, ganz wie es das jeweilige Objekt und die gewünschte Wirkung erfordern.
Mit verborgenen Lichtquellen lässt sich auch eine Wand von unten beleuchten. Das erzeugt einen bühnenähnlichen Effekt, bei dem die Silhouetten der Pflanzen oder anderer Objekte

unten ***Dieser intime kleine Garten, der auf Seite 116 näher vorgestellt wird, bietet bei Nacht einen ganz anderen Anblick. Eine Skulptur wird von hinten angestrahlt und springt dadurch so sehr ins Auge, dass alles andere daneben verblasst.***

scherenschnittartig an die Wand gezeichnet werden. Im Garten wird so eine Bühnenszene aufgebaut, mit den Hauptdarstellern als Silhouetten, während die übrigen Mitwirkenden nur andeutungsweise in Erscheinung treten. Eine einzige Schalterbewegung, und die Stimmung ist wie verwandelt: Wenn die gleiche Szene mit einem Scheinwerfer von oben angestrahlt wird, steht die Primadonna plötzlich im Rampenlicht, während der Chor der Hintergrundpflanzen im Schatten unerwartete Tiefe erhält.

Eine andere interessante Beleuchtungstechnik arbeitet mit nach oben abgestrahltem Licht, die Lichtquelle selbst ist unter Glasbausteinen oder in Form spezieller mit Glas abgedeckter Lampen im Erdboden installiert. Beleuchtung von unten kann die reinste Offenbarung sein, wenn sie die winterliche Silhouette eines Baums gegen einen samtschwarzen Himmel abzeichnet. Während der Stamm und die Äste ihre ganze Festigkeit erkennen lassen, scheinen manche der fingerdünnen Zweige so zart wie Spinnweben zu sein. Wie anders stellt sich doch derselbe Baum im Sommer dar, wenn mit seinem grünen Blätterdach ganz neue Aspekte seiner Gestalt zum Tragen kommen. Auch beleuchtete Lauben entfalten im Sommer großen Reiz. Wenn das Licht durch die Zweige von Glyzinen oder Weinreben fällt, die sich über den Köpfen ranken, ist es ein ganz besonderes Erlebnis, im nächtlichen Garten zu sitzen. Auf Wasseroberflächen kann die richtige Beleuchtung die kleinste Bewegung und jedes einzelne Tröpfchen sichtbar machen. Das Licht sollte subtil und nicht allzu hell sein; am besten installiert man die Lichtquelle unter Wasser oder am seitlichen Beckenrand: Das Licht wird so von der Wasseroberfläche wunderbar reflektiert.

Im Freien sind Niedervoltlampen besonders sicher. Sie werden nicht so heiß, dass die Pflanzen verbrennen könnten, und verbrauchen weniger Energie als andere Lampen. Hinzu kommt, dass die Gehäuse nicht viel Platz brauchen und sogar recht dekorativ sind. Paradoxerweise spielt bei der Beleuchtung eines kleinen Gartens gerade Dunkelheit eine große Rolle. Der Gegensatz von verschwommenen, tiefen Schatten, die allenfalls etwas erahnen lassen, und enthüllendem Licht macht die subtile Qualität von Beleuchtungseffekten aus. Das ist auch der Grund, warum farbige Beleuchtung selten gut wirkt: Sie lenkt von der Reinheit von Licht und Schatten ab, die doch gerade die Nacht ausmacht. Wenn Sie unsicher sind, wie Sie Ihren Garten beleuchten wollen, bitten Sie doch einfach einen Freund um Hilfe. Während er mit einer starken, tragbaren Halogenlampe oder einem Blitzlicht verschiedene Stellen des Gartens von oben, von unten und von der Seite ausleuchtet, sehen Sie sich das Ergebnis vom Fenster aus an.

Eine gekonnt eingesetzte Außenbeleuchtung erzeugt eine intime, sehr private Atmosphäre, während sie zugleich den Eindruck entstehen lässt, der Garten sei Teil von etwas Größerem. Die Beleuchtung ist natürlich nur ein Aspekt, wenn es darum geht, die Vorzüge eines kleinen Gartens richtig zur Geltung zu bringen. Die wenigsten Gartengelände sind ideal, aber es ist erstaunlich, wie oft sich originelle und befriedigende Lösungen finden, die ganz unerwartet Charme in den Garten bringen und zu seiner Einzigartigkeit beitragen.

unten ***Subtile Beleuchtung wertet diesen schmalen Raum im Kellergeschoss auf: Eine elegante, moderne Treppe wird angestrahlt und dadurch in den Rang einer Skulptur erhoben.***

# Täuschungsmanöver

»Klein« sollte nicht mit niedlich oder herausgeputzt gleichgesetzt werden, denn das passt nicht zu einem Garten, in dem man sich wohl fühlen möchte. Auch Pedanterie ist fehl am Platze, sie betont die Enge nur zusätzlich. Spiegelungseffekte und optische Täuschungen, die Grenzen verwischen und den Horizont erweitern, sind dagegen für kleine Gärten genau das Richtige. Das Spiel mit Fluchtlinien, Größenverhältnissen und Farben erzeugt erstaunlich realistisch wirkende optische Täuschungen.

## Perspektiven einsetzen

Perspektivische Täuschungen faszinieren Künstler schon seit der römischen Antike. Auf Wandmalereien in Pompeji finden sich komplizierte architektonische Hintergrundszenarien, die in nur scheinbar vorhandene Räume führen. Zur Zeit der Hochrenaissance in Italien entwickelte man Regeln für das »richtige« Zeichnen von Gegenständen und Räumen, und die Linearperspektive wurde zum Maßstab in der europäischen Malerei. Was das alles mit Ihrem kleinen Garten zu tun hat? Nach derselben Methode können Sie das Auge täuschen und Ihren Garten deutlich größer erscheinen lassen. Allerdings klappt das wie in der Malerei nur von einem einzigen Standpunkt aus. Perspektivische Täuschungen beruhen auf dem Prinzip, dass Gegenstände mit zunehmender Entfernung vom Betrachter kleiner erscheinen (perspektivische Verkürzung). Halten Sie Ihre Hand vors Gesicht und schauen Sie zwischen den Fingern hindurch auf andere Personen im Raum: Sie werden feststellen, dass diese fast so klein wie Ihre Hand wirken. Natürlich entspricht das nicht der Realität, sondern ist durch Ihre subjektive Wahrnehmung bedingt.

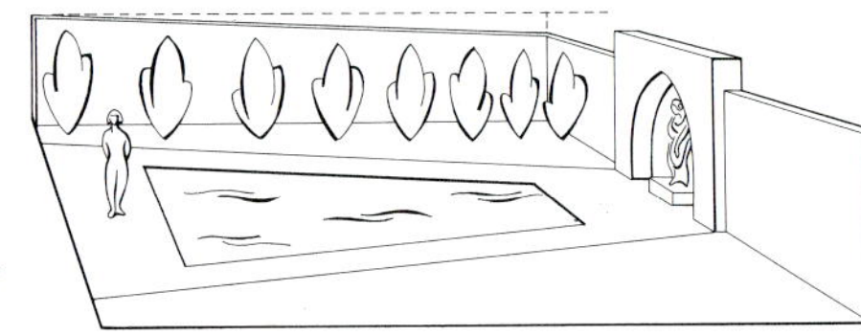

Wenn Sie auf einer Veranda mit rechtwinklig zur Hauswand verlegtem Holzboden stehen, scheinen die parallelen Bretter mit zunehmender Entfernung von dem Punkt, an dem Sie stehen, aufeinander zuzulaufen. Würden sie bis zum Horizont reichen, hätte man den Eindruck, sie träfen sich dort in einem Punkt. Ebenso scheinen die seitlichen Begrenzungsmauern eines Gartens immer kleiner zu werden und sich einander anzunähern, je weiter sie vom Standpunkt des Betrachters entfernt sind. Dieser sieht die Ober- und Unterkante einer Mauer als zwei Diagonalen, die mit zunehmender Entfernung einander scheinbar näher kommen. Das Auge akzeptiert dies, und wir werten das Ganze richtig aus, wohl wissend, dass sich die Höhe der Mauer in Wirklichkeit nicht verändert. Was aber, wenn Sie die perspektivische Täuschung bewusst verstärken, indem Sie eine Mauer errichten, die tatsächlich niedriger wird, oder eine Hecke entsprechend schneiden? Als Ergebnis wirkt der Garten auf einmal wesentlich tiefer als zuvor. Oder bauen Sie eine Pergola, die Sie allmählich schmaler werden lassen. Verringern Sie außerdem langsam die Abstände zwischen den senkrechten Pfosten. Dadurch entsteht ebenfalls die Illusion räumlicher Tiefe. Solche Perspektiven mit einem zentralen Fluchtpunkt sind am überzeugendsten, wenn sie nicht offensichtlich sind; gerade die subtile Verkleinerung begünstigt die Täuschung. Wenn Ihr Garten für die bisher vorgestellten Möglichkeiten zu klein ist, lässt sich die Linearperspektive auch auf einfachere Weise nutzen. Sie könnten zum Beispiel einen Weg anlegen, den Sie allmählich schmaler werden lassen, etwa von 1 m hinunter auf 75 cm. Wenn der Garten mit rechteckigen Platten gepflastert wird, sollten diese vom Haus aus gesehen in Längsrichtung verlegt werden. Außerdem wählt man ein Fugen-

links ***Erstaunlich modern wirkt dieses Fresko auf einer Mauer im Garten des Loreius Tiburtinus in Pompeji. Wir erkennen einen Garten mit einem kleinen Wasserbecken und einer Quelle sowie eine genaue Darstellung mehrerer Vogelarten.***

oben links ***In diesem spitzwinkligen Garten laufen zickzackförmig verlegte Planken auf eine erhöht angelegte Sitzecke zu. Das hintere Ende des Gartens scheint so viel weiter entfernt zu sein, als es tatsächlich der Fall ist.***

oben rechts ***An der rückwärtigen Mauer des Gartens wurde im Inneren einer Art Gartenlaube eine Tür aufgemalt. Trotz der geringen Tiefe entsteht so der Eindruck, als blicke man durch die offene Tür in einen Fantasiegarten.***

ganz rechts ***In demselben, sehr persönlichen Garten voll üppigen Grüns lassen die frei stehenden Säulen und das dichte grüne Blätterdach die dunklen, unergründlichen Bereiche im Hintergrund tiefer wirken, als sie tatsächlich sind.***

muster, das die Fluchtlinien betont. Dazu werden die längs verlaufenden, breiteren Fugen mit Mörtel ausgefüllt, während die Platten in Querrichtung so dicht aneinander gelegt werden, dass praktisch keine Fugen erkennbar sind. So wird die Längsrichtung betont und der Garten wirkt tiefer. Ein ähnlicher Eindruck entsteht, wenn man Planken parallel zueinander und rechtwinklig zur Hauswand verlegt.

### Das Spiel mit Proportionen

Falsche Perspektiven erzeugen besonders wirkungsvolle optische Täuschungen, wenn sie die Größenverhältnisse des Menschen einbeziehen. Nehmen wir als Beispiel eine Laubenattrappe in verkleinertem Maßstab, etwa 1,5 m hoch und 1 m tief, direkt an der rückwärtigen Gartenmauer angebracht. Ein uneingeweihter Betrachter wird glauben, dass darin mehrere Menschen Platz finden, obwohl sie tatsächlich viel zu klein ist. Streicht man die Laube innen dunkel, wird der Eindruck von räumlicher Tiefe noch verstärkt. Eine andere Möglichkeit, mit Proportionen zu spielen und Entfernung vorzutäuschen, bieten Statuen von nur etwa drei Viertel Lebensgröße. Im Garten aufgestellt, wirken sie weiter entfernt, als es tatsächlich der Fall ist, denn das Auge geht davon aus, dass es sich um lebensgroße Figuren handelt. Der Effekt lässt sich noch steigern, wenn eine solche Statue am Ende eines spitz zulaufenden Teichs platziert wird.

Wählt man für den vorderen Bereich des Gartens größere Gestaltungselemente als für den Hintergrund, wird die optische Täuschung noch überzeugender. Die Latten eines gewöhnlichen Holzzauns könnten zum Beispiel langsam schmaler werden. Oder setzen Sie nah beim Haus großblättrige Pflanzen, weiter hinten dagegen kleinere, aber sehr ähnlich beblätterte. Efeusorten mit unterschiedlich großen Blättern bieten sich hier an.

### Farben

Alle bisherigen Vorschläge beruhten auf der Annahme, dass der Garten frontal betrachtet wird. Es gibt jedoch noch weitere »Gesetze« der Perspektive, auf die man zurückgreifen kann, wenn dies nicht zutrifft. So spielen Farben eine überraschend große Rolle, wenn es darum geht, Räume größer oder kleiner erscheinen zu lassen. Kräftige Rottöne nehmen scheinbar mehr Fläche ein und rücken stärker in den Vordergrund, während kühlere Blautöne eher zurücktreten. Soll ein kleiner Garten mehr Tiefe bekommen, pflanzt man im Vordergrund Blumen in intensivem Rot, etwa die Montbretie *Crocosmia* 'Fireglow', und leuchtend orangefarbene und gelbe einjährige Schöterichsorten *(Erysimum)* und weiter hinten kühlere blaue,

violette und lila Farbtöne, wie man sie bei Glockenblumen und Salbei findet. Rote Blüten mit bläulichem Hauch wie die der kühlen, karminroten Indianernesseln *(Monarda)* scheinen weiter entfernt zu sein als die warmen scharlachroten ihrer Gegenspieler, der Sonnenbrautarten *(Helenium)*.
Auch die Farbtiefe spielt eine Rolle. Dunklere Farben treten in den Hintergrund, während blasse Farben sehr nah zu sein scheinen. Blüten mit Pastelltönen wie die der cremefarbenen Winterlingsorte *Eranthis hyemalis* 'Ivorine' springen daher ins Auge, während die kontrastierenden dunkelblauen Blüten eines Eisenhuts *(Aconitum* 'Spark's Variety'*)* optisch zurückweichen; die Entfernung zwischen beiden wirkt so größer, als sie tatsächlich ist. In einem Innenhof mit verputzten Betonmauern streicht man die hintere Wand dunkler, wenn der Eindruck von mehr Tiefe entstehen soll, und nicht etwa in einem blassen Farbton, der die Mauer optisch näher rücken würde.

***Auf diesen beiden Bildern sehen Sie eine interessante Gegenüberstellung:***
ganz links ***In diesem Garten in klassischem, romantischem Stil finden sich Spaliere, formgeschnittene Sträucher und eine ornamentale Wandbemalung, die einen anderen Garten in der idyllischen Landschaft der Toskana mit ihren blauen Hügeln und schlanken Säulenzypressen darstellt.***
links ***Hier steckt hinter der Illusion die Absicht, den Betrachter zu narren: Es wird der Eindruck erweckt, man sehe durch die Bögen in andere sonnendurchflutete Innenhöfe. In Wirklichkeit stehen hinter den Bögen Spiegel, und die anderen Gärten sind bloße Täuschungen.***

**Pflanzen**

Auch Oberflächenstrukturen und pflanzliche Texturen (siehe Seite 42) können dazu beitragen, den Eindruck von mehr Tiefe zu vermitteln. Aus diesem Grund stellen Landschaftsmaler in ihren Bildern Objekte, die weiter im Hintergrund liegen, weniger detailliert dar. Im Garten können Sie eine ähnliche Wirkung erzielen, wenn Sie vorn groben, weiter hinten feineren Kies als Belag verwenden. Oder verlegen Sie auf der Terrasse nahe beim Haus große Steinplatten und auf einer Fläche weiter hinten deutlich kleinere, zum Beispiel Pflastersteine aus Granit.
Ähnliche Möglichkeiten bieten Pflanzen: Setzen Sie solche mit sehr feinen Blättern ganz nach hinten, zum Beispiel Geißblatt *(Lonicera nitida)* und die dunkel weinrote Berberitze *Berberis thunbergii* 'Dart's Red Lady'. In den vorderen Teil des Gartens, nah beim Haus, gehören dagegen Pflanzen mit großen, glänzenden Blättern, etwa Aukuben *(Aucuba japonica)* und Eichenblättrige Hortensien *(Hydrangea quercifolia)*.
Alle besonders ausdrucksstarken Pflanzen zeichnen sich durch eine eindeutige Oberflächentextur aus: Manchmal ist das Laub besonders fein wie bei vielen der sonnenliebenden Arten der Silberraute *(Artemisia)*. Im Schatten entsteht dieselbe fein modulierte, leicht verschwommene Wirkung durch Herzblumen *(Dicentra)*, Wiesenrauten *(Thalictrum)* und Schleierkraut *(Gypsophila)*. Pflanzen für den Vordergrund sollten dagegen kräftiges Laub und ein klares, genau umrissenes Profil zeigen. Hier sind die schattenverträglichen Bergenien und Funkien zu nennen.

## Spiegelungen

Nichts ist so wirkungsvoll wie der geschickte Einsatz von Spiegeln, wenn es darum geht, einen Raum größer erscheinen zu lassen. Die ganze Vielfalt dieser Technik eröffnet sich, wenn man Spiegel nicht nur als Dekoration betrachtet, sondern als ein Mittel, eine solide Mauer zu durchbrechen, mit einer Öffnung aus Licht, hinter der sich ein anderer Garten auszudehnen scheint. Die Illusion lässt sich noch weiter treiben, wenn man hinter einem Bogen einen großen Spiegel aufstellt: Der Bogen wirkt doppelt so tief, und dahinter tut sich ein Phantomgarten auf. Sehr raffiniert sind falsche Fensterstürze, die ein Spiegel»fenster« mit einem Rahmen aus Steinen, Ziegeln oder Holz einfassen. Alle verräterischen Kanten werden hinter immergrünem Efeu oder, zu

unten und rechts ***Noch einmal Bögen, doch hier ist die Illusion zum Teil real, denn es fließt tatsächlich ein schmaler Streifen Wasser, bevor sich der Raum in einem endlosen Trugbild fortsetzt.***

oben ***In diesem Garten dienen Spiegel dazu, den Raum hinter dem zweidimensionalen Bühnenbild aus bemaltem Holz hell auszuleuchten.***

ebener Erde, hinter einer Zwergmispel *(Cotoneaster dammeri)* verborgen. Der Spiegel kann auch teilweise von Laub verdeckt werden, etwa wenn man ihn zwischen Bambus oder üppig grüne, große Astilben stellt. Bei jedem Windstoß geben die Spiegelungen flüchtig den Blick frei auf etwas, das in Wirklichkeit gar nicht existiert.

Der Eindruck eines größeren Raums bleibt sogar dann noch erhalten, wenn man genau weiß, dass er durch Spiegelungen entsteht. Der Blick des Betrachters darf allerdings nicht als Erstes auf den Spiegel fallen, wenn er den Garten betritt; das würde die Illusion sofort zerstören. Auch durch eine Statue oder ein Gefäß, das direkt vor dem Spiegel steht, wird die Wirkung sofort aufgehoben. Achten Sie darauf, dass der Spiegel unmittelbar an der Wand steht und direkt auf dem Boden, also dem Ende des Wegs, der zu ihm hin führt. Für einen etwas seitlich daneben stehenden Betrachter sieht es dann so aus, als sei dies der Eingang zu einem zweiten Garten.

Um dem Garten mehr räumliche Tiefe zu verleihen, könnten Sie einen schmalen, langen Wasserkanal anlegen, der auf einen Spiegel an der hinteren Gartenmauer zuläuft. Es dürfen weder Ecken noch die Unterkante der Mauer zu sehen sein. Das Ergebnis ist ein scheinbar ununterbrochener Wasserlauf, der in die Fantasiewelt des Spiegels führt. Mit einer ganz ähnlichen Technik lässt sich ein rechteckiger Teich in ein viel größeres Gewässer verwandeln. Wenn sich der Teich dagegen quer durch den ganzen Garten erstreckt und an beiden Enden Spiegel aufgestellt sind, setzen sich die Spiegelungen endlos fort, und es entsteht der Eindruck eines richtigen Kanals.

Spiegel bringen Licht in die finstersten Winkel und lassen das frische Grün Schatten liebender Pflanzen doppelt leuchten. Dabei reicht es völlig, wenn man auf den ersten Blick nur einen flüchtigen Eindruck erhascht, der zu näherem Hinschauen zwingt. Auch dann wird die Illusion noch überzeugend genug sein. Nachts lassen sich mit geschickt eingesetzter Beleuchtung zusätzliche Effekte erzielen; die Lichtquelle selbst sollte dabei stets unsichtbar bleiben. Auch Glas ist ein geeigneter »Aufheller«: Stufen und Mauern aus Glasbausteinen sowie gläserne Tischflächen wirken weniger wuchtig als Konstruktionen aus Holz oder Stein, außerdem versperren sie den Blick auf die Pflanzen nicht völlig.

Reizvolle Möglichkeiten bietet die Kombination von Linearperspektive und Spiegelglas, die einen Effekt in der Art der *trompe l'œil*-Malerei erzeugt. Ein flaches Spalier kann dreidimensional wirken, wenn es an perspektivischen Linien ausgerichtet wird. Eine ganze Mauer mit rautenförmigem oder quadratischem Gitterwerk zu bedecken, das von angedeuteten runden Fenstern durchbrochen wird, ist sicherlich eine originelle Idee. Konstruiert man das Spalier entsprechend den Regeln der Linearperspektive, entsteht der Eindruck, dass es nicht flach an der Wand anliegt, sondern räumliche Tiefe besitzt. Um die Wirkung zu vervollständigen, bringt man in der Mitte der Rauten oder Quadrate Spiegel an.

ganz links ***Das perspektivisch wirkende Gitterwerk und die gestrichene Tür sind bewusst und auf originelle Art auffällig gestaltet. Doch durch den Türspalt blickt man auf ein Stück eines Spiegels, der die vollkommene Illusion erweckt, man sähe jenseits der Tür einen weiten, sonnendurchfluteten Garten.***

unten ***Das Erdgeschoss des Hauses wird außen in einer holzgedeckten Terrasse fortgeführt, die den Garten mit dem Inneren des Hauses verbindet. Über die Terrassenstufen erreicht man den tiefer liegenden Garten.***

*Eine Veranda eignet sich ausgezeichnet dazu, Drinnen und Draußen miteinander zu verbinden. Hier reichen Balken vom Haus in den Garten hinein, von denen üppig wachsende, tiefgrüne Kletterpflanzen herabhängen.*

## Haus und Garten verbinden

Veranden gehören in wärmeren Gegenden einfach dazu; dort erstreckt sich das Haus bis in den Garten, und die freie Natur wird hereingeholt. In kühlerem Klima versucht man dieselbe Wirkung mit Wintergärten zu erzielen, doch bleiben die verglasten Wände stets ein Hindernis. In einem ganz kleinen Innenhof könnte die Veranda ein Stück in den Garten hinein gezogen werden, gestützt von senkrechten Pfosten, die man unter einem grünen Mantel aus Efeu verschwinden lassen kann. Ein solcher »Rahmen« lässt den Garten größer wirken, weil er das Innere des Hauses optisch mit einbezieht. Verwendet man ein und denselben Bodenbelag, zum Beispiel Terrakottafliesen, für Wohnzimmer, Veranda und Gartenwege, verstärkt das den einheitlichen Eindruck noch. Ist der Garten kaum größer als ein Korridor, kann die Veranda auch die ganze Fläche einnehmen. In diesem Fall sorgt ein schräges Dach aus Glas oder Polykarbonat dafür, dass die Pflanzen genügend Licht bekommen.

## Trompe l´œil

*Trompe l'œil*, übersetzt etwa »trügerischer Schein«, ist eine alte französische Maltechnik, die sich aus der illusionistischen Malerei des Barock entwickelt hat. Damals ließ man Wände von Künstlern so bemalen, dass die Oberfläche zu verschwinden schien und ein scheinbar räumliches Bild entstand, zum Beispiel ein Garten mit einem Brunnen vor einem wolkenlosen blauen Himmel oder was auch immer sonst den Auftraggebern an der ausschweifenden Fantasie eines Fragonard gefiel.

In Ihrem eigenen Garten könnten Sie aufgemalte Spaliere echten gegenuberstellen und gemalte Pflanzen ihren lebendigen Vorbildern, während Brunnen, Bögen und Brücken den Blick in eine ferne Landschaft schweifen lassen, weit weg von der Realität der städtischen Umgebung. Wenn Sie eine modernere Szenerie bevorzugen, könnten Sie einen Künstler beauftragen, der sich auf diese Form der Wandmalerei spezialisiert hat. Vielleicht möchten Sie gern in einem riesigen tropischen Gewächshaus sitzen oder Sie wünschen sich Kühe, die über den Gartenzaun gucken; vielleicht träumen Sie aber auch schon lange von einer Aussicht auf die Skyline von New York. Sie brauchen nur etwas Fantasie, und all das kann Ihnen gehören. Wichtig ist vor allem ein origineller Einfall, wenn das Ganze gelingen soll. Ein Wandgemälde in etwas kleinerer Ausführung ist nicht ganz so teuer: Wie wäre es mit einer echten Tür oder einer Pforte, die man an einer Wand befestigt und etwas offen stehen lässt, damit man einen Blick hindurch erhaschen kann? Eine andere Idee sind falsche Fenster oder Metallgitter vor einem kleinen Wandbild, und schließlich könnte man die auf Seite 81 beschriebene Laube durch ein Gemälde an ihrer Rückwand optisch aufwerten.

Wenn Sie sich selbst in der Kunst des *trompe l'œil* versuchen wollen, brauchen Sie eine sorgfältig vorbereitete Wandfläche. Alte Farbe kann abblättern, muss deshalb vorab entfernt werden. Außerdem sollte die Oberfläche mit einer Grundierung vorbehandelt werden, die einzieht und die Farbe fest haften lässt. Wenn man Fassadenfarbe verwendet, wird das Bild viele Jahre halten.

Der Wiener Künstler Friedensreich Hundertwasser hat ein Haus in freundlichen, leuchtenden Farben geschaffen, umgeben von dichtem Grün, in dem Wohnungen und Gärten ineinander übergehen. In den Dachgärten gedeihen die Pflanzen so üppig, dass einige Kletterpflanzen mehrere Stockwerke weit herabhängen und unterhalb des Dachs wogende Wände bilden. Warum sollen wir uns davon nicht inspirieren lassen? Vorausgesetzt, man bedient sich der Hilfe eines Architekten

oben ***Die Frau auf dem Gemälde, die in aller Ruhe Zeitung liest, ruft uns wieder in Erinnerung, wozu eine Laube eigentlich gedacht ist.***

links ***Diese Wandmalerei in bezaubernd naivem Stil beschwört ein schlichtes, ländliches Bild. Die Katze und das Kind, das ein wenig unsicher in die Kamera blickt, sind natürlich lebendig, aber das Fahrrad und das Huhn sind Teil des Bildes.***

(nichts zerstört ein Haus schneller als Wasser und immer dicker werdende Wurzeln), gibt es keinen Grund, warum die grüne Pracht und die leuchtenden Farben in Wien nicht auch ein Vorbild für Häuser in anderen Städten sein sollten.
Mit Hilfe von optischen Täuschungen und der Kraft der Fantasie lässt sich ein bescheidener kleiner Ort in einen scheinbar wesentlich größeren, einer anderen Welt entstammenden Garten verwandeln, der einen ganz eigenen Charakter besitzt. Gehen Sie nur mit Zuversicht an die Umsetzung Ihrer Ideen, Sie werden selbst überrascht sein, wie viel Freude Sie daran haben.

oben und rechts ***Der Wiener Künstler Friedensreich Hundertwasser hat dieses farbenfrohe Haus entworfen. Das Dach wurde mit Bäumen und fantastischen architektonischen Gebilden gestaltet, während wie Girlanden herabhängende Kletterpflanzen und andere Pflanzen in kunstvollen Nischen die Fassade schmücken. Jedem Bewohner steht ein eigenes kleines Gartenstück zu, ganz nach seinen persönlichen Vorstellungen gestaltet und verschieden von allen anderen.***

# ATMOSPHÄRE

Was erwarten wir von unserem kleinen Garten? Soll er einfach eine Ansammlung von Blumen sein oder aber eine Möglichkeit, unsere Vorstellungen und Wünsche zum Ausdruck zu bringen? Viele von uns haben außerhalb ihres privaten Umfelds selten Gelegenheit, sich schöpferisch zu betätigen. Ob Ihr persönliches »Paradies« ein Spielplatz extravaganter Fantasien ist oder eher ein Ort stiller Selbstbesinnung, wichtig sind eigener Charakter und Stil. Lassen Sie sich von den hier vorgestellten Beispielen inspirieren!

**In dieser üppig bepflanzten Oase ist gerade genug Platz, um Seite an Seite zwischen den duftenden Lilien sitzen zu können.**

**Aller Logik zum Trotz scheinen die Granitsteine in diesem Garten auf dem Wasser zu treiben, das zugleich die Rolle des Fugenmaterials übernimmt.**

**Dieser formale Garten ist ganz auf das zentrale »Gestirn«, eine goldene Kugel, ausgerichtet. Auf einem schlanken Stab schwebt sie über dem »Mondteich«.**

**Zum Träumen lädt der schattige Schlupfwinkel des kleinen Cherubs ein, der sich hinter dem Laub eines Efeus und einer Weinrebe versteckt.**

**Locker wachsende grüne Farne, dazwischen orangefarbene Bohrer, die aus dem Beet aufsteigen – eine wirklich originelle Idee.**

Unter dem Blätterdach mächtiger Fächerpalmen, schwertförmiger Keulenlilien und eines Essigbaums mit gefiederten Blättern lässt sich am Ende eines heißen Tages in tropischer Atmosphäre wunderbar ausspannen.

# Überquellende Gärten

Ist ein Garten für die Menschen da und für das Leben im Freien, wie es der berühmte Gartenarchitekt Thomas Church formuliert hat? Nicht unbedingt. Manche Menschen haben nur deshalb einen Garten, sei er auch noch so klein, um darin so viele verschiedene Pflanzen wie möglich wachsen und gedeihen zu sehen. Das lässt sich am einfachsten realisieren, wenn man an den

Wänden Kletterpflanzen zieht, auf allen gepflasterten Flächen Kübelpflanzen aufstellt und jeden Quadratzentimeter Boden bearbeitet, verbessert und bepflanzt. Wird die dauerhafte Bepflanzung dann noch durch Einjährige und nicht winterharte mehrjährige Pflanzen ergänzt, bleibt zwar kaum noch Platz, um sich im Sommer wenigstens einmal hinzusetzen – aber vielleicht ist das trotzdem genau das, was Sie wollen.

Mauern und Zäune eignen sich für solche Zwecke besonders gut, denn sie ermöglichen viel Grün – in vertikaler Richtung – auf geringer Grundfläche. Von Zäunen können ineinander verschlungene Pflanzen herabhängen, während kräftigere Mauersträucher wie Säckelblumen und Feuerdorn zarteren Kletterpflanzen Halt geben, etwa einer magentaroten *Rhodochiton atrosanguineus* oder einer orange blühenden Schönranke *(Eccremocarpus scaber)*, die beide in gemäßigtem Klima als Einjährige behandelt werden, oder auch einer weniger frostempfindlichen Blauen Passionsblume *(Passiflora caerulea)*. Sorgfältig angebundene Kletterrosen können als Stütze für Waldrebenarten und -sorten dienen; auf die kopflastigen Sorten von *Clematis montana* sollte man allerdings besser verzichten. Besonders dicht und schön belaubt sind Wein, Glyzinen und Arten von *Actinidia*, sie lassen sich gut mit einjährigen Kletterern wie Schwarzäugiger Susanne *(Thunbergia alata)* und Kapuzinerkresse, etwa *Tropaeolum peregrinum*, kombinieren. Wo nur sehr wenig Platz ist, sind Kübelpflanzen genau das Richtige. Mit ihnen lassen sich ganze Sammlungen anlegen in Töpfen jeder Größe und Höhe, sei es aufeinander stehend, umgekippt, übereinander gestapelt, dicht gedrängt auf Tischen oder auf improvisierten Sockeln. Es gibt achteckige Bauteile aus Brettern zu kaufen, die ein bisschen an eine mehrstöckige Hochzeitstorte erinnern und eine Nachahmung der kunstvollen schmiedeeisernen Schautische sind, auf denen Anfang des 19. Jahrhunderts in England Pflanzen ausgestellt wurden. Sie könnten auch rechteckige Tische aus Holzlatten anfertigen, die zu Spalieren passen, oder die Töpfe auf einem Sockel aus Ziegelsteinen stapeln, der bei Bedarf

1 ***Das bronzefarbene Laub der Strauchveronika* (Hebe ochracea) *kommt auch vor den aufrechten Blütenständen einer Königskerze* (Verbascum chaixii), *einer Verbene* (Verbena bonariensis), *eines Akanthus und dem weiter hinten stehenden Salbei gut zur Wirkung.***

2 ***Gelbtöne dominieren in den Blüten von Kambrischem Scheinmohn* (Meconopsis cambrica), *Frauenmantel* (Alchemilla mollis) *und Brandkraut* (Phlomis fruticosa), *aber auch in den Blättern der Seggen, des Majorans und des Goldhopfens.***

3 ***In diesem kleinen, duftenden Garten voller Waldreben, Funkien, Phlox, Lavendel, Astilben, Lilien und Geranien bleibt kaum noch Platz zum Sitzen.***

4 ***Blaue, gelbe und rosa Schwertlilien, Purpurglöckchen* (Heuchera), *Akeleien und Silberlinge* (Lunaria) *erheben sich aus einem Meer von Vergissmeinnicht.***

links ***In diesem üppig bepflanzten Garten gehen tiefblauer Eisenhut, violetter Lavendel und gelbe Nachtkerzen* (Oenothera tetragona) *eine schöne Verbindung ein. Am Geländer wachsen Waldrebe und Staudenwicken* (Lathyrus latifolius).**

rechts ***Zwischen zahlreichen Funkien erheben sich weiße Zimmerkallas* (Zantedeschia aethiopica), *davor Gelbe Binsenlilien* (Sisyrinchium striatum) *mit ihren cremegelben Blüten. Rechts steht dunkel purpurfarben blühender Heliotrop, die winzige Wasserfläche in der Mitte wird von Tannenwedel* (Hippuris vulgaris) *eingenommen.***

rasch errichtet ist und ebenso schnell wieder abgebaut werden kann. Mit der richtigen Erde und bei jährlicher Erneuerung der obersten Bodenschicht lassen sich praktisch alle Pflanzen in Töpfen ziehen, sogar Bäume, die man entweder wie Bonsais dauerhaft klein hält oder als Jungpflanzen kauft und so lange kultiviert, bis der Wurzelraum zu klein geworden ist und sie ersetzt werden müssen.

In Ihrer Sammlung von Kübelpflanzen sollten Blattpflanzen nicht fehlen, schließlich gibt es schwertförmige, gefingerte, gefiederte, herabhängende oder in dichten Horsten beisammen stehende Blätter. Eine schöne Textur und Form haben etwa rotblättrige Purpurglöckchen *(Heuchera)*, filigrane Silberrauten *(Artemisia)* und Edeldisteln wie *Eryngium bourgatii*, die sich gut für sonnige Lagen eignen. Für Schatten kommen Kaukasus-Vergissmeinnicht *(Brunnera)* mit runden, panaschierten Blättern in Frage, ebenso Bergenien mit ihren glänzenden Blättern und Astilben. Zu Füßen von aufrecht wachsenden Schwertlilien, Königskerzen und Neuseeländischem Flachs gedeihen niedrige, kriechende Pflanzen, während sich wieder andere in ihrem Konkurrenzkampf um das Licht zu einem fantastischen Gewirr verschlingen, das eines gelegentlichen kontrollierenden Eingriffs bedarf. Natürlich dürfen auch Blüten nicht fehlen, bringen sie doch außer einem breiten Spektrum an Farben zusätzliche Formen und Texturen. Auf die im Frühjahr blühenden Zwiebelpflanzen folgen im Sommer Lobelien, Petunien, Ziertabak und Malven und im Herbst schließlich Inkalilien, Lilien, Chrysanthemen und Bartfaden *(Penstemon)*.

In einem sonnigen Innenhof können Raritäten, die ihren Platz normalerweise im Haus haben, im Sommer draußen stehen. Bei entsprechender Pflege werden sie gut gedeihen und etwas exotisches Flair verbreiten. Besonders schöne Blätter haben Fensterblatt *(Monstera)*, Clivien, Feigen, Blumenrohr *(Canna)*, Drachenbäume *(Dracaena)* und Keulenlilien *(Cordyline)*. Stattliche Engelstrompeten *(Brugmansia)*, von denen wohl jeder schwärmt, der sie einmal in wärmeren Gegenden gesehen hat, können ebenfalls im Sommer in geräumigen Kübeln draußen stehen, wo sie ihre großen, stark duftenden, röhrenförmigen Blüten in großer Zahl präsentieren. Die dunkellaubige Fingeraralie *(Schefflera elegantissima)* kann als bis zu 1,5 m hohe Kübelpflanze im lichten Schatten gezogen werden, während die kleinere *Dracaena marginata* 'Colorama' mit panaschierten Blättern volle Sonne verträgt.

Als Begleiter kommen etwas härtere Arten in Frage. So könnte an einer Mauer die Efeuaralie (x *Fatshedera lizei*) zusam-

*Auf diesen Dachgärten wachsen die Pflanzen so dicht, dass die kleinen Innenhöfe, die darunter liegen, kaum noch zu sehen sind. Zwischen dem Bambus wachsen Efeu, Farne und Wein, in den Töpfen Begonien, Geranien und Storchschnabel.*

men mit Bambus oder einem Chinaschilf *(Miscanthus sacchariflorus)* den Hintergrund für einen schönen, großblättrigen Rhabarber *(Rheum palmatum)* bilden. Während diese Art feuchten Boden liebt, benötigt der ähnlich ornamentale *Acanthus mollis* einen recht gut drainierten Boden. In eine solche dschungelähnliche Atmosphäre passen Kübel mit Kahili-Ingwer *(Hedychium gardnerianum)*, aber auch Blumenrohr mit dunkel purpurfarbenen Blättern sowie Rizinus und eine kräftig duftende Engelstrompete.

Jeder echte Pflanzenliebhaber wird irgendwann von der Sammelleidenschaft erfasst, etwa für ungewöhnliche und besonders schwer zu kultivierende Arten, seltene alpine Pflanzen oder auch solche aus entlegenen Weltgegenden. Andere spezialisieren sich auf bestimmte Pflanzengruppen,

*In diesem reich verzierten, glasierten Blumenkübel wachsen eine als Hochstamm gezogene Glyzine und eine Gruppe soeben voller Anmut verblühender Tulpen. Auch der Garten selbst ist reich bepflanzt. Vergissmeinnicht, Gänseblümchen und Storchschnabel wachsen zuunterst, darüber erheben sich Fingerhut, Tränendes Herz und Sonnenhut. Selbst für eine ganz flache Skulptur ist noch Platz.*

zum Beispiel Farne, oder auf eine einzige Gattung wie etwa Fuchsien. Unter diesen findet man Sorten mit kirschroten, weinroten, purpurfarbenen, violetten, blassrosa, weißen und, bei der frostempfindlichen 'Thalia', sogar orangefarbenen Blüten. Die Blüten der frostharten Sorten, etwa der karminroten und violetten 'Tom Thumb', sind im Vergleich zu den gefüllten Blüten der frostempfindlichen 'Dollar Princess' geradezu zierlich.

Unter natürlichen Bedingungen wachsende Pflanzen entwickeln sich von ganz allein zu einem malerischen Durcheinander. Will man eine solche »Wildnis« im Garten anlegen, sollten die Wildarten durch gezüchtete Sorten ergänzt werden, die eine längere Blütezeit haben. Viele Wildblumen blühen sehr schön, setzen rasch Saat an und ziehen dann ein. Deshalb pflanzt man sie zusammen mit solchen Zuchtsorten, die die besten Eigenschaften der Art zeigen, wie zum Beispiel die zierliche Taglilie *Hemerocallis* 'Golden Chimes'.

Der Belag ist eine Frage des Geschmacks und der Zweckmäßigkeit. Wenn Sie Ihr Geld in erster Linie für Pflanzen ausgeben wollen, reichen gebrauchte Fliesen oder Ziegel oder auch Waschbetonplatten mit und ohne Splittauflage vollkommen aus. Auch Kies ist praktisch, er wird einfach dort hingeschüttet, wo ein Zugang gebraucht wird. Bringt man ihn auch zwischen den Pflanzen aus, werden sich dort nach und nach immer mehr Sämlinge einfinden. So könnte eine bunte Mischung aus Schlafmützchen *(Eschscholzia californica)*, Kambrischem Scheinmohn *(Meconopsis cambrica)*, weißrosa Berufkraut *(Erigeron)*, überschäumendem Frauenmantel *(Alchemilla)*, nickender Akelei, Vergissmeinnicht und Veilchen entstehen. Alle diese Arten säen sich selbst aus, können aber einfach gejätet werden, wenn sie stören.

***Ein Rankgerüst und eine als Hochstamm gezogene Zypresse ragen aus der üppigen Bepflanzung, darunter Inkalilien*** **(Alstroemeria),** ***Taglilien*** **(Hemerocallis)** ***und die Rose 'Parkdirektor Riggers'.***

rechts ***Ein kleiner Garten in Kalifornien voller kräftig grüner Kübelpflanzen, darunter duftende Engelstrompeten*** **(Brugmansia),** ***Waldreben*** **(Clematis),** ***Fächerpalmen, Purpurglöckchen*** **(Heuchera)** ***und frostempfindliche Schönmalven*** **(Abutilon).**

# Ein üppig bepflanzter Garten

Schon aus der Anlage dieses kleinen Stadtgartens geht eindeutig hervor, dass hier die Pflanzen die Hauptrolle spielen. Ein kleines Fleckchen zum Sitzen ist immerhin frei geblieben, und es gibt einen kühlenden Wasserspeier. Längs der Achsen angelegte Wege, die zur Sitzecke und zum Wasserspeier führen, gliedern die Fläche kreuzförmig; an der hohen Mauer am Ende des Gartens wurde ein Spalier angebracht. Der ganze Garten wirkt in sich geschlossen, beschaulich und vollkommen auf die grüne Oase im Inneren ausgerichtet. Mauersträucher und Kletterpflanzen begrünen die Einfriedungen. Die vier Beete sind dicht an dicht mit Stauden bepflanzt, dazu kommen Kübelpflanzen. Die Grundbepflanzung besteht aus Mauersträuchern wie blau blühender Säckelblume *(Ceanothus)*, duftender Japanischer Heckenkirsche *(Lonicera japonica* 'Halliana'*)* und vielen verschiedenen Efeusorten, die den größten Teil des Jahres die Mauern bekleiden. Am Spalier wachsen außerdem Rostroter Wein *(Vitis coignetiae)*, Waldreben und Rosen. Immergrün sind die Zimmeraralie *(Fatsia japonica)* mit handförmigen, glänzenden Blättern und die gelb gefleckte Aukube *Aucuba japonica* 'Crotonifolia', als Kontrast Klebsame *(Pittosporum* 'Garnettii'*)*, dessen graugrüne Blätter weiß gerandet sind.

Der Schöpfer und Eigentümer des Gartens, Patrick Rampton, hat die Bepflanzungsmöglichkeiten noch erweitert und Holzsparren angebracht, die vom Haus aus einen Teil des Gartens überdachen. Hier wachsen hohe Kletterpflanzen wie Glyzinen. Das Herzstück des Gartens sind aber die Blütenstauden mit ihren überschäumenden sommerlichen Farben: kirschrosa Phlox, orangefarbene und weiße Lilien, schäumende, cremeweiße Astilben, margeritenblütige *Osteospermum* und hohes, blauviolettes Patagonisches Eisenkraut *(Verbena bonariensis)*. Zu kleinen, ausdauernden Sträuchern wie dem Johanniskraut *Hypericum* 'Hidcote', silbrigem Lavendel und seidiger Silberwinde *(Convolvulus cneorum)* gesellen sich im Sommer frostempfindliche weiße Margeriten, rot und weiß panaschierte Geranien, tiefblaue Lobelien und Unmengen duftenden, weißen Ziertabaks *(Nicotiana alata)*. Da nimmt es nicht wunder, dass den Gartenstühlen nur ein bescheidenes Eckchen zugestanden wurde, denn dies ist ein Pflanzenparadies mit Platz für Menschen, nicht umgekehrt!

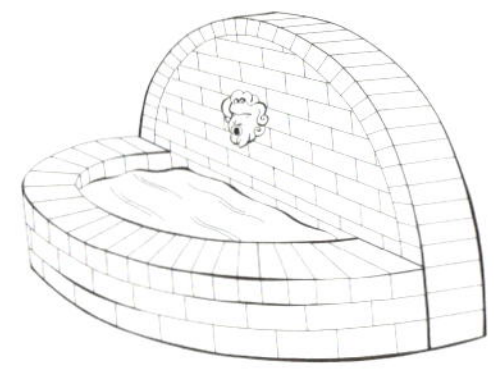

unten ***Aus dem Wasser speienden Löwenkopf fließt das kühlende Nass in ein kleines Becken, von wo aus es wieder hochgepumpt und der Kreislauf geschlossen wird.***

oben ***Im Hochsommer füllt duftender, weiß blühender Ziertabak die Lücke zwischen den ausdauernden, winterharten Kletterrosen und Glyzinen, die die über mannshohen Pfosten bekleiden.***

rechts ***Vor einem Hintergrund aus Säckelblumen* (Ceanothus) *und Efeu, zwischen kletterndem Wein und immergrünen Sträuchern, bleibt gerade noch Platz für zwei Liegestühle in dieser überreichen Fülle von Lilien, Phlox, Lavendel,* Lavatera *und Wolfsmilch.***

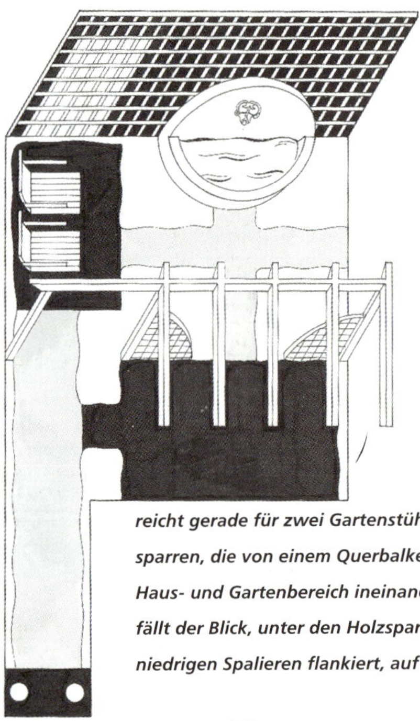

links ***Nahezu quadratisch ist dieser kleine Garten mit einem Durchgang an der Seite. Die kreuzförmige Anlage der Wege sorgt für eine klare Flächengliederung und schafft »Quartiere« für die Pflanzen. An der hohen Mauer am Ende des Gartens wurden ein Spalier und ein kleiner Wasserspeier angebracht. Der restliche Platz reicht gerade für zwei Gartenstühle. Weit vorgezogene Holzsparren, die von einem Querbalken getragen werden, lassen Haus- und Gartenbereich ineinander übergehen. Vom Haus aus fällt der Blick, unter den Holzsparren hindurch und von zwei niedrigen Spalieren flankiert, auf den Wasserspeier.***

# Ein zeitgemäßer Garten

Veränderungen brauchen ihre Zeit, und auch in Fragen der Gartengestaltung setzen sich neue Ansichten eher langsam und allmählich durch. Jede Generation nimmt die Impulse, die von ihren führenden Vertretern ausgehen, auf und macht sie sich in unterschiedlichster Weise zu Eigen, bis schließlich allgemeine Übereinstimmung entstanden ist. Nur wenige Auserwählte werden von plötzlicher

Erkenntnis sozusagen »erleuchtet«, und fast alle schöpferischen Menschen, die auf ihrem Gebiet radikale Veränderungen bewirkten – wie etwa der englische Maler William Blake oder der spanische Architekt Antonio Gaudi –, hatten ihre eigene, einzigartige und sehr persönliche Vision, die zu ihrer Zeit jedoch praktisch ohne Auswirkungen blieb.

**1** ***Karges Design und betont kühle Atmosphäre zeichnen diesen Garten aus. Ein schmaler Streifen Wasser fließt durch den Garten, und exakt verlegte Kiesel ergeben einen Bodenbelag mit gitterartiger Struktur. Farne mit fiedrigen Blättern und Schattenspiele bilden die Dekoration.***

**2** ***An dem kupfernen »Monolithen« wurden drei kürbisförmige, ausgehöhlte Schalen aus geschwärztem Holz angebracht, in denen Pflanzen wachsen.***

**3** ***Winkel und aufrechte Streben aus modernen Materialien geben diesem kleinen Garten seine Struktur. Der silbrige Wasserfall wurde aus wellenförmigen Stahlbändern angefertigt.***

**4** ***In diesem Garten wurden Holzplanken so verlegt, dass sie ein geometrisches Muster bilden. An der hinteren Wand sind Spaliere angebracht, zu beiden Seiten wurden Lorbeer und Farne gepflanzt.***

Im 18. Jahrhundert räumte der englische Gartenarchitekt »Capability« Brown entschlossen mit dem zu meisterhafter Vollendung gelangten, aber aus der Mode gekommenen formalen Stil auf. Er erklärte, die Zukunft liege in der Erschaffung neuer, »naturnaher« Landschaften, mit einer Bepflanzung ohne feste Linien, in scheinbar zufälliger Anordnung. Dieser Stil, der Landschaftsgarten, blieb bis ins frühe 20. Jahrhundert bestimmend. Die modernen Hausgärten entwickelten sich zu einer Art »Kunsthandwerk«, sie lösten die großen, parkähnlichen Gärten des 19. Jahrhunderts ab, die von ganzen Mannschaften von Gärtnern instand gehalten wurden. Als nach dem Ende des Ersten Weltkriegs nicht mehr genug Arbeitskräfte zur Verfügung standen, wurden die Gärten kleiner. Es fanden allerdings nach wie vor neue Pflanzenarten Eingang, die von unermüdlichen Sammlern aus dem Fernen Osten, Afrika und Australasien in den Westen gebracht wurden. Die sozialen Veränderungen des 20. Jahrhunderts setzten schließlich auch bei den Besitzern kleiner, von ihnen selbst gepflegter Gärten einen Umdenkungsprozess in Gang. Im gärtnerischen Vokabular tauchten erstmals Begriffe wie »geringer Plegeaufwand« auf; das bedeutete auch das Ende der Sitte, jährlich sämtliche Blumenzwiebeln neu zu setzen und anschließend Beete mit Sommerblumen anzulegen. Großen Einfluss hatte auch die Entwicklung in der Architektur, die sich von klassischen Ordnungsvorstellungen, Symmetrie und der Vorliebe für Ornamentales mehr und mehr entfernte. Die neuen Ideale lauteten: Vereinfachung der Formen, enger Zusammenhang zwischen Form und Funktion und das Bestreben, Verzierungen auf ein Minimum zu reduzieren.

Diese Denkweise hat mit dem Fortschreiten des 20. Jahrhunderts zunehmenden Einfluss auf die Gartengestaltung genommen.
Schließlich änderten sich auch die Baumaterialien. Beton ist ein plastischer Werkstoff mit vielen Gesichtern – glatt, strukturiert, mit groben Steinen besetzt oder gefärbt –, mit dem sich außerdem andere, teurere Materialien wie etwa Sandstein imitieren lassen. Holz wird immer beliebter, und die Möglichkeiten von künstlichen Materialien wie verstärktem Glas, Kunststoff, Gummi, Kunstharz sowie Stahl und Aluminium werden erprobt. Einfriedungen können aus Lochsteinen aus Beton bestehen, aber auch aus laminiertem, gehärtetem Spiegelglas, durchsichtigem Polykarbonat, wieder verwertetem Kunststoff in Holzimitat oder kurzlebigen Materialien wie Schilfmatten. Auch Pergolen müssen nicht mehr aus Holz sein: Gespannte Stahldrähte, schlanke Aluminiumstäbe, ja selbst Gerüste sind moderne Alternativen.
Der traditionelle japanische Stil mit seinen winzigen, bis ins Detail vollendet gestalteten Gärtchen und Höfen ist für viele kleine Gärten unserer Zeit zum Vorbild geworden. Solche Gärten dienen der Besinnung und geistigen Versenkung, ohne dabei unnötig abzulenken. In einem japanischen Garten hat alles seine Bedeutung; jedes Detail ist sorgfältig ausgewählt, die symbolträchtige Bepflanzung ebenso wie die als heilig geltenden natürlichen Materialien wie Stein, Holz und Wasser. Die japanische Wertschätzung der Essenz, des inneren Wesens eines jeden Gestaltungselements, findet sich in zeitgenössischen westlichen Gärten in Form bewusst zurückhaltender Eleganz wieder, die jedem Stein und jeder Pflanze Beachtung schenkt. In einem modernen kleinen Garten, in dem auf jeglichen Tand verzichtet wird, muss sich alles, ob Pflanzen oder tote Materie, seinen Platz verdienen. Solche minimalistischen, fernöstlich inspirierten Gärten passen besonders gut zu moderner Architektur. Die Bepflanzung sollte schlicht und ausgewogen sein, mit einem dominierenden Exemplar, dem alle anderen Pflanzen untergeordnet werden, wie attraktiv sie auch selbst sein mögen. Einige wenige Steine, kombiniert mit einem makellosen Ahorn oder einer niedrig bleibenden Bergkiefer *(Pinus mugo)*, gehen eine bewusst zurückhaltende Verbindung ein, die zum zentralen Blickpunkt der Anlage wird. Als Bodendecke wird man eher Kies oder Steinplatten verwenden als Rasen. Die Mauern werden einheitlich mit Efeu oder selbsthaftendem Wein begrünt. Wenn sie fachmännisch gemauert sind, können sie bleiben, wie sie sind; dabei ist besonders auf Feinheiten zu achten wie die Befestigung eines Zauns oder die Verfugung.

ganz links ***Ein kleiner chinesischer Innenhof im klassischen Suzhou-Stil, benannt nach der »Stadt der Gärten«, ehemals ein kulturelles Zentrum Südchinas. Typisch ist die zurückhaltende Gestaltung: Die wenigen symbolischen Landschaftselemente umfassen Steine, Kies und Penjing, den japanischen Bonsais ähnliche Pflanzen.***

Auch das wachsende ökologische Bewusstsein um die empfindliche Natur, die so leicht und unwiderruflich geschädigt werden kann, ist nicht ohne Auswirkungen auf die Gartengestaltung geblieben. Wir haben die Stabilität natürlicher Pflanzengemeinschaften schätzen gelernt und versuchen sie in unseren Gärten nachzubilden, indem wir uns auf Pflanzen beschränken, die unter den jeweiligen Bedingungen ohne Probleme blühen und gedeihen. Ziergräser und andere

ganz links *Der japanische Einfluss verrät sich in jedem Detail dieses mit ausgesuchter Schlichtheit angelegten Gartens. Grüner Bambus wurde mit Zwergazaleen und Farnen unterpflanzt. Davor breitet sich Bubiköpfchen* (Soleirolia soleirolii) *aus und bildet zusammen mit Moos und* Thymus coccineus *grüne Inseln in einem Meer aus weißem Kies.*

links *Zwei Dachgärten auf benachbarten modernen Gebäuden, der eine von einem Teppich aus Lavendel bedeckt, der andere mit Efeu. Am Rand stehen Gehölze wie Palmlilien* (Yucca) *und Bambus.*

rechts *Ein nahtloser Übergang zum Wohnbereich wurde hier durch einen zurückhaltenden geometrischen Entwurf und cremige Farbtöne erreicht. Nachts wird das »drinnen/draußen«-Thema von der dezenten, von oben einfallenden Beleuchtung der Skulptur an der Mauer und der von unten angestrahlten Pflanzengruppe wiederaufgenommen.*

Pflanzen, die sich leicht durch Aussaat verbreiten, bringen einen Hauch charmanter Unordnung in den Garten. Ein solcher Stil steht in völligem Einklang mit der Wertschätzung wieder verwertbarer Stoffe.

In einem sehr kleinen, modernen Garten kann schönes Blattwerk zum wesentlichen Charakteristikum werden. Selbst das Laub sommergrüner Arten ist fast drei Viertel des Jahres zu sehen, Blüten hingegen meist nur wenige Wochen. Viele Pflanzen mit schönem Laub haben zugleich eine ausgeprägt architektonische Wuchsform, was sie für die moderne Gartengestaltung besonders interessant macht. Eine dominierende, übergroße Blattpflanze wie etwa ein Honigstrauch *(Melianthus)* oder eine Hanfpalme *(Trachycarpus fortunei)* drückt dem kleinen Garten ihren Stempel auf. Anstelle von Pflanzen können auch Skulpturen als Blickfang eingesetzt werden, wobei man hier eher auf abstrakte Formen oder Sammlerstücke als auf Statuen im klassischen Stil zurückgreifen wird.

Die neue Verbindung von Form und Funktion hat auch dazu geführt, dass Pflanzgefäße und Wasserspiele in neuem, modernem Stil entworfen werden, oft sogar als Einzelstück speziell für einen bestimmten Garten.

Wasser ist in den heutigen kleinen Gärten ganz besonders beliebt. Es kann zwischen Kieselsteinen emporquellen, in Senken stehen, aus kleinen Becken in einer zierlichen Fontäne aufsteigen oder aus Wasserspeiern an der Wand in ein Auffangbecken spritzen, aus dem es wieder hochgepumpt wird. Der Klang eines Springbrunnens oder das sanfte Plätschern fallenden Wassers sind gerade in Stadtgärten sehr willkommen. Manche Menschen möchten den Bewegungen des Wassers zusehen, seinen Wellen und Strudeln, erzeugt von unsichtbaren Pumpen, während andere gerade den Anblick einer völlig glatten Wasserfläche genießen, in der sich das Blau des Himmels, das Weiß der Wolken oder auch die schwarzen Regenwolken eines heraufziehenden Sturms spiegeln. Solche sinnlichen Erfahrungen sind heute so wichtig wie in früheren Zeiten.

Nicht wenige Menschen empfinden allzu Neues als beunruhigend, lassen sich bei der Gestaltung ihrer Gärten daher gern von längst vergangenen Epochen inspirieren. Daraus hat sich

links oben ***Der Eingangsbereich muss zum Stil des Hauses passen. Hier setzen die klaren Linien des Hauses den Maßstab für den Innenhof im japanischen Stil. Steinplatten aus Granit umgeben einen rechteckigen Teich, und die Treppenstufen begleitet ein Wehr, von dem das Wasser herabfließt. Fiederpalmen, Philodendron und Wasserhyazinthen, die in dem warmen Klima gedeihen, mildern die strenge Wirkung der rechteckigen Strukturen.***

links unten ***Zu einem so modernen Haus gehört natürlich auch ein passender Garten. Hier liefert die sparsame Bepflanzung den Hintergrund für die Skulptur, die sofort ins Auge springt. Das Steinpflaster greift die Struktur der Hauswände auf.***

rechts ***Eine Dachterrasse mit einem solchen Ausblick über Paris verlangt nach einem schlichten Design. Das zentrale Element aus Holz vereint in sich eine Sitzgelegenheit, um den Ausblick genießen zu können, mit Pflanzkübeln für grüne Polstergräser und einer Miniaturlandschaft aus Steinen mit geschnittenen Tannen, Kiefern und Buchsbaum.***

ein weiteres Motiv zeitgenössischer Gärten entwickelt. Neben den japanischen haben vor allem maurische Gärten mit ihren schmalen Wasserläufen moderne Gartengestalter inspiriert, aber auch die klösterlichen Knotengärten mit ihren geometrisch angelegten Kräuterbeeten. Die Vergangenheit wird allerdings oft sehr ungenau wiedergegeben; als Ergebnis entsteht ein Flickwerk mehrerer Epochen, das in dieser Form nie existiert hat. Neu interpretiert und ohne Nostalgie betrachtet, passen Motive aus vergangenen Zeiten aber durchaus in einen Garten mit zeitgemäßem Charakter.

# Eine grüne Oase

Viele kleine Gärten haben »Handtuchformat«; die gängigste Lösung für solche Fälle sieht eine Freifläche in der Mitte vor, eingerahmt von Beeten. Clive West hat sich bei der Gestaltung des hier gezeigten Gartens für eine andere Möglichkeit entschieden, die modern, ansprechend und lebendig ist. Mittels eines Schuppens mit vorgezogenem Dach wurde der Garten sowohl horizontal als auch vertikal in zwei Bereiche geteilt. Zwei senkrechte Pfosten stützen das Dach und lassen ein zentrales Tor entstehen. Auf dem Dach wurde ein Rasen angelegt, in dem Gänseblümchen, Klee, Kreuzkraut, Löwenzahn, Hahnenfuß und Storchschnabel wachsen. Als Unterlage dient eine witterungsbeständige Kunststofffolie.

Die beiden Teilbereiche des Gartens sind unterschiedlich angelegt. Der eine wird quer von einem rechteckigen Wasserstreifen durchzogen, der die Fläche breiter wirken lässt. Der andere Teil ist ein wenig abgesenkt, hier kann man sich niederlassen oder in einer Hängematte ausruhen. Die Verbindung zwischen den beiden Bereichen stellt ein Pflaster aus Granitsteinen und wieder verwerteten Steinplatten her.

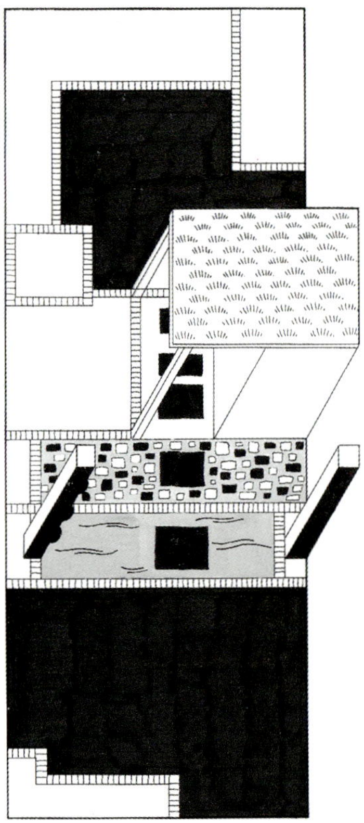

***Dieser kleine Garten bezieht seine Spannung aus der geschickten Raumaufteilung. Er wird von einem Schuppen mit Grasdach halbiert, das weit vorgezogen ist und einen Durchgang bildet. Eine Hälfte wird von einem Wasserbecken eingenommen, in der zweiten, fast quadratischen Hälfte wurde eine Sitzecke angelegt.***

Im hinteren Teil des Gartens wurden aus denselben Materialien niedrige Stützmauern angelegt. Die Pflastersteine vorn sind zu ebener Erde ohne Mörtel in den Fugen verlegt, sie werden vom Wasser umspült – ein Irrgarten für Kaulquappen. Auch bei den Stützmauern wurde auf Mörtel in den Fugen verzichtet, damit sich hier Pflanzen ansiedeln können. Unser Denken wird mehr und mehr von einem Gespür für ökologische Zusammenhänge beeinflusst. Auf Clive West trifft dies in besonderem Maße zu: Er teilt seinen Garten großmütig mit zahlreichen anderen Bewohnern und verzichtet auf den Einsatz chemischer Bekämpfungsmittel. Die harmonische Beziehung zwischen Natur und von Menschenhand Geschaffenem macht diesen Garten aus: Die schweren Granitsteine scheinen im Wasser zu schwimmen, und auf dem Dach des Schuppens wachsen Blumen.

Unter den Pflanzen fallen einige besonders ausdrucksstarke Formen auf, etwa eine Japanische Wollmispel *(Eriobotrya japonica)*, eine *Yucca recurvifolia* und ein *Acanthus hungaricus*. Dazwischen ragen die großen Blütenstände eines Zierlauchs *(Allium christophii)* empor. Einen schönen Kontrast bilden feine Gräser wie *Eragrostis chloromelas* und *E. curvula* oder auch das anmutige Reitgras *Calamogrostis* x *acutiflora* 'Overdam'. Am Rand des Wasserbeckens wächst ein Zwerg-Rohrkolben *(Typha minima)*, auf der Wasseroberfläche breitet eine kleine Seerose *(Nymphaea* 'Marliacea Chromatella'*)* ihre Blätter aus.

gegenüber ***Über den großen Trittstein im Wasser gelangt man unter dem Grasdach hindurch in den hinteren, offeneren Teil des Gartens. Ganz vorn wurden zwei geschnitzte Sitze mit Rückenlehne platziert. Das Pflaster und die rechteckigen Granitsteine verbinden beide Bereiche.***

unten ***Markante Formen: eine*** **Yucca** ***neben dem Kürbisbrunnen. Das Wasser läuft aus der »Krokodilschnauze« in das rechteckige Becken darunter.***

# Formale Gärten

Symmetrisch angelegte Gärten strahlen besondere Ruhe aus; sie präsentieren eine harmonisch geordnete Welt, die keine Neugier erregt, sondern ein Gefühl von Frieden und Sicherheit vermittelt. Nach einem anstrengenden Tag würde sich wohl jeder gern in einen Garten zurückziehen, der klar und einfach angelegt ist. Die beruhigende Wirkung lässt sich noch verstärken, wenn eine begrenzte Palette von

Pflanzen verwendet wird und Kontraste ausschließlich durch unterschiedliche Grüntöne entstehen. Eine weitere Möglichkeit besteht darin, den formalen Charakter des Gartens in paarweise angeordneten Beeten aufzugreifen oder auch in sich wiederholenden Motiven, etwa von Hochstammfuchsien oder kuppelförmig geschnittenen Heiligenblumen *(Santolina)*.

Bei der Gestaltung von Gärten wird immer wieder auf formale Prinzipien zurückgegriffen, das war zu allen Zeiten und in allen Kulturen so. In der griechischen Antike baute man Häuser mit einem zentralen Innenhof. Die Römer griffen diese Tradition auf und legten schnurgerade Wege an, die rechtwinklige Beete mit formal geschnittenen Pflanzen begrenzten. Der kleinste Garten, den man in Pompeji fand, war gerade 2 m lang und knapp 50 cm breit, also eher ein länglicher Blumenkasten. Die wundervollen Hecken in den Gärten der Villa Lante in Italien, die mit mathematischer Präzision geschnitten sind, führen den Besucher in sanften Wellen durch die hügelige Umgebung.

Der formale Charakter herrschte in den Gärten der Azteken ebenso vor wie im Indien des Mughalreiches. Zur Zeit Montezumas errichteten die Azteken streng formale, abgeschiedene Innenhöfe. Die Mughals in Indien legten schnurgerade Wege oder Wasserläufe an, die den Garten in rechtwinklige Bereiche teilten. Auch in der Alhambra in Spanien regiert die Symmetrie, wobei schmale Kanäle das Auge an geraden Linien entlang führen. Nicht zuletzt basierten die abgeschlossenen Klostergärten im mittelalterlichen Europa auf denselben logischen Prinzipien, finden sich doch auch hier entlang der Achsen ausgerichtete Wege und systematisch eingeteilte Beete mit Buchsbaum und *Santolina*. In der Geschichte der Gartengestaltung gab es immer wieder Phasen, in denen bereits totgeglaubte Stilrichtungen zu neuen Ehren kamen, und auch heute lässt sich vor dem Hintergrund der zeitgenössischen Architektur eine Rückkehr zu rein geometrischen Prinzipien beobachten. Für den eigenen, bescheidenen Garten

**1** ***Eine lange Reihe von Pflanztrögen begrenzt diesen Dachgarten in Paris. Parallele Grasstreifen unterbrechen die große Holzfläche und lenken den Blick auf die Aussicht.***

**2** ***Vom vollkommen symmetrischen Aufbau gelenkt, richtet sich der Blick auf die rückwärtige Glaswand, die von Pfeilern und geschnittenem Buchsbaum eingerahmt wird.***

**3** ***In diesem kleinen Vorgarten dominiert eine doppelreihige Hecke aus Buchsbaum mit spiralig geschnittenen »Eckpfosten«. Sorgfältiger Schnitt ist hier natürlich besonders wichtig.***

**4** ***Duftende weiße Lilien in hohen, verzinkten Vasen flankieren die Sitzbank wie Wachsoldaten. Das Spalier dient in diesem kleinen Garten als Raumteiler.***

links ***Die absolute Symmetrie, ganz auf die in Form einer Wand geschnittene Konifere im Hintergrund ausgerichtet, wird durch ein Paar hochstämmiger Zypressen* **(Cupressus arizonica *var.* arizonica)** *noch betont. Die Zypressen stehen in sorgfältig platzierten, identischen Kübeln; zu ihren Füßen breitet sich ein Teppich von Wacholder aus.***

lässt sich von den besten formalen Gärten einiges lernen, ihre ständige Präsenz in unserem Bewusstsein ist für die heutigen kleinen, aber kostbaren Gärten von großem Wert. Von historischen Vorbildern abgesehen, fällt auf, dass alle Entwürfe, die auf rhythmisch wiederkehrenden Mustern basieren, ob dreidimensional oder eben, gut zu Gebäuden passen. Alle Gärten sind in mehr oder weniger starkem Maße gezähmte und bestimmten Regeln unterworfene Versionen der Natur. Dabei zeigt sich an Gärten, die nach einem gitterförmigen Muster oder mit axialen Blickebenen angelegt wurden, dass durch die Gestaltung der Natur nach formalen Kriterien durchaus Anlagen entstehen können, die Geist und Seele erfreuen.

Schnurgerade Linien können in kleinen Gärten ebenso wirkungsvoll sein wie in großen. Sie führen uns entlang eines Wegs und richten unser Augenmerk auf die Pflanzen, oder sie dienen dazu, Flächen zu gliedern. Sich wiederholende Formen, etwa von säulenförmigen Nadelhölzern oder kuppelförmigem Buchsbaum, die in regelmäßigen Abständen gepflanzt wurden, betonen eine Richtung, liefern aber auch symmetrische Muster, die bepflanzte und gepflasterte Flächen abgrenzen. Solch eine ausgewogene, harmonische Anordnung ist von angenehm schlichter Wirkung, die bei Verwendung immergrüner Pflanzen das ganze Jahr über erhalten bleibt.

Formale Anlagen werden auf dem Papier entworfen, mit parallelen oder diagonalen geraden Linien, alle Kurven folgen dem Verlauf von Radien, also Kreisabschnitten. Diese Linien begrenzen geometrische Formen wie Quadrate, Rechtecke, Dreiecke, Rauten oder Kreise. Wenn man diese Formen über Gitternetze oder mit sich wiederholenden Mustern verbindet, entsteht ein zweidimensionaler Entwurf des Gartens. Da aber Gärten natürlich dreidimensional sind, kommen zusätzlich Körper wie Würfel, Pyramiden und Kugeln ins Spiel.

Nicht wenige Menschen stehen der Idee eines formalen, geometrischen Gartens skeptisch gegenüber, weil sie mit diesen Begriffen einen wenig sympathischen Stil mit harten Konturen verbinden. In Wirklichkeit ist die Mehrzahl der Gärten nach formalen Kriterien geplant, aber die weichen, fließenden Formen der Bepflanzung sorgen für die passende Ergänzung, so dass der Gesamteindruck sogar äußerst romantisch

rechts *Diese elegante Dachterrasse in Paris ist mit schlichten, parallel angeordneten Planken ausgelegt. In den quadratischen Ausschnitten stehen Kübel mit jahreszeitlich wechselnder Bepflanzung, hier sind es weiße Chrysanthemen. Polster von graublättrigen Heiligenblumen* (Santolina) *und aufrecht wachsende, dunkle Eiben unterstreichen den formalen Charakter.*

rechts *Geschnittene Hecken aus Zwergbuchsbaum und ein Bogen mit einer Kiwipflanze* (Actinidia chinensis) *betonen den Weg und lenken den Blick auf eine weiß gestrichene Laube, die hinter dem zentralen, runden Teich liegt.*

sein kann. Rosengärten wie der von Bagatelle in Paris oder im Regent's Park in London sind zur Blütezeit ein Fest für die Sinne, voller Duft und Farben. Und doch liegt diesen Gärten ein symmetrisches und geometrisches Konzept zugrunde. Das Gleiche gilt für traditionelle Kräutergärten und »potagers«. Auch sie sind mit geometrischer Exaktheit angelegt, mit Beeteinfassungen aus geschnittenem Buchsbaum, *Santolina* oder Lavendel. Und doch verleiten diese Orte zum Träumen.

Die Idee des Formalismus hat auch in der modernen Gartengestaltung ihren Platz, wenngleich heute statt eines starren Minimalismus meist schlichte, dabei aber raffinierte Eleganz bevorzugt wird, zuweilen mit einem Hauch extravaganter Selbstdarstellung verbunden. Viele Gartengestalter ziehen nach wie vor den formalen Stil einem mehr zufälligen vor, selbst wenn sie Materialien benutzen, die ursprünglich nicht im Garten verwendet wurden, etwa Glas, Polykarbonat, Kunststoff und Metall. Der Grund liegt im derzeitigen Trend der modernen Architektur, der hin zu geometrischer Schlichtheit geht – bis zur Strenge, wenn man an Beton denkt. Die Linienführung im Garten sollte immer zum Gebäude passen, wird daher unausweichlich formale Züge aufweisen. Der von dem Architekten Rick Mather entworfene Dachgarten, der auf Seite 122 vorgestellt wird, basiert auf einem streng geometrischen Entwurf, doch durch die üppige Bepflanzung wirkt dieser moderne Garten grün und romantisch.

Viele der hier gezeigten formalen Gärten wirken mit ihren schnurgeraden Linien, regelmäßigen Abständen und symmetrischen Mustern wie mit dem Lineal angelegt. Jeder dieser Gärten hat sowohl Stil als auch Charme und entstand aus dem klaren Entschluss, aus dem vorhandenen, begrenzten Raum mit Hilfe ganz einfacher formaler Kriterien das Beste zu machen. Diese Gärten wirken eher beschaulich und kultiviert als dramatisch und extravagant. Häufig findet man sich wiederholende Formen immergrüner geschnittener Pflanzen und daneben nur eine einzige weitere Farbe, in der Regel Weiß. Einige sind ganz auf die dekorative Wirkung ausgelegt, wobei Pflanzen als Rahmen oder Einfassung dienen. Bei allen Unterschieden eint diese Gärten der Eindruck von Ordnung, den sie vermitteln.

# Ein Sonne-und-Mond-Garten

Der sehr straffe, durchdachte Entwurf für diesen Garten auf engem Raum ist eine moderne Interpretation der formalen *grandeur* des 17. Jahrhunderts. Der Gartenplaner George Carter hat sie ins 20. Jahrhundert übertragen als eine allegorische »Vision von Versailles« mit Grotten, Alleen, spitzen Steinpfeilern und *treillage* (Spalieren), wodurch die Fläche viel größer wirkt, als sie tatsächlich ist. Die Hauptblickrichtung verläuft entlang der Mittelachse; die Proportionen wurden absichtlich verzerrt, um den Eindruck größerer räumlicher Tiefe zu erzeugen. Der Maßstab des Hintergrunds ist im Vergleich zum Vordergrund verkleinert: Die Abstände zwischen den Streben des Spaliers verringern sich, das quadratische Wasserbecken verjüngt sich ganz leicht, und der Schotterbelag weist im hinteren Teil des Gartens eine geringere Korngröße auf als vorn.

Die Farbgestaltung, vorherrschend gemäßigte Grautöne, schafft die Grundlage, um Helligkeitskontraste und funkelnde Spiegelungen optimal zur Geltung kommen zu lassen.

Im Inneren der dunklen Gittersäulen bilden tiefgrüne Eiben dichte, lebende Strukturen, vor denen das Smaragdgrün der Pyramiden aus geschnittenem Buchsbaum besonders satt wirkt. Der zentrale »Mondteich« ist von einer hauchdünnen Schicht Wasser bedeckt, in der sich das Himmelslicht spiegelt. Silbrig glänzende, gläserne Sonnenkugeln ruhen auf schlanken Metallschäften und leuchten in den geheimnisvollen Tiefen dieses Gartens.

Von der Mitte führen »Alleen« in alle vier Richtungen, eine davon auf eine Glaswand zu, die auf ihrer Rückseite mit einer Metallfolie hinterlegt ist und das Licht zurückwirft. In der Grotte fällt das Licht von oben ein, im flachen Wasserbecken spiegelt sich der Himmel, und der Mondkreis dreht sich langsam. Ein insgesamt überzeugendes Konzept, das dem kleinen Garten Stille und Frieden verleiht.

***Zu Kegeln geschnittener Buchsbaum ist ein typisches Gestaltungselement formaler Gärten. Die Kegel wirken ebenso statisch wie die Töpfe, in denen sie wachsen.***

oben ***Unmittelbar gegenüber der Glaswand befindet sich eine weitere kleine Apsis, verziert mit glänzenden Metallplatten, die ein wiederkehrendes Zackenmuster tragen. Die Platten schmiegen sich der Rundung an und umhüllen eine Metallkugel, die im Raum zu schweben scheint und durch natürliches Licht von oben beleuchtet wird.***

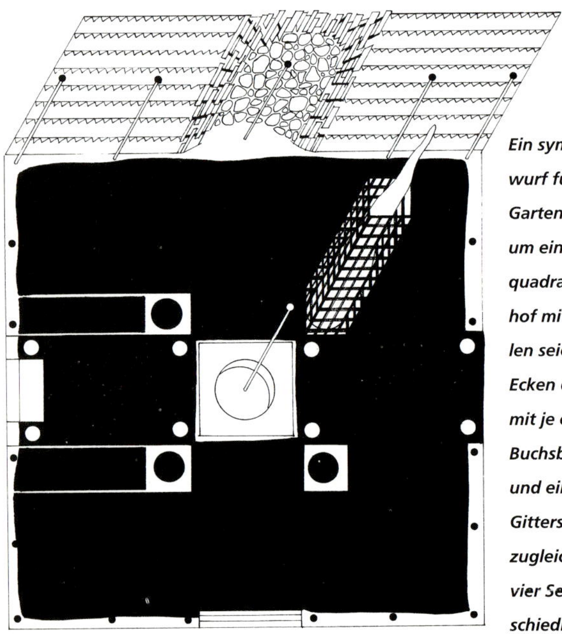

***Ein symmetrischer Entwurf für einen kleinen Garten, ausgerichtet um einen winzigen, quadratischen Innenhof mit einem zentralen seichten Teich. Die Ecken des Teichs sind mit je einer kleinen Buchsbaumpyramide und einer markanten Gittersäule besetzt, die zugleich die zu allen vier Seiten unterschiedlichen Blickwinkel markieren.***

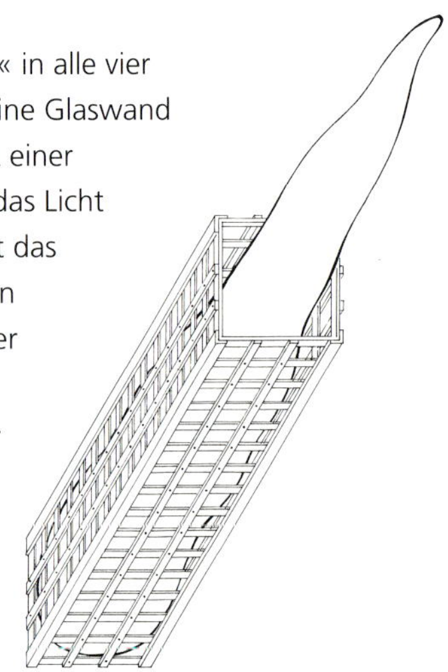

links ***Von einer Säule aus dunkel gebeiztem Gitterwerk seitlich im Zaum gehalten, strebt die noch dunklere Eibe umso mehr in die Höhe.***

rechts *Ein Blick entlang der zentralen Achse des Gartens lässt die lichtundurchlässige Glaswand erkennen, an deren Fuß geschnittene Heiligenblumen* (Santolina) *wachsen. Die zugespitzten Pfeiler betonen den formalen Charakter, die räumliche Wirkung wird durch die Linearperspektive verstärkt.*

unten *Die Grotte ist Teil eines kleinen, halbrunden Raums, dessen rückwärtige Wand durch raue Flintsteine eine markante Struktur erhalten hat. Das Ganze wird beiderseits eingerahmt von geschnitzten Holzstreifen, die rustikales Mauerwerk imitieren. Die funkelnde »Sonne« im Vordergrund scheint in der Luft zu schweben, wird aber von einem dünnen Metallstab getragen.*

# Schattige Gärten

Die sonnigsten Gärten müssen nicht immer die schönsten sein. Am stärksten beeindrucken Gärten mit Atmosphäre, die die Stimmung beeinflussen und die Aufmerksamkeit fesseln – unabhängig davon, ob der Garten in der Sonne oder im Schatten liegt. Tatsächlich ist es sogar einfacher, einem Garten Geheimnis und Charakter zu verleihen, wenn man die Tiefenwirkung von Schatten einsetzen kann.

1 ***Dieser beschattete, zurückgezogene Garten verschwindet beinahe unter üppig wachsendem Wein. Nur das Steinpflaster in der Mitte wurde für einen Sitzplatz freigehalten.***

2 ***Eine Urne im klassischen europäischen Stil, an einem schattigen Platz aufgestellt. Der niedrig bleibenden Fuchsie und der Funkie davor ist es aber offensichtlich hell genug.***

3 ***Die fein gefiederten Blätter eines Essigbaums* (Rhus typhina *'Laciniata'*) *spenden lichten Schatten und vermitteln zusammen mit den Fächerpalmen im Hintergrund das Gefühl, ungestört zu sein.***

4 ***Frauenhaarfarn und Wurmfarn sind ebenso wie panaschierter Efeu sehr schattenverträgliche Pflanzen mit schönem Laub. Vor dieser Gruppe, dort, wo etwas mehr Licht hinfällt, wächst ein Fächerahorn* (Acer palmatum *var.* dissectum).**

Mit dem Begriff Schatten assoziiert man üppig wachsende Pflanzen mit großen, grünen Blättern, die den Neid eines jeden Pflanzenfreunds erregen würden, der in sengender Sonne gärtnert. Solcher Reichtum an Texturen mit überlappenden Blattmustern ist im Allgemeinen an gemäßigtes Klima mit dunstiger Feuchtigkeit und niedriger Lichtintensität gebunden, wie man es in Westeuropa findet. Wenn Sie einen schattigen Garten haben, nutzen Sie seine Möglichkeiten und schaffen Sie mit den richtigen Pflanzen und geeignetem Material eine allgegenwärtige grüne Atmosphäre.

Bei der Auswahl des Materials für Wege und Pflaster sollten Sie daran denken, dass es im Schatten ziemlich lange dauert, bis der Bodenbelag nach einem Regen wieder abgetrocknet ist. Glatte Schieferplatten oder glänzende Keramikfliesen sind in nassem Zustand sehr rutschig; alte Ziegel und Tonplatten werden dort, wo es feucht und dunkel ist, rasch von Moos besiedelt. Das mag zwar schön aussehen, ist aber ebenfalls gefährlich glatt. Man verwendet daher besser Steinplatten mit gröberer Oberfläche oder Betonplatten mit Riefen, auf denen es sich sicher geht. Noch ein Tip: Wasserbecken können in tiefem Schatten praktisch über Nacht grün werden und wirken dann höchstens noch düster und grottenartig. Das ist bestimmt nicht das, was Sie sich vorstellen!

Wenn der Garten von hohen Mauern umgeben ist, die neugierige Blicke abhalten sollen, bekommt er natürlich noch weniger Licht. In solchen Fällen begrünt man am besten die Mauern selbst mit immergrünen Rank- und Kletterpflanzen. Besonders unkompliziert sind selbsthaftende Pflanzen wie Efeu, an dünnen Drähten lassen sich aber auch andere Klet-

terpflanzen ziehen, etwa Heckenkirschen, die sich prächtig entwickeln, wenn sie erst etwas höher geworden sind und mehr Licht bekommen. Ideal sind Waldreben *(Clematis)*; sie brauchen wenig Platz und mögen es, wenn ihr Wurzelbereich im Schatten liegt. Sie sollten allerdings regelmäßig gewässert und gedüngt werden.

Als niedrige Sträucher für Schattenlagen eignen sich viele Waldpflanzen, die selbst bei sehr wenig Licht noch gut gedeihen. Eine besondere Rolle spielen immergrüne Arten,

***Wenn es draußen in der Sonne recht heiß ist, weiß man den kühlen Schatten einer Laube erst richtig zu schätzen. Hier, wo durch das Gitterwerk gedämpftes Licht fällt, kann man gemütlich im Freien speisen.***

schaffen sie doch einen ganzjährig grünen Rahmen, der gerade in Stadtgärten hoch willkommen ist. Manche von ihnen, etwa Mahonien, öffnen schon sehr früh im Jahr ihre duftenden Blüten. Den besonderen Reiz der Aukube machen die panaschierten, glänzenden Blätter aus, Bambus besticht durch seine exotisch wirkenden, an große Binsen erinnernden Triebe. Für Garten mit saurem Boden kommt eine ganze Reihe klein bleibender Rhododendren in Frage, darunter die Sorten von *R. yakushimanum*, deren große Blütendolden im Frühsommer aufblühen. Ebenfalls sauren Boden benötigen Kamelien und Skimmien. Beide blühen im Frühjahr, und aus den duftenden Blüten der Skimmien entwickeln sich zum Herbst leuchtend rote Beeren.

Unter diesen Sträuchern gedeihen zahlreiche Pflanzen, die entweder mit schönem Laub oder hübschen Blüten aufwarten können. Im Frühjahr entrollen sich die frischgrünen Wedel der vielgestaltigen Farne, die gut zu Christrosen *(Helleborus)* passen. Unter den Christrosen gibt es sowohl grün blühende Arten, die recht hoch werden, als auch niedriger bleibende Sorten mit pflaumenfarbenen, blassrosa oder cremeweißen Blüten. Mit frühjahrsblühenden Blumenzwiebeln kommen weitere Farben hinzu, zum Beispiel durch gelbe Zwergnarzissen und durch Frühlingsanemonen *(Anemone blanda)* in leuchtendem Blau, Rosa oder Weiß, nicht zu vergessen die kleinen, im Frühjahr und Herbst blühenden Alpenveilchen *(Cyclamen)* und die prächtige Türkenbundlilie *(Lilium martagon)*. Unter den Sommerblumen sind Fleißige Lieschen unverzichtbar, um schattige Bereiche im Sommer aufzuhellen.

Auf dem Boden kann sich in schattigen Lagen ein Teppich von Waldmeister *(Galium odoratum)* oder Bubiköpfchen *(Soleirolia soleirolii)* aubreiten, der kaum höher als Moos wird. Etwas größer werden Sorten des Kriechenden Günsels *(Ajuga reptans)* mit purpurnen Blättern oder auch *Pachysandra terminalis*, die sauren Boden liebt. Im tiefsten Schatten gedeihen noch kriechende Efeusorten, etwa die großblättrige *Hedera hibernica*, aber auch die immergrüne Heckenkirsche *Lonicera pileata*, deren breit wachsende, feinblättrige Triebe den Boden bedecken. Die schönen lindgrünen Blütenstände von *Euphorbia robbiae*, einer Wolfsmilchart, hellen vom Frühjahr an viele Monate lang die finstersten Winkel auf. Ebenso schön sind blau blühendes Kaukasus-Vergissmeinnicht *(Brunnera macrophylla)*, von dem es Sorten mit rein grünen und panaschierten Blättern gibt, und die weiß gestreifte Hainsimse *(Luzula sylvatica* 'Marginata'*)*. Diese Sorte ist für trockene wie für feuchte schattige Lagen gleichermaßen geeignet.

Je feuchter die Bedingungen, um so größer ist die Auswahl an Pflanzen mit üppigem Laub; darin liegt der besondere Vorteil

oben **Vom Balkon geht der Blick ins Grüne, wo in einem kleinen, schattigen Garten Pflanzen mit ganz unterschiedlichem Blattwerk wachsen, darunter Fächerpalmen, Akazien und ein Wacholder (Juniperus recurva *var.* coxii).**

eines schattigen, feuchten Kleinklimas. Viele Pflanzen, die solche Bedingungen lieben, haben große, interessante Blätter, die in einem kleinen Stadtgarten besonders attraktiv sind. Allerdings sollten Sie die Größe der Pflanzen berücksichtigen: Schon ein einziges Exemplar kann auf kleinem Raum als Blickfang durchaus genügen. Auch unter den Funkien *(Hosta)* findet sich eine Reihe von Sorten mit ansehnlichem Laub, mit denen man feuchte, schattige Ecken über die Hälfte des Jahres begrünen kann. *H.* 'Halcyon' wächst kompakt, wird nur 30 cm hoch und breit und hat bläuliche, symmetrische, herzförmige Blätter. Bei anderen Sorten sind die Blätter gerippt, etwa bei der panaschierten *H. undulata* var. *undulata*, oder wie bei *H.* 'Ginko Craig' klein und schmal mit weißem Randstreifen. Während manche Funkien riesengroß werden können, erreicht die rein grüne *H.* 'Pastures New' gerade gut 20 cm Höhe.

Funkien werden gern zusammen mit Astilben gepflanzt, deren farnartige Textur einen interessanten Kontrast zu den großen,

rechts **Selbst in tiefem Schatten bildet diese im Kübel wachsende Funkie (Hosta undulata *var.* undulata) ihre lockeren Lagen panaschierter Blätter aus.**

ganz rechts **Blätter bieten eine Vielfalt an Texturen und Mustern, die gerade in schattigen Lagen sehr willkommen ist. Die Orangenblume (Choisya ternata) und die Hirschzunge (Asplenium scolopendrium) haben glänzende Blätter, die das Licht reflektieren, aber auch die panaschierten Blätter des Kletter-Spindelstrauchs (Euonymus fortunei) hellen den tiefen Schatten auf.**

unzerteilten Blättern der Funkien bildet. Es gibt einige sehr schöne, klein bleibende Sorten, etwa die tiefrote *Astilbe* x *arendsii* 'Fanal' mit dunklen Blättern, die zierliche *A. simplicifolia* 'Sprite' und *A.* x *crispa* 'Gnom', die nur 15 cm hoch wird. Wenn man die verblühten Blütenstände stehen lässt, kann man sich den Winter über an diesen aufrechten, braunen »Federn« erfreuen.

Eine imposante Erscheinung mit skulpturartiger Wirkung sind mächtige Stauden mit großen Blättern, etwa *Rodgersia* und *Ligularia*, aber auch Silberkerzen *(Cimicifuga)*, deren hohe, weiße Blütenstände im Sommer sehr auffallen. Zum Ende des Jahres bringen Hortensien Farbe ins Bild. Besonders lohnende, klein bleibende Sorten sind *Hydrangea macrophylla* 'Mariesii Perfecta' (syn. 'Blue Wave') und *H.* 'Preziosa'. Für lichten Schatten eignen sich auch Primeln, vorausgesetzt, der Boden ist dauerhaft feucht.

Es mag paradox klingen, doch einer der größten Vorzüge schattiger Lagen sind die lichten Bereiche. Das gilt besonders, wenn Pflanzen mit interessantem Wuchs so geschickt platziert werden, dass sich ihre Silhouette gegen den Himmel abzeichnet. Hier kommen Bambus und Fingerhüte in Frage, aber auch der Straußenfarn *(Matteuccia struthiopteris)*, der recht groß wird und sauren Boden liebt. Zuweilen grenzt der schattigere Teil unmittelbar ans Haus und man blickt unter einem dunklen Blätterdach hindurch auf den sonnigeren Bereich des Gartens. In tiefem Schatten sollten die Gartenmöbel und andere Einrichtungen, ja selbst die Gartenmauern, in leuchtenden Farben oder Pastelltönen gehalten sein. Warme Farben, die man gerade im Winter zu schätzen weiß, sind Rot und Orange. Der große Vorteil eines dunklen Hintergrunds ist, dass sich Farben davor besonders gut abheben, wobei kräftige Farbtöne intensiver und Pastelltöne leuchtender erscheinen. Wenn Sie dann noch eine geeignete Außenbeleuchtung installieren, können Sie den Ausblick auch nachts genießen.

# Ein schattiger Schlupfwinkel

Dieser kleine Garten ist gerade einmal knapp 5 m breit und 7 m tief. Er wurde von seinem Besitzer, John Sowerbutts, als Erweiterung des Wohnraums geplant, mit einer Art Podium an der rückwärtigen Gartenmauer, auf dem Skulpturen und Topfpflanzen stehen. Man betritt ihn vom Wintergarten aus, der vollkommen mit Wein berankt ist. Der Wein hüllt den gesamten Garten ein und lässt beide Bereiche – Wohnung und Garten – zu einem sehr privaten, wie versunken wirkenden Lebensraum verschmelzen. Dazu trägt nicht zuletzt das Pflaster aus alten Steinplatten und Ziegeln bei, das zu dem hundert Jahre alten Haus passt.

Die Bepflanzung ist auf den tiefen Schatten abgestimmt. Wie man auf dem Bild ganz rechts sieht, hüllt Rostroter Wein *(Vitis coignetiae)* fast gänzlich den Innenhof ein. Er bedeckt drei der vier Mauern und einen Teil des Wintergartens mit dichten Lagen großer, einander überlappender Blätter. Diese Art wächst sehr stark und breitet sich pro Jahr um mindestens 3 m aus. Unter dem Wein sieht man noch die ebenfalls recht großen Blätter von Irischem Efeu *(Hedera hibernica)*.

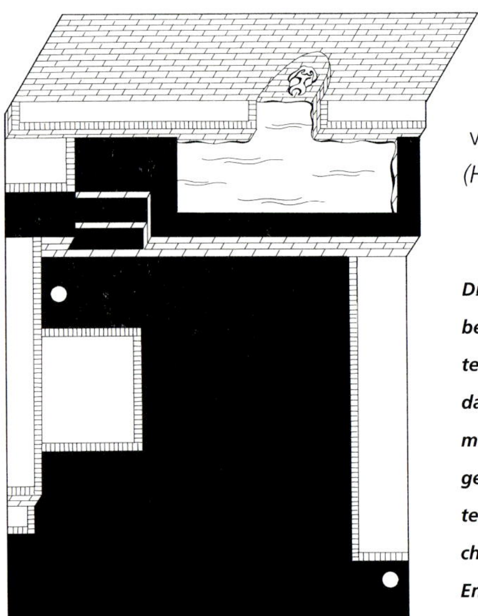

***Diesen schattigen Garten betritt man durch den Wintergarten (unten, hier nicht dargestellt). Durch Anlegung mehrerer Ebenen, überwiegend in Form von Hochbeeten, wurde die nutzbare Fläche erweitert. Das Becken am Ende des Gartens wird von einem Wandbrunnen, einem Neptunshaupt, gespeist, das leise Plätschern des Wassers sorgt für ein beruhigendes Hintergrundgeräusch.***

Bei der Gestaltung wurde darauf geachtet, die Fläche in der Mitte des Gartens frei und unbeschattet zu lassen.

Eine zusätzliche Dimension kommt durch erhöht angelegte Bereiche hinzu. Einige dienen als Beete, auf anderen, eher lange Platten mit Stufen, stehen Skulpturen. In diesem Bereich befindet sich auch ein schmales, rechteckiges Wasserbecken, in dem ein plätschernder Springbrunnen für Bewegung sorgt. Links davon tropft das Wasser aus einem geschnitzten Neptunskopf in einer Mauernische in das Becken und kräuselt die Wasseroberfläche.

Ein einziger kleiner baumförmiger Strauch wächst in diesem Garten, eine *Eucryphia glutinosa*. Diese Pflanze benötigt kalkfreien, sauren Boden, der kühl und feucht bleibt. Ihre Wurzeln wollen im Schatten stehen, während die Krone mit ihren duftenden Blütenständen volle Sonne braucht. Diese Bedingungen sind hier gegeben. Bei den übrigen Pflanzen handelt es sich um Schatten liebende Stauden, darunter Bergenien, Christrosen und Funkien, die in extra angelegten Beeten wachsen. Jeden Sommer beleben Fleißige Lieschen, die ausgezeichnet im Schatten gedeihen, mit ihren leuchtenden Farben den Garten. Dazu kommen Petunien und Geranien, die in Töpfen gezogen und stets ins Licht gestellt werden.

Auch eine kleine Sammlung von Statuen ist auf Podesten im Garten zur Schau gestellt, darunter ein Reiher. Bleibt nur zu hoffen, dass der Vogel aus Blei seinen Zweck erfüllt und echte Reiher abschreckt, schließlich schwimmen in dem rechteckigen Wasserbecken neun wertvolle Koi-Karpfen.

***Eine im Laufe der Jahre immer mehr von Efeu überwachsene Statue erinnert daran, wie die Zeit vergeht.***

gegenüber ***Ein dichter Pelz aus Rostrotem Wein*** **(Vitis coignetiae)** ***hüllt den Innenhof ein, in dem Funkien und Fleißige Lieschen wachsen.***

unten ***Efeu, Seidelbast und Kamelien, dazwischen ein angestrahltes Neptunshaupt und ein Cupido. Rechts davor die Fontänen eines kleinen Springbrunnens.***

## Sonnige Gärten

Gärten in voller Sonne sind sehr verlockend; wenn aber weder Gebäude noch Bäume Schatten spenden, heißt es praktisch denken. Zumindest ein kleiner Bereich sollte für ein schattiges Plätzchen reserviert werden, um die Menschen vor zu viel Sonne zu schützen. Der übrige Garten bleibt Pflanzen vorbehalten, die sich bei viel Sonne und Trockenheit so richtig wohl fühlen.

1 ***Zierspargel in den Blumenkästen, Hibiskus, Begonien und andere Pflanzen verschönern diesen sonnigen Innenhof, der eigentlich nicht viel mehr als ein Durchgang ist.***

2 ***Eine Kiwipflanze* (Actinidia chinensis) *wächst hier in einem großen Topf aus Terrakotta, geschützt von einer lichtdurchlässigen Abschirmung.***

3 ***Eine Lage Kies schützt die Wurzeln von Zwergiris, Heiligenblumen und Funkien vor Überhitzung in der brennenden Sonne.***

4 ***Eine schattige Laube bietet Zuflucht vor der heißen Sonne. Im Garten wachsen sonnenhungrige Palmen, ein Feigenbaum und Rote Spornblumen* (Centranthus ruber).**

Volles Sonnenlicht kann für Pflanzen ebenso problematisch sein wie tiefster Schatten. Wenn der Garten von Gebäuden umgeben ist, kommt noch die Rückstrahlung von den Wänden hinzu, die die Hitze verstärkt und zusammen mit der stehenden Luft ein Mikroklima erzeugt, dass viel heißer ist als das der Umgebung. Die Natur hat verschiedene Wege gefunden, mit Hitze und Trockenheit zurechtzukommen. Viele Arten von Silberraute *(Artemisia)* und Edeldistel *(Eryngium)* sowie Lavendel und Rosmarin haben kleine Blätter, über die nur wenig Feuchtigkeit verdunstet. Andere sind dicht mit feinen Haaren bedeckt, die das Licht reflektieren und ebenfalls die Verdunstung vermindern. Hierzu gehören etwa wollig behaarte Ziestarten wie *Stachys byzantina*, niedriger Backenklee *(Lotus hirsutus*, syn. *Dorycnium hirsutus)* und andere, so genannte mediterrane Arten, die übrigens häufig stark aromatisch duften. Sukkulenten wie etwa Mauerpfeffer *(Sedum)*, Hauswurz *(Sempervivum)* und andere Dickblattgewächse haben fleischige Blätter, die Wasser speichern. Alle diese Anpassungen sichern unter Bedingungen, wie sie auch in heißen Innenhöfen auftreten können, das Überleben.

In heißen und in exponierten Lagen kommt es entscheidend darauf an, Wasser zu sparen. Da Wind den Boden ebenso rasch austrocknen kann wie die Mittagssonne, ist ein Schutz unbedingt erforderlich. Leichte, aber stabile und engmaschige Spaliere oder geflochtene Bambusmatten bremsen den Wind, ein kleines Bewässerungssystem und eine Lage Kies bewirken das Übrige. Trockenheit ist der besondere Feind von Dachgärten, obwohl diese in der Regel nach oben offen sind und daher stets genügend Regen bekommen. Der Grund

1

2

3

4

liegt darin, dass die Pflanzen in Kübeln oder flachgründigen Beeten wachsen und die Verdunstungsrate bei dem starken Wind auf dem Dach sehr hoch ist, unabhängig davon, ob die Sonne scheint oder nicht. Deshalb sollten für Dachgärten nur Pflanzen ausgewählt werden, die Trockenheit vertragen. Außerdem fügt man dem Substrat Wasser speichernde Zusätze bei und bedeckt es mit einer Mulchschicht.

Viele Pflanzen, die sich in heißen, trockenen Gärten wohl fühlen, haben entweder silbergraue Blätter oder sind von besonders aufälligem Wuchs. Sie lassen sich gut mit ähnlich ausdrucksstarken Materialien kombinieren. So passen große und kleine Steine sowie Kies sehr gut zu Exoten wie Agaven, Palmlilien *(Yucca)* und Feigenkakteen *(Opuntia)*, vorausgesetzt, das Klima lässt es zu. Für weniger ausgefallene Sträucher und Stauden wie *Perovskia*, Salbei und Katzenminze *(Nepeta)* eignet sich Holz besser.

Wo es heiß ist, ist Wasser stets willkommen, sei es in Form schmaler Wasserbecken wie in den Gärten der Mauren oder als spektakuläre Fontäne. Manchmal kann schon das Geräusch fließenden Wassers ausreichen, etwa das unermüdliche Plätschern eines kleinen Springbunnens oder das Gluckern zwischen den Steinen in einem kleinen Becken. Wasser, das in Bewegung ist, durchmischt und kühlt die Luft, außerdem erzeugt es lebhafte, flackernde Reflexe. Polierter Marmor und Holzböden wirken in Verbindung mit Wasser besonders gut und kühlen zugleich die Füße; eine Kiesschicht isoliert die Wurzeln der Pflanzen gegen die Hitze. In frostfreien Gegenden sind Fliesen aus Keramik oder Terrakotta eine sehr schöne, unter Umständen aber nicht ganz billige Alternative.

Wir alle nehmen von Zeit zu Zeit gern ein Sonnenbad, doch zumindest zu bestimmten Tageszeiten ziehen wir den Schatten vor. Wenn kein Blätterdach eines Baums Schatten spendet, kann eine Laube diese Aufgabe erfüllen. Dazu spannt man einfach ein Sonnensegel aus Segeltuch über der Sitzecke auf. Denselben Zweck erfüllt ein über mannshohes Holzspalier mit Wein, goldblättrigem Hopfen oder Glyzinen, die im Sommer nur gedämpftes Licht durchlassen. Lauben aus Holz können selbst gebaut werden und lassen sich dem Stil des Gartens anpassen. In jedem Fall muss die Konstruktion stabil genug sein, die daran wachsenden Kletterpflanzen zu tragen. Mit ein wenig Schutz gedeihen in gemäßigtem Klima auch

ganz links ***Ein Bodenbelag aus Holz und eine mit Glyzinen bewachsene Pergola sorgen dafür, dass es nicht zu heiß wird, während daneben, in der Sonne, die Geranien prächtig gedeihen.***

links ***Ein Balkon mit einer großen Keulenlilie*** **(Cordyline)** ***und einem Farn in einem Kübel, die sich in der Wärme des mediterranen Klimas bestens entwickeln, ebenso wie der Papyrus*** **(Cyperus papyrus)** ***vorne im Teich.***

gegenüber ***Die Katze fühlt sich im lichten Schatten eines Rosenbogens sichtlich wohl. Der Kletterrose geht es oben in der Sonne genauso gut.***

sommerblühender Jasmin, *Solanum jasminoides* und Weinreben. Oder wie wäre es mit Sternjasmin *(Trachelospermum jasminoides)*? Er ist zwar ein wenig empfindlich, wegen seiner herrlich duftenden Blüten aber immer einen Versuch wert.

In wirklich frostfreiem Klima eignen sich auch leuchtend gefärbte Bougainvilleen, blau blühende Bleiwurz *(Plumbago capensis)* und vielleicht sogar eine tropische Passionsblume.

In trockenen, heißen Gebieten sind die Blätter vieler Pflanzen von Natur aus grau. Geradezu klassisch ist die Farbkombination mit weißen oder pastellfarbenen Blüten. Wenn Ihnen das in einem sonnigen Garten zu eintönig ist, können Sie mit gelbbraunen, orangefarbenen und rostroten Sonnenröschen wie *Helianthemum* 'Ben Afflick' und 'Ben Nevis' wärmere Farben hineinbringen. Dazu passen kleinere Fackellilien wie die orangegelbe *Kniphofia galpinii* oder *K.* 'Little Maid' mit zitronengelben Blütenschäften. Geeignete Nachbarn sind Taglilien *(Hemerocallis)*, etwa 'Stella de Oro', und Ziergräser wie die etwa 30 cm hohen bronzefarbenen Sorten von *Carex comans*. Eine sehr auffällige Erscheinung ist der schwarze Schlangenbart *(Ophiopogon planiscapus* 'Nigrescens'*)*, der gut zu *Heuchera hispida* passt, deren Blüten sich in einem ungewöhnlichen Bronze und Orange über einer immergrünen Blattrosette erheben. Damit ist die Palette bei weitem noch nicht erschöpft, sie ließe sich mit Dahlien, Inkalilien Montbretien und vielen weiteren schön blühenden Stauden fortsetzen, deren kräftige Farben nirgends so gut zur Geltung kommen wie unter einem strahlend blauen Himmel.

Vielleicht ist eine grüne Oase vor Ihrem Fenster mehr nach Ihrem Geschmack. In diesem Fall könnten Sie versuchen, *Euphorbia mellifera* zusammen mit Schwertlilien, Taglilien, grünem Fenchel und Heiligenblumen zu pflanzen. Als Hintergrund kommen duftende Myrten und blau blühende Säckelblumen *(Ceanothus)* in Frage, der unverzichtbare Buchsbaum grenzt einzelne Bereiche ab. Kühle Cremefarben, Malvenfarben und Rosa verblassen in grellem Sonnenlicht etwas, alle Blautöne dagegen, vom tiefen Blau einer Schmucklilie *(Agapanthus)* bis zum Taubenblau der Skabiosen, wirken besonders eindrucksvoll.

oben ***Wo es heiß, sonnig und trocken ist, sind Aloe, die hier blüht,* Crassula, *Brandkraut* (Phlomis), *Engelstrompete* (Brugmansia) *und Berufkraut* (Erigeron) *am richtigen Platz. Über dieser Pflanzengruppe breitet eine Tamariske ihre Krone aus.***

# Ein Dachgarten in der Sonne

Dieser moderne Dachgarten wurde von dem Architekten Rick Mather von Grund auf geplant. Alles entwickelt sich aus den Wohnräumen des darunter liegenden Hauses. Wenn man das Haus im Erdgeschoss betritt, geht es im Kreis nach oben bis in ein großes Zimmer, von dem aus man den zweiteiligen Dachgarten betritt. Hier setzt sich die Spirale fort: Man umrundet den unteren Teil, erreicht über eine Treppe neben dem Oberlicht den oberen Bereich und gelangt von dort über eine zweite Treppe auf der anderen Seite wieder hinunter. Durch das Oberlicht fällt das Licht in den zentralen Bereich des Hauses, so dass man vom Erdgeschoss aus den Himmel sehen kann.

Ursprünglich besaß das Haus ein Spitzdach. Als es erneuert werden musste, baute man ein völlig neues Dach mit stabilen Trägern, die das Gewicht eines Dachgartens halten können. Gleichzeitig installierte man ein Drainagesystem, das das Wasser in einem Punkt sammelt. Die gesamte Dachfläche beträgt nur etwa 6 m mal 10 m, wirkt aber viel größer, weil sie sich auf zwei Ebenen verteilt.

An den Seiten wurde ein Gerüst montiert, an dem mit einem ausgeklügelten Halterungssystem durchscheinende Platten aus Polykarbonat angebracht sind. Diese können an den Verbindungsstellen bei Bedarf rasch neu ausgerichtet werden. Es stellte sich bald heraus, dass die Pflanzen durch die aus Norden und Osten einfallenden starken Winde geschädigt wurden. Deshalb erhöhte man die Schornsteinmauer und setzte eine zweite Lage Kunststoffplatten auf die erste, um die Pflanzen besser zu schützen. Die Abschirmung ist jetzt etwa 1,5 m hoch.

An der Mauer wurde eine Laube errichtet, die an beiden Enden bis an den Windschutz reicht. Hier wachsen Kletterpflanzen, während die Mitte des Gartens frei in der Sonne liegt. Die meisten Pflanzen stammen aus dem Mittelmeerraum oder aus Neuseeland und sind an Hitze angepasst. An der Mauer wächst eine im Kübel gezogene Kiwi *(Actinidia chinensis)*. Weil dieser Dachgarten allseits vor austrocknenden Winden geschützt ist, gedeihen hier selbst so empfindliche Pflanzen wie der Radbaum *(Trochodendron aralioides)* und *Brachyglottis repanda*. Alles in Allem vermittelt dieser Dachgarten den Eindruck, mitten im Grünen zu sein, und man vergisst leicht, dass sämtliche Pflanzen in Kübeln gezogen werden. Doch der Besitzer ist ein erfahrener Gärtner, der um die Ansprüche seiner Pflanzen weiß und allen die richtigen Bedingungen bietet.

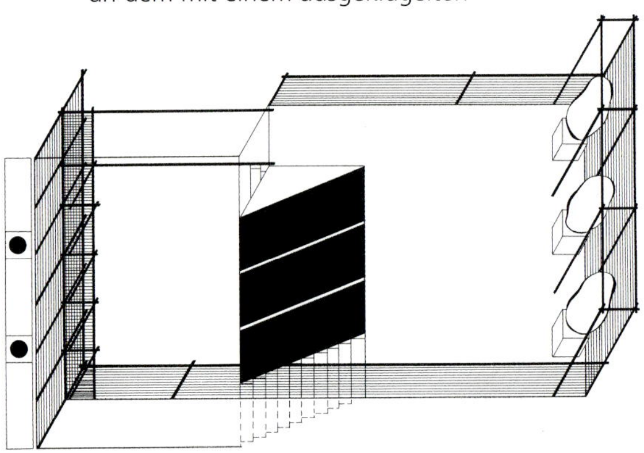

***Dieser Dachgarten auf zwei Ebenen wird zwar durch die Nachbargebäude beschattet, doch die durchscheinende Verkleidung lässt noch genug Licht hindurch. Der Eingang und die Treppen sind durch ein Oberlicht voneinander getrennt. Das Metallgerüst am Rand des Dachgartens bietet Schutz.***

oben ***In der Ecke hinter den Dachfenstern steht die größte Pflanze in diesem Dachgarten, ein Erdbeerbaum* (Arbutus unedo). *Links davon wächst duftender Sternjasmin* (Trachelospermum jasminoides).**

gegenüber ***Weiß blühende* Osteospermum *bilden den Rahmen für die ungewöhnliche Kübelpflanze in der Mitte: Der Radbaum* (Trochodendron aralioides) *ist ein immergrünes Holzgewächs mit lebhaft grünen Blüten, das noch einige urzeitliche Merkmale aufweist.***

## Bühnenbilder

Einen kleinen Garten wird man in den meisten Fällen nur aus einer Richtung betrachten, nämlich von vorn – wie eine Bühne. Es liegt nahe, den Garten auch wie eine Bühne zu gestalten, auf der eindrucksvolle Pflanzengestalten oder Skulpturen »auftreten«. Dabei bilden begrünte Holzbalken den Bühnenvorhang, der sich bereits gehoben hat, immergrüne Sträucher den seitlichen Bühnenrahmen und Mauersträucher den Hintergrund.

Die Theaterkunst hatte seit jeher Einfluss auf die Gartengestaltung. Im 18. Jahrhundert waren klassische Tempel und Statuen beliebt, die in Alleen oder Lauben aufgestellt wurden. Auch die idealisierten Landschafts- und Gartendarstellungen von Malern wie Claude Lorrain und später Fragonard wirkten sich auf die Einstellung zur Gartengestaltung aus. Noch heute findet man in Gärten Anspielungen auf diese Zeiten: Hier lugt eine klassische Figur zwischen dem Efeu an einer Mauer hindurch, dort steht ein Wasserspeier in Gestalt eines Amor mitten in einem Teich, und griechische Säulen und Urnen dienen als bloße Dekoration, deren historische und praktische Bedeutung längst in Vergessenheit geraten ist.
Es muss aber nicht immer Klassik sein: Sie können sich ebenso gut von fremden Kulturen inspirieren lassen oder auch Ihre ganz eigene Fantasiewelt erschaffen. In vielen der berühmtesten Gärten der Welt finden sich Anklänge an andere Kulturen, etwa im indischen Garten von Sezincote in Oxfordshire, England, in den maurischen Gärten Südspaniens und in denen des Palastes von Queluz in Portugal. Auch in bescheidenerem Rahmen kann man solchen Fantasien frönen und dem eigenen kleinen Garten ein orientalisches, arabisches oder wie auch immer geartetes exotisches Flair geben. Alles, was Sie brauchen, sind geeignete Pflanzen, Spaliere und Pflastermaterialien, die dem gewünschten Stil entsprechend eingesetzt werden. Mit Buchsbaum, der praktisch nach Belieben geformt werden kann, lassen sich Bögen im maurischen oder im Tudorstil errichten und sogar Formen, die an gotische Zinnen erinnern. Selbst miniaturisierte Anklänge an die prachtvollen formalen französischen Gärten sind möglich:

**1** *Auf der Dachschräge dieses kleinen Nebengebäudes wurde ein Grasdach angelegt. Die geschnitzte Holzkante erinnert mit ihren Einkerbungen an Haifischzähne. Für den Türrahmen wurden schwarze Holzbalken verwendet.*

**2** *Die Skulptur mit ihrer Holzperlenkette um den Hals beschwört Gedanken an die Südsee herauf. Ihre starke Präsenz wird durch die Platzierung unter dem Blätterdach eines Japanischen Ahorns noch unterstrichen.*

**3** *An »Halloween«, dem Abend vor Allerheiligen, wird der Hof mit leuchtend orangefarbenen Kürbissen geschmückt, die zu der mystischen, magischen Stimmung dieses Abends beitragen.*

**4** *Die schlanke, elegante korinthische Säule ist eine Anspielung auf die Antike. Hier erfüllt sie zugleich noch einen praktischen Zweck und stützt einen schweren Ast.*

Grenzen Sie mit geschnittenem Buchsbaum kleine bepflanzte Bereiche ab und tarnen Sie die Gartenmauern mit raffinierten Spalieren. Hier kann man in hölzernen »Versailler Kübeln« im Sommer exotische Pflanzen wie etwa Zitrusbäumchen oder Feigen im Freien ziehen.
Ein kleiner Garten lässt sich auch in einen Kräutergarten nach klösterlichem Vorbild verwandeln. Man fasst geometrisch angelegte Beete mit geschnittenem Lavendel oder Heiligenblumen *(Santolina)* ein, errichtet an den Mauern flache, dreidimensionale Bögen und stellt eine steinerne Urne in der Mitte des Gartens auf. In den Beeten werden als frostharte Kräuter Thymian, Salbei, Oregano und Rosmarin gezogen, dazu im Sommer Basilikum, Petersilie, Koriander und Kerbel.

In einen solchen Garten passen auch Spalierobst und geschnittene Lorbeerbäumchen in Terrakottatöpfen. Als Reminiszenz an den arabischen Gartenstil könnten Sie ein schmales Bächlein anlegen, das in ein rundes Wasserbecken mit einer schmalen, sprudelnden Fontäne mündet. Der ganze Garten wird mit frostbeständigen, bunten Keramikfliesen gepflastert, und frei stehende Spalierbögen im maurischen Stil spenden Schatten und verdecken zugleich die Gartenmauern. Eine solche Anlage scheint einer anderen Zeit und einer anderen Welt zu entstammen.
Vielleicht finden Sie aber eher an einem Garten in chinesischem Stil Gefallen. In diesem Fall könnten Sie an einer Mauer mit Hilfe von Spiegelglas ein rundes »Mondtor« errichten, umgeben von einem Rahmen aus feinem chinesischen Gitterwerk. Der Garten erhält ein weißes Pflaster, von Kalksteinblöcken unterbrochen, die aufrecht zwischen Bambus oder Pfingstrosen stehen. Miniaturlandschaften, auf kleine Sockel gestellt, und Möbel im chinesischen Stil vervollständigen diese Szenerie. Auch in traditionellen japanischen Gärten werden oft Landschaften im Miniaturformat nachgebildet. In einen solchen Garten passen ein Kiesbelag, asymmetrisch angeordnete Steinplatten und Steine sowie eine Bambushecke. Die übrige Bepflanzung sollte eher sparsam sein; geeignet sind Ahorn, Bergkiefern, Schwertlilien und Azaleen.
Die beste Bühne überhaupt ist ein Garten auf dem Dach eines Hauses, hoch über dem Lärm und der Hektik der Stadt, mit bestem Licht und in frischer Luft, doch ohne natürlichen Boden und ohne umgebende Bäume. Die besondere Welt eines Dachgartens ist vollkommen von Menschenhand geschaffen und frei von irdischen Zwängen, denen ein Garten unten am Boden unterworfen ist. Man kann ihn ebenso in eine ländliche Idylle verwandeln wie in eine elegante, moderne Anlage, gerade so, wie eine Theateraufführung an einen anderen Ort und in eine andere Zeit entführt.
Theaterstücke leben nicht zuletzt von den Nebenrollen, die sich selbst zurücknehmen und den Hintergrund für die Hauptakteure liefern. Im Garten können das Pflanzen sein, die – wie der Chor in einer griechischen Tragödie – zwar stets präsent sind, aber nicht vom eigentlichen Geschehen ablenken. Die

links ***An eine Fantasiewelt erinnert dieser kleine Dachgarten mit seinem Boden im Schachbrettmuster, auf dem wie Schachfiguren rote und weiße Fingerhüte in Töpfen stehen. Die mosaikartigen Früchte auf einem Mosaiktisch und die formgeschnittenen kleinen Sträucher an der weißen Wand im Hintergrund fördern diesen Eindruck noch.***

extravaganteren Hauptdarsteller, etwa ein statuenartiger Stachelakanthus *(Acanthus spinosus)*, flammend rote Fackellilien, rein weiße Königslilien oder Neuseeländischer Flachs, profitieren von einem unauffälligen Hintergrund aus immergrünen Sträuchern. Dazu eignen sich etwa Schneeball *(Viburnum)*, Mahonien oder Lorbeerkirschen *(Prunus laurocerasus)*. *Viburnum tinus* 'Eve Price' ist ein immergrüner Schneeball mit dunkelgrünen Blättern, der bis 3 m hoch wird, sich aber zurückschneiden lässt und willig wieder austreibt. Lorbeerkirschen haben glänzend grüne Blätter, sie werden recht hoch und breit. Kleiner bleibt die Sorte 'Otto Luyken' mit schmalen Blättern und weißen Blütenkerzen, die sich im Frühjahr öffnen. Sie wird nur etwa 1,5 m breit. Vor einer solchen zuverlässig grünen Kulisse lassen sich andere, auffälligere Pflanzengestalten hervorragend präsentieren.

Pflanzen können aber auch als Einzeldarsteller auftreten. Exotische Pflanzen sorgen in gemäßigtem Klima sofort für eine subtropische Szenerie. So lassen sich mit Palmlilien *(Yucca)*, winterharten Feigenkakteen *(Opuntia)* und, im milden Klima, vielleicht sogar Agaven und Hanfpalmen *(Trachycarpus fortunei)* Gärten mit mediterraner Atmosphäre schaffen. *Euphorbia mellifera* und Klebsame *(Pittosporum tobira)* mildern den etwas strengen Eindruck. In sehr geschützten, weitgehend frostfreien Lagen sind auch Aloe, verschiedene Dickblattgewächse *(Crassulaceae)* und *Hedychium* einen Versuch wert; dazu passen graublättrige Heiligenblumen *(Santolina)* und Lavendel.

Geschnittener Buchsbaum, ein Garten-Klassiker seit römischer Zeit, kann Rahmen bilden oder das Auge auf einen zentralen Blickpunkt lenken. Buchsbaum lässt sich außerdem zu fantastischen Figuren formen, die die Bühne das ganze Jahr über bevölkern, etwa gedrehte Spiralen, Kugeln, Würfel oder »Dauerlutscher« auf dünnen Stämmen. Gärten, die wie eine Bühne aufgebaut sind und die man vom Fenster aus betrachten kann, werden zu einem festen Bestandteil der Wohnung. Ob die Inspiration der vertrauten Umgebung entstammt oder einer völlig fremden Welt oder ob es sich um ein ganz persönliches Konzept handelt: Entscheidend sind Fantasie und Vorstellungskraft.

rechts oben **Die elegante Geometrie dieses zeitgenössischen Gartens wird durch das rautenförmige Muster schwarzer und weißer Fliesen an der Wand und durch die Terrakottaplatten belebt. Die leuchtend roten Geranien auf den Begrenzungsmauern bringen Spannung, während die völlig durchsichtige Glasplatte auf dem Tisch dem Ganzen etwas Unwirkliches verleiht.**

rechts unten **Nicht gerade Vertrauen erweckend sieht dieser Pan aus, der vor der untergehenden Sonne auf seiner Flöte spielt. Wenn das Tageslicht nachlässt und die Beleuchtung eingeschaltet wird, verstärkt sich der theatralische Eindruck noch.**

# Der Garten eines Bildhauers

Dieser Entwurf ist nichts für zaghafte Gemüter. Der wirklich außergewöhnliche, hinter dem Haus gelegene Garten gehört dem Bildhauer Johnny Woodford. Eigentlich müsste der Garten ziemlich dunkel sein, denn er ist an allen Seiten von hohen Mauern umgeben, aber diese wurden in einem feurigen Orange gestrichen und leuchten nun das ganze Jahr über, bei Sonnenschein wie Regen.

Die höchste Mauer ist fast 6 m hoch. Entlang dieser Mauer wurde ein breites, erhöhtes Beet angelegt, das zugleich als Stütze für die Wand dient. Nur in diesem Beet ist Platz für Pflanzen. An der Vorderseite wurde es mit verzinktem Blech verkleidet und an der oberen Kante mit einem soliden Holzrahmen versehen. Schwarze Kugeln an Ketten, die an der Vorderseite herabhängen, sind eine fantasievolle Anspielung auf mittelalterliche Zeiten.

In dem Hochbeet wachsen Schildfarne *(Polystichum setiferum)* aus der 'Acutilobum'-Gruppe zusammen mit Palmlilien *(Yucca)* und Neuseeländischem Flachs *(Phormium tenax)*. Um alle Pflanzen wurden Kettenspiralen gelegt, um die zahlreichen Katzen in der Nachbarschaft fernzuhalten. In Metallgefäßen, um die ebenfalls Ketten gelegt wurden, wachsen Schwarzer Schlangenbart *(Ophiopogon planiscapus* 'Nigrescens'*)* und eine *Muehlenbeckia complexa*, die an der Kette an der Vorderseite herabhängt und an der Mauer emporwächst. Am Fuße des Beets steht eine orangefarbene Sitzbank in Form eines Surfbretts mit Haifischflossen, auf die zwei Reihen spitzer schwarzer Zähne gemalt wurden.

Auf dem Dach des kleinen Nebengebäudes wurde ein spezielles, besonders leichtes Substrat für Dachgärten ausgebracht und Gras angesät. Das Gras wird von Hand geschnitten, nur an der Kante darf es frei wachsen und die verzinkte Dachrinne bedecken. Die einzigen anderen Pflanzen sind Bubiköpfchen *(Soleirolia soleirolii)*, die in den Pflasterfugen wachsen, und einige Efeu, die entweder klettern oder von der Wand herabhängen.

Johnny Woodford hat einige Jahre in der Forstwirtschaft gearbeitet. Aus dieser Zeit stammt nicht nur sein profundes Wissen über Holz, sondern auch seine Vorliebe für das Werkzeug, das die Forstarbeiter verwenden. Das erklärt die schweren Ketten, aber auch die Drillbohrer, die noch ihren ursprünglichen, orangefarbenen Schutzanstrich tragen und nun zwischen den Pflanzen stehen. In Einfällen wie diesen zeigt sich die Originalität des Gartens, ebenso der unverkennbare Witz seines Schöpfers.

oben ***Rechts neben der Tür des Nebengebäudes mit ihrem bauchigen Holzrahmen sieht man das erhöht angelegte Beet, dahinter ist ein Stück der hohen Mauer zu erkennen. Die Vorderfront des Beets ist mit verzinkten Eisenplatten verkleidet und mit Kugeln an Ketten dekoriert.***

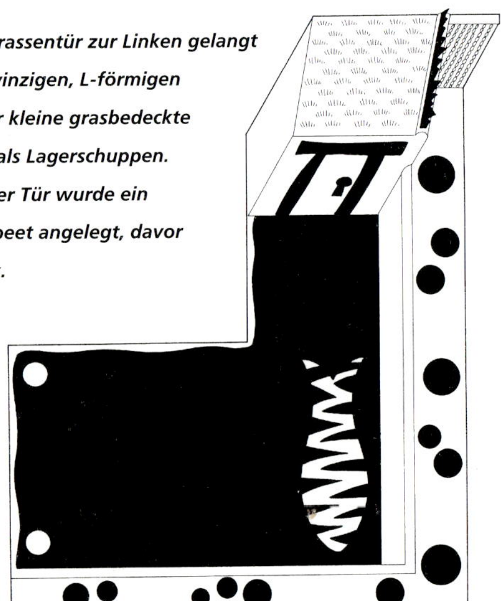

***Durch die Terrassentür zur Linken gelangt man in den winzigen, L-förmigen Innenhof. Der kleine grasbedeckte Anbau dient als Lagerschuppen. Gegenüber der Tür wurde ein breites Hochbeet angelegt, davor eine Sitzbank.***

links ***In kupfernen Gefäßen, um die aufgerollte Eisenketten gelegt wurden, wächst Schwarzer Schlangenbart. Daneben ragen schraubenförmige Bohrköpfe aus dem Boden.***

rechts ***Hier sieht man im Detail den geschwärzten Rahmen um die Tür mit dem überdimensionalen Schlüsselloch. Der gewollt verzogene Rahmen besteht aus schlagfrischer Englischer Ulme, die schwarz gebrannt wurde. Gras bedeckt das Dach, und als Anspielung auf die mittelalterliche Sitte, Dächer mit Zinnen zu versehen, erhielt die Dachkante eine Reihe geschnitzter Holzzähne.***

unten ***Schmale, auf der Spitze stehende Pyramiden aus lackiertem Stahl sind, bepflanzt mit kleinen Palmlilien (Yucca), an der Wand angebracht. Der Eigentümer bezeichnet sie als »Karotten«.***

# BEPFLANZUNG

Das Verzeichnis enthält eine Auswahl von Pflanzen, die sich in meiner langjährigen Praxis gerade auf engem Raum bewährt haben. Die eine oder andere interessante Pflanze wurde zusätzlich aufgenommen. Die Größenangaben basieren auf eigenen Beobachtungen und Erfahrungen; Angaben zur Winterhärte wurden dem mitteleuropäischen Klima angepasst. 🏆 Mit dem »Award of Garden Merit« zeichnet die »Royal Horticultural Society« Pflanzen von herausragender Qualität aus, die keine hohen Pflegeansprüche stellen und leicht erhältlich sind.

**Das Federgras *(Stipa tenuissima)* hat feine, schmale Blätter und lange, federartige Blütenrispen. Es bringt Bewegung in kleine Gärten; sogar im Winter, wenn man es nicht abschneidet.**

**Die kleinste Bergeniensorte ist *Bergenia* 'Baby Doll'. Sie ist im Schatten unentbehrlich, hat glänzende, immergrüne Blätter und im Frühjahr rosa Blütenstände.**

***Tulipa kaufmanniana* blüht früher als die meisten anderen Tulpen. Sie bleibt niedrig, liebt sonnige Lagen und ist für kleine Gärten gut geeignet.**

***Daphne tangutica* ist ein immergrüner Seidelbast von kompaktem Wuchs. Die purpurfarbenen Knospen öffnen sich im Frühsommer zu blassrosa, stark duftenden Blütenköpfen.**

**Die cremeweißen Früchte der Kaschmir-Eberesche *(Sorbus cashmiriana)* reifen im Herbst, wenn sich das graugrüne Laub gelb färbt. Der kleine, winterharte Baum ist ideal für kleine Gärten.**

Der Papageischnabel *(Clianthus puniceus)* ist eine halb immergrüne Kletterpflanze, die sommerliche Farben an eine warme Mauer bringt. Sie benötigt Drähte als Kletterhilfe und muss frostfrei überwintert werden.

Korallenrindenahorn *(Acer palmatum* 'Sango-Kaku')

Schmalblättriger Sommerflieder *(Buddleja alternifolia)*

Weissdorn *(Crataegus* x *lavallei* 'Carrierei')

# Bäume

*ACER PALMATUM* 'SANGO-KAKU' (SYN. 'SENKAKI') 🏆
KORALLENRINDENAHORN
Eine der elegantesten Sorten des Fächerahorns. Obwohl meist als Strauch angesehen, wächst er anfangs aufrecht mit einem einzelnen Stamm, der sich später fein verzweigt. Die korallenrote Rinde fällt besonders im Winter auf. Die handförmig gelappten Blätter sind hellgrün mit einem Hauch von Rosa und erscheinen zusammen mit den roten Blüten. Im Herbst verfärben sie sich gelb, und die geflügelten Früchte zieren das Bäumchen. Entfernen Sie alle vergrünenden Blätter. Vor Mittagssonne und strengem Frost schützen. Gedeiht am besten in neutralem bis leicht saurem Boden, der nicht austrocknen sollte. Höhe bis 4 m, Breite bis 2 m.

*BETULA PENDULA* 'LACINIATA' 🏆
SANDBIRKE
Diese Sorte der Sandbirke wird zwar recht hoch, ist aber von schlankem und anmutigem Wuchs. Die silbrige Rinde und die hängenden Zweige sind besonders im Winter sehr schön. Das feine Blätterdach lässt so viel Licht hindurch, dass die Pflanzen darunter im Halbschatten liegen. Im Herbst färbt sich das hellgrüne Laub gelb. Die Trauerbirke *(B. pendula* 'Tristis') 🏆 wird ebenso hoch, ist aber schmaler und von stärker hängendem Wuchs. Beide werden bis 16 m hoch und 5 m breit.

*BUDDLEJA ALTERNIFOLIA* 🏆
SCHMALBLÄTTRIGER SOMMERFLIEDER
Gelegentlich als Strauch gezogen, am schönsten aber als Bäumchen mit einem einzelnen Stamm und einer überhängenden, buschigen Krone. Man kauft ihn am besten im Container und stützt ihn mit einem Pflanzstab. *Buddleja* wird gemeinhin auch Schmetterlingsstrauch genannt. Die anmutigen, bogig überhängenden Zweige dieser Art sind im Sommer von lila Blüten übersät, die viele bunte Schmetterlinge anlocken. Die schmalen, zugespitzten Blätter sind graugrün mit gelber Herbstfärbung. Die Pflanze liebt guten, tiefen Boden und Sonne. Alte Zweige sollten unmittelbar nach der Blüte entfernt werden. Bei regelmäßigem Schnitt wird sie etwa 3 m hoch und breit.

*CARAGANA ARBORESCENS* 'WALKER'
ERBSENSTRAUCH
Wird am besten als Bäumchen mit kleiner, überhängender Krone auf einem einzelnen, etwas dornigen Stamm gezogen. Er eignet sich gut als Blickfang, besonders als Kübelpflanze oder in Verbindung mit Steinen. Im späten Frühjahr erscheinen zwischen den hellgrünen, gefiederten Blättern Büschel gelber Schmetterlingsblüten. Im Herbst trägt der Strauch lange, braune Hülsen und färbt sich gelb. Er gedeiht in jedem, sogar alkalischem Boden, liebt Sonne, verträgt aber auch lichten Schatten. Abgesehen vom Entfernen abgestorbener Triebe ist kein Schnitt nötig. Er wird meist auf einen Stamm von 1 bis 2 m Höhe veredelt.

*COTONEASTER* X *WATERERI* 'PENDULUS'
ZWERGMISPEL
Diese immergrüne Zwergmispel ist eine Kreuzung zwischen *C. frigidus* und *C. salicifolius*. Sie wird häufig hochstämmig veredelt und wächst dann als Trauerform. Die steifen Zweige hängen bis auf den Boden herab, können jedoch gekürzt werden. Solitärgehölz, kann aber auch mit Steinen und Japanischem Ahorn kombiniert werden. Aus Büscheln weißer Blüten entwickeln sich leuchtend rote Beeren. Liebt volle Sonne und verträgt jeden Boden, außer stark basischem. Ausgewachsen gerade 3 m hoch und 4 m breit.

*CRATAEGUS* X *LAVALLEI* 'CARRIEREI' 🏆
WEISSDORN
Dieser dicht belaubte Weißdorn wirft tiefen Schatten, macht aber zweimal im Jahr auf sich aufmerksam: im Frühjahr mit weißen Blütenständen, später mit runden, scharlachroten Früchten, die bis in den Winter halten. Die ovalen, glänzend grünen Blätter färben sich im Herbst auffallend rot, zusammen mit den Früchten ein schönes Bild. Wächst weit ausladend und wird 4 m breit, auch frei wachsend jedoch nur 6 m hoch.

Zierapfel *(Malus x zumi 'Golden Hornet')*

Kaschmir-Eberesche *(Sorbus cashmiriana)*

*MALUS CORONARIA* 'CHARLOTTAE'
KRONENAPFEL
Im Frühjahr entwickelt diese klein bleibende Sorte des Kronenapfels große, halb gefüllte, duftende, rosa Blüten. Die ovalen, grob gezähnten Blätter zeigen eine leuchtende Herbstfärbung. Bis 10 m hoch und über 4 m breit.

*MALUS TRANSITORIA* 🏆
KANSU-ZIERAPFEL
Der Kansu-Zierapfel ist ein Baum von eleganter Wuchsform, die gelappten, filzig behaarten Blätter zeigen, wie die des Kronenapfels, eine leuchtende Herbstfärbung. Aus den rosaweißen Blüten entwickeln sich kleine, gelbe Äpfel. Höhe etwa 6 m, Breite 4 m. *Malus × zumi* 'Golden Hornet' wird größer und wächst aufrechter, im Winter hängen monatelang gelbe Äpfel an dem unbelaubten Baum.

*PRUNUS MAACKII*
MAACKS TRAUBENKIRSCHE
Maacks Traubenkirsche ist ein kräftiger, aber klein bleibender Baum mit auffallend glänzender, zimtfarbener Rinde, die sich in langen Streifen von Stamm abrollt. Aus Trauben weißer Blüten entwickeln sich schwarze Früchte, das dunkelgrüne Laub wird im Herbst gelb. Der Baum ist sehr winterhart. Es gibt eine gute Sorte namens 'Amber Beauty'. Höhe 9 m bei 6 m Breite.

*PRUNUS SERRULATA* 'AMANOGAWA' 🏆
JAPANISCHE BLÜTENKIRSCHE
Diese Sorte der Japanischen Blütenkirsche ist ein schmaler Baum mit straff säulenförmigem Wuchs. Im späten Frühjahr erscheinen duftende, halb gefüllte, blassrosa Blüten, im Herbst färbt sich das Laub rot. Verträgt fast jeden Boden und volle Sonne. Sehr schön mit spät blühenden *Clematis*-Sorten, die man in den Baum klettern lässt. Wird in 10 Jahren bis 6 m hoch, aber nur etwas über 2 m breit.

*PYRUS SALICIFOLIA* 'PENDULA' 🏆
WEIDENBLÄTTRIGE BIRNE
Diese dekorative Hängeform hat eine ausladende, runde Krone, wird aber nicht sehr hoch. Ihre schmalen, silbrigen Blätter und der hängende Wuchs machen sie zu einem reizvollen Baum für kleine Gärten. Die waagerecht ansetzenden Äste biegen sich oft abwärts. Werden alle nach unten gerichteten Triebe entfernt, lässt sich eine offenere, weit ausgebreitete Wuchsform erzielen. Wird schnell zum dominierenden Solitärgehölz. Kann in 20 Jahren 8 m hoch und 6 m breit werden.

*ROBINIA PSEUDOACACIA* 'UMBRACULIFERA'
KUGELAKAZIE
Ein sehr langsam wachsender, kleiner Baum für warme Lagen. Auf gut durchlässigem Boden und geschützt vor Wind entwickelt sie eine ganz regelmäßige, kugelrunde Krone auf einem dünnen Stamm und ist für formale sonnige Gärten ideal. Das sehr dichte, kräftig grüne Laub ist gefiedert mit ovalen Blättchen. Blüht sehr selten, ist aber widerstandsfähig gegen Luftverschmutzung. Höhe und Breite bis 4 m.

*SORBUS CASHMIRIANA* 🏆
KASCHMIR-EBERESCHE
Die Kaschmir-Eberesche wird besonders wegen ihrer cremeweißen Früchte, die im Herbst büschelweise erscheinen, geschätzt. Im späten Frühjahr entfalten sich zwischen dem graugrünen, gefiederten Laub aus rosa Knospen weiße Blüten. Im Herbst färbt sich das Laub gelb. Gedeiht in fast jedem Boden, bevorzugt sonnige Lagen und spendet lichten Schatten. Höhe und Breite bis 4 m.

*SORBUS VILMORINII* 🏆
VIELFIEDRIGE EBERESCHE
Die Vielfiedrige Eberesche ist noch anmutiger als ihre oben beschriebene Verwandte. Das gefiederte Laub ist taubengrau mit einem Hauch von Violett und färbt sich im Herbst tiefrot. Aus den weißen, im Frühjahr erscheinenden Blüten entwickeln sich Büschel kleiner runder, malvenfarben überlaufener weißer Früchte. Höhe und Breite etwa 5 m.

Wacholder *(Juniperus communis* 'Compressa') und Kleine Muschelzypresse *(Chamaecyparis obtusa* 'Nana Gracilis')

Bergkiefer *(Pinus mugo* 'Ophir')

# Langsam wachsende und Zwergnadelgehölze

*CHAMAECYPARIS LAWSONIANA* 'GIMBORNII'
LAWSON-SCHEINZYPRESSE
Ein sehr langsam wachsender, dicht benadelter, breit kegelförmiger Strauch von graugrüner Farbe mit purpurnen Spitzen. Keine hohen Bodenansprüche, bei genügend Feuchtigkeit, durchlässigem Boden und Schutz vor Wind recht winterhart. Wird etwa 45 cm hoch und 60 cm breit.

*CHAMAECYPARIS OBTUSA* 'NANA GRACILIS'
KLEINE MUSCHELZYPRESSE
Die Sorte ist ein echtes Zwerggehölz mit zahlreichen muschelförmigen, dunkelgrünen Zweigen an waagerecht stehenden Ästen. Sie wächst sehr dicht, ist breiter als hoch und auch für Steingärten klein genug. Auf gut drainiertem Boden kann sie nach langer Zeit 2 m hoch und breit werden.

*JUNIPERUS COMMUNIS* 'COMPRESSA'
GEMEINER WACHOLDER
Eine säulenförmige Miniaturausgabe des Gemeinen Wacholders, ideal für die Pflanzung in Gruppen. Die kleinen Säulenformen echter Zwergnadelgehölze können im sonnigen Steingarten, zusammen mit kleinen Rhododendren und kriechenden alpinen Pflanzen, sehr reizvoll wirken. Die Sorte 'Compressa' erreicht in 20 Jahren gerade 70 cm Höhe.

*JUNIPERUS HORIZONTALIS* 'BAR HARBOR'
NORDAMERIKANISCHER KRIECHWACHOLDER
Ein Gehölz von flachem Wuchs, breitet sich stark aus, wobei es den Untergrund mattenartig überzieht. Dadurch eignet es sich gut für Terrassen und Böschungen. Seine langen, niederliegenden Äste sind peitschenförmig mit taubengrauer, bläulich bereifter Benadelung. Die Pflanze neigt zum Wuchern, sollte daher ab und zu geschnitten werden. Sie wird kaum 20 cm hoch, aber bis zu 2 m breit.

*JUNIPERUS SABINA* 'TAMARISCIFOLIA'
SADEBAUM
Eine Sorte des Sadebaums, deren Äste sich in konzentrischen Kreisen ordentlich übereinander legen, was den Pflegeaufwand gering hält. Mit ihrem etagenartigen Wuchs eignet sie sich für formale Gärten, aber auch für Böschungen. Die Benadelung ist graugrün. Diese Sorte wächst langsam bis zu 50 cm Höhe und 1,5 bis 2 m Breite heran.

*PICEA PUNGENS* 'GLOBOSA'
STECHFICHTE
Eine langsam wachsende, intensiv silbrig blaue Zwergsorte, die rascher in die Breite als in die Höhe wächst. Die Form ist anfangs unregelmäßig, später breit kegelförmig mit dicht stehenden Zweigen. Die Nadeln sind steif und stechend. Die Sorte eignet sich für Kiesgärten in voller Sonne, wo sie ihre Blaufärbung den Sommer über behält. Alle unschönen Leittriebe werden entfernt. Endgültige Höhe etwa 1,2 m, Breite 1 m.

*PICEA PUNGENS* 'PROSTRATA'
STECHFICHTE
Diese Sorte mit ihrer leuchtend blauen Benadelung unterscheidet sich deutlich von anderen Fichten. Damit der horizontale Wuchs erhalten bleibt, wird sie veredelt und jeder aufrecht wachsende Leittrieb entfernt. Manchmal reifen dunkel purpurrote Zapfen auf den Zweigoberseiten heran, die zwischen der blaugrünen Benadelung sehr schön aussehen. An einem sonnigen Standort, über Steinfliesen wachsend, passt sie gut zu niedrig bleibenden Zistrosen und Sonnenröschen. Höhe bis 2 m, Breite bis 3 m.

*PINUS MUGO* 'OPHIR'
BERGKIEFER
Die anspruchslose Bergkiefer verbreitet japanisches Flair, besonders in Kombination mit Ahorn und Kies. Sie eignet sich aber auch für minimalistische Anlagen mit nur wenigen, formgeschnittenen Immergrünen. Viele schöne grüne Sorten, 'Ophir' wird wegen ihrer gelben Winterfärbung geschätzt, die sich am besten in freier, sonniger Lage entwickelt. Höhe etwa 60 cm, Breite bis 1 m.

Ein Fächerahorn *(Acer palmatum)* aus der Gruppe der 'Dissectum'-Sorten

Kalifornische Zistrose *(Carpenteria californica)*

# Sträucher

*ABELIA* X *GRANDIFLORA* 🏆
GROSSBLÜTIGE ABELIE
Ein halb immergrüner, rundlicher Strauch, gut geeignet für kleine Gärten, weil er an einer warmen, geschützten Mauer als Fächer gezogen werden kann. Von Spätsommer bis Frühherbst ist er von rosaweißen, glockenförmigen, hängenden Blüten bedeckt. Das Laub ist olivgrün und etwas kupferfarben getönt. Um die Bildung neuer Blütentriebe anzuregen, sollte ein Drittel aller alten Triebe im zeitigen Frühjahr entfernt werden. 'Francis Mason' 🏆 ist eine gelb panaschierte, 'Prostrata' eine sehr langsam wachsende Sorte. Bevorzugt kalkfreien Boden. Durchschnittliche Höhe und Breite 1,5 bis 2 m.

*ACER PALMATUM* 'DISSECTUM'-GRUPPE
FÄCHERAHORN
Die langsam wachsenden Fächerahorne sind von unschätzbarem Wert für kleine Gärten. Viele verschiedene Sorten, einige davon mit filigranerem Laub als andere. Solche mit dunkelrotem Laub zeigen eine großartige, lodernde Herbstfärbung, besonders zart wirken die grünblättrigen, wenn sie sich im Wind wiegen. Fächerahorne sind mit ihrer eleganten Form auch im Winter attraktiv. Abgestorbene Äste sollten stets entfernt werden. Die Fächerahorne wachsen sehr langsam zu kleinen Bäumen heran, werden aber meist nicht höher und breiter als 1,5 bis 2 m.

*BERBERIS CALLIANTHA* 🏆
BERBERITZE
Eine immergrüne, frostempfindliche Berberitze aus Tibet, die langsam zu einem kleinen, buschigen Strauch heranwächst. Die stacheligen Blätter erinnern an die der Stechpalme und sind unterseits blaugrün bereift. Der Neutrieb ist rot, blassgelbe Blüten hängen im Frühjahr an der Unterseite der Triebe. Im Herbst erscheinen blauschwarze Beeren. Nur Erhaltungsschnitt erforderlich. Gedeiht in jedem Boden in der Sonne und im Schatten. Höhe und Breite 1 bis 1,5 m.

*BERBERIS* X *STENOPHYLLA* 'CORALLINA COMPACTA' 🏆
SCHMALBLÄTTRIGE BERBERITZE
Ein immergrüner Zwergstrauch mit grünen, schmal eiförmigen Blättern, der reich blüht. Die korallenroten Knospen öffnen sich im späten Frühjahr zu kleinen, orangegelben Blüten, die die dornigen Triebe bedecken. Die kleinen, blauschwarzen Beeren reifen nur in sehr warmen Sommern. Schnitt ist kaum nötig, doch wird scharfer Rückschnitt vertragen. Gedeiht in sonniger und schattiger Lage, aber nicht auf trockenem oder kalkhaltigem Boden. Höhe und Breite 30 bis 40 cm.

*BERBERIS THUNBERGII* 'HELMOND PILLAR'
THUNBERGS BERBERITZE
Eine sommergrüne, dicht aufrecht wachsende Berberitze mit weinroten Blättern, die nicht vergrünen und sich im Herbst leuchtend scharlachrot färben. Aus den weißen Blüten entwickeln sich rote Beeren. Gelegentliches Auslichten des alten Holzes regt die Bildung neuer Triebe an. Gedeiht in Sonne wie Schatten. Eine rotlaubige Zwergform, *B. th.* 'Bagatelle', erreicht nur Igelgröße und passt in Miniaturgärten. 'Helmond Pillar' wird bis 1,2 m hoch und 75 cm breit.

*BUDDLEJA DAVIDII* 'NANHO BLUE'
SOMMERFLIEDER
Ein kleiner Sommerflieder mit elegant überhängenden Trieben und kurzen, tiefblauen, duftenden Blütenrispen. Winterhart, liebt guten Boden und volle Sonne. Da er am einjährigen Holz blüht, schneidet man im zeitigen Frühjahr auf etwa 10 cm zurück. Diese Sorte erreicht mit 2 m nicht die Höhe der Art, wächst aber etwas breiter.

*CARPENTERIA CALIFORNICA* 🏆
KALIFORNISCHE ZISTROSE
Ein frostempfindlicher, immergrüner Strauch, der an einer warmen Mauer als Fächer gezogen werden kann. Ältere Pflanzen blühen im Sommer weiß mit gelben Staubgefäßen. Bei eingewöhnten Pflanzen wird nach den letzten Frösten ein Drittel der alten Triebe entfernt. Bevorzugt guten Boden; in Mitteleuropa allenfalls in mildesten Lagen winterhart. Höhe und Breite 1,5 m.

WILLMOTTS HORNNARBE
*(CERATOSTIGMA WILLMOTTIANUM)*

ZISTROSE *(CISTUS X DANSEREAUI* 'DECUMBENS')

*CERATOSTIGMA WILLMOTTIANUM*
WILLMOTTS HORNNARBE
Ein sommergrüner, niedriger Strauch von lockerem Wuchs, der von Spätsommer bis Frühherbst tiefblau blüht, während sich das Laub bereits weinrot färbt. Braucht nährstoffreichen, trockenen oder feuchten Boden und volle Sonne, im Winter Schutz durch eine Reisigabdeckung. Rückschnitt im Frühjahr, bis 1 m hoch und breit.

*CHOENOMELES SPECIOSA* 'ATROCOCCINEA'
ZIERQUITTE
Alle Zierquitten sind hervorragende Sträucher für Mauern. 'Atrococcinea' blüht dunkelrot, daneben gibt es weiß, rosa und orange blühende Sorten. Schneiden Sie unerwünschte Triebe gleich nach der Blüte ab; die natürliche Wuchsform sollte dabei unterstützt werden. Bei Mauersträuchern entfernt man alle nach vorn wachsenden Triebe und zieht sie als Fächer heran. Die Früchte reifen gegen Ende der Saison. Zierquitten mögen sonnige bis leicht schattige Lagen und wachsen in jedem Gartenboden außer in sehr basischem. Höhe und Breite etwa 3 m.

*CHOISYA* 'AZTEC PEARL' 🏆
ORANGENBLUME
Ein schöner, immergrüner Strauch mit glänzend grünen, gefingerten Blättern. Die stark duftenden, weißen Blütenstände erscheinen im Frühsommer, in warmen Jahren ist eine Nachblüte möglich. Benötigt milde Lagen, sonst am besten im Kalthaus überwintern. Falls der Strauch zu groß wird, alle drei oder vier Jahre auf etwa 50 cm zurückschneiden. Verträgt Sonne wie Schatten und jeden Boden außer stark basischem. Höhe und Breite etwa 1 m.

*CISTUS X DANSEREAUI* 'DECUMBENS' 🏆
ZISTROSE
Ein exzellenter immergrüner Kriechstrauch, der sich stark ausbreitet, aber leicht zurückgeschnitten werden kann. Er hat schmale grüne Blätter und trägt von Früh- bis Hochsommer kleine weiße Blüten, jedes Blütenblatt hat am Grund einen dunkelroten Fleck. Wächst in jedem Boden in voller Sonne, muss in Mitteleuropa aber frostfrei überwintert werden. Höhe 60 cm bei 1,2 m Breite.

*CONVOLVULUS CNEORUM* 🏆
SILBERWINDE
Ein niedriger, buschiger Strauch, gut geeignet für Gärten mit wenig Platz, beliebt sowohl der Blüten als auch des immergrünen Laubs wegen. Im seidenen Glanz der schmalen, grauen Blätter bricht sich das Licht. Passt am besten zu anderen graublättrigen Pflanzen wie Lavendel und Heiligenblume *(Santolina)*, die ebenfalls viel Sonne und durchlässigen Boden brauchen. Weiße Blüten schmücken die Pflanze vom späten Frühjahr bis zum Hochsommer. Leichter Rückschnitt im zeitigen Frühjahr fördert den Blütenansatz. Braucht Winterschutz. Höhe und Breite bis 75 cm.

*COTONEASTER COCHLEATUS* 🏆
ZWERGMISPEL
Mehrere Arten sind hervorragende Bodendecker: *C. congestus* bildet kleine Polster, *C. salicifolius* 'Repens' mit schmal zugespitzten, immergrünen Blättern wächst breit flächig. Der immergrüne, dicht belaubte *C. cochleatus* ist ideal für kleinste Gärten, aber etwas frostempfindlich. Er wächst mattenartig oder hängt von niedrigen Mauern herab, kann sich dort aber auch in die Höhe schieben. Weiße Blüten im Frühjahr, später große, scharlachrote Früchte. Gedeiht in jedem Boden in Sonne und lichtem Schatten, benötigt keinen Schnitt. Höhe bis zu 1 m, Breite bis 1,5 m.

*CUPHEA CYANAEA*
KÖCHERBLÜMCHEN
Ein immergrüner Halbstrauch aus Südamerika, der frostfrei, aber kühl und hell überwintert werden muss. Den ganzen Sommer über erscheinen unzählige

Köcherblümchen (*Cuphea cyanaea*)

Efeuaralie (x *Fatshedera lizei* 'Variegata')

leuchtend orangerote Röhrenblüten. Ein Schnitt ist selten nötig. Wird am besten im Kübel gezogen und liebt geschützte, sonnige Lagen. Höhe und Breite höchstens 1 m.

*DAPHNE MEZEREUM*
GEMEINER SEIDELBAST
Der Seidelbast mit seiner intensiv duftenden, frühen Blüte sollte eigentlich in keinem Garten fehlen. Die malvenfarben-violetten oder weißen Blüten erscheinen im Spätwinter, noch vor den Blättern, längs der steif aufrecht wachsenden Zweige. Winterhart, bevorzugt kalkhaltigen, gut durchlässigen Boden und kühle, leicht schattige Lagen. Kein Schnitt erforderlich. 'Autumnalis' ist eine Sorte mit blassrosa Blüten, die sich schon zu Weihnachten öffnen. Höhe bis 75 cm, Breite bis 1 m.

*DAPHNE TANGUTICA* ♀
SEIDELBAST
Auch diese Art duftet sehr intensiv. Bleibt sehr niedrig, ist daher auf engem Raum gut verwendbar. Purpurfarbene Knospen entwickeln sich in Köpfchen am Ende der vorjährigen Triebe zu weißen Blüten. Die schmalen immergrünen Blätter sind unterseits silbrig. Verlangt lichten Schatten und guten, nicht vernässenden Boden. Benötigt keinen Schnitt und wächst zu einem kompakten, stämmigen Strauch von etwa 75 cm Höhe und 1 m Breite heran.

*ESCALLONIA* 'RED ELF'
ESKALLONIE
Ein winziger, immergrüner Strauch, der vom Hochsommer bis zum Herbst mit dunkelroten Blüten übersät ist. Friert auch in milden Lagen und mit Winterschutz bis zum Boden zurück, treibt aber meist wieder aus und blüht noch im selben Jahr. Höhe etwa 1 m.

*EUONYMUS ALATUS* 'COMPACTUS' ♀
GEFLÜGELTER SPINDELSTRAUCH
*E. alatus* fällt durch Korkleisten an den Zweigen und intensive Herbstfärbung auf. 'Compactus', eine Zwergform, ist die meiste Zeit des Jahres ein unauffälliger Strauch, da die Art bei uns nur spärlich blüht und fruchtet, doch im Herbst färbt sich sein Laub so leuchtend dunkelrot wie das der Art. Benötigt keinen Schnitt, ist winterhart und gedeiht am besten auf gutem Boden in voller Sonne, wo er etwa 1 m Höhe und Breite erreicht.

*EUONYMUS FORTUNEI* 'EMERALD GAIETY' ♀
KLETTER-SPINDELSTRAUCH
Eine unentbehrliche Sorte des Kletter-Spindelstrauchs mit immergrünen, weiß gerandeten Blättern. Ähnlich sind 'Emerald 'n' Gold' ♀ mit goldgelb gerandeten und 'Sunspot' mit gelb panaschierten Blättern von dunklerem Grün. Alle vertragen starken Schnitt und sind als Zwergsträucher oder dicht gepflanzt als Bodendecker verwendbar. Sie sind winterhart, bodentolerant und gedeihen in Sonne wie Schatten. Die Panaschierung ist im Schatten weniger stark ausgeprägt, und die Gelbtöne sind in der Sonne intensiver. Ohne Schnitt erreichen sie etwa 60 cm Höhe und 3 m Breite.

X *FATSHEDERA LIZEI* ♀
EFEUARALIE
Diese Kreuzung zwischen Efeu und Zimmeraralie ist ein immergrüner, gegenüber Luftverschmutzung toleranter Strauch, also besonders gut für die Stadt geeignet. Er ist sehr anpassungsfähig und gedeiht auch in kleinen, dunklen Gärten. Als Fächer an einer Mauer gezogen, wird er sehr breit, verträgt aber starken Rückschnitt ins alte Holz. Eine nützliche Pflanze für etwas schwierige Standorte, ihre gelappten Blätter bleiben auch im Schatten glänzend grün. Gedeiht am besten in tiefgründigem, gutem Boden, nimmt aber auch mit jedem anderen vorlieb. Muss im Kalthaus überwintert werden. Die grünen Blüten sind klein und eher unscheinbar. Es gibt auch eine weiß panaschierte Sorte. Höhe bis etwa 1,5 m bei 3 m Breite als Fächer.

Efeu *(Hedera helix* 'Congesta')

Sonnenröschen *(Helianthemum* 'Fire Dragon')

Hortensie *(Hydrangea* 'Preziosa')

*FUCHSIA* 'TOM THUMB' 🏆
FUCHSIE
Fuchsien blühen im Spätsommer, nach den meisten anderen Sträuchern, was sie wertvoll für den Garten macht. 'Tom Thumb' ist eine Zwergform mit dunkelgrünen Blättern und hängenden, scharlachrot und violett gefärbten Blüten. Muss frostfrei überwintert werden. Auch die wenigen frostharten Fuchsien frieren meist bis zum Boden zurück, treiben aber rasch wieder aus. Sie vertragen jeden Boden, lieben feuchtes Klima und gedeihen in Sonne bis Halbschatten.
Die härtesten Sorten sind 'Riccartonii' und 'Gracilis'. 'Tom Thumb' wächst kompakt und wird etwa 50 cm hoch und breit.

*HEBE BUXIFOLIA*
STRAUCHVERONIKA
Der zwergige Strauch aus Neuseeland hat kleine, glänzende, immergrüne Blätter, die an Buchsbaum erinnern. Die weißen, im Frühsommer erscheinenden Blüten duften schwach. Vernässte oder austrocknende Böden verträgt er nicht, ein leichter Rückschnitt im Frühjahr ist empfehlenswert. Es gibt auch kleine Arten mit grauem Laub wie die zinnfarbene *H. pinguifolia* 'Pagei' 🏆 oder die flach wachsende, filigrane *H. pimeleoides* 'Quicksilver' 🏆 mit kleinen silbergrauen Blättern. Höhe bis 50 cm, Breite bis 1 m.

*HEDERA HELIX* 'CONGESTA' 🏆
EFEU
Nicht jeder Efeu klettert mit Haftwurzeln oder kriecht. Es gibt aufrechte Sorten, die mit ihrem straffen, säulenartigen Wuchs auf engem Raum eine zentrale Rolle spielen können: 'Erecta' 🏆 hat breitere Blätter und wird mit 1 m höher als die schlankere, nur 45 cm erreichende 'Congesta', die aber etwas empfindlicher ist. Beide können breiter als hoch werden, wachsen aber von sich aus aufrecht; alle seitlich abstehenden Triebe sollten allerdings entfernt werden, um die vertikale Wuchsform der Pflanzen zu erhalten.

*HELIANTHEMUM*-SORTEN
SONNENRÖSCHEN
Sonnenröschen eignen sich gut für heiße, sonnige Lagen. Neben Sonne verlangen sie eher trockenen Boden, sind sonst aber anspruchslos und blühen den ganzen Sommer lang. Besonders schön wirken sie zusammen mit Steingartenpflanzen zwischen Steinen und Kies, aber auch als Wegsaum. Leichter Rückschnitt am Anfang des Frühjahrs fördert den Ansatz von Blütentrieben. Die kühlen Farben von Sorten wie 'Wisley Primrose' 🏆, 'Wisley White' oder 'Rhodanthe Carneum' 🏆 sind sehr attraktiv, ebenso die wärmeren Töne von 'Fire Dragon' 🏆 oder 'Henfield Brilliant' 🏆.
Höhe bis 30 cm, Breite bis 1 m.

*HELICHRYSUM ITALICUM* SSP. *SEROTINUM*
(SYN. *H. ANGUSTIFOLIA*)
STROHBLUME
Eine der härtesten Arten, wegen ihrer aromatischen Blätter auch Currypflanze genannt. Der immergrüne Strauch mit feinen, schmalen, silbergrauen Blättern lässt sich durch Schnitt zu niedrigen Hecken oder runden Polstern formen. Braucht gut durchlässigen Boden und volle Sonne, passt gut zu Lavendel, Sonnenröschen und Silberrauten. Höhe und Breite 60 bis 75 cm.

*HYDRANGEA* 'PREZIOSA' 🏆
HORTENSIE
Unter den zahlreichen Sorten von Gartenhortensien ist die kleine, winterharte 'Preziosa' besonders empfehlenswert für kleine Gärten, denn sie hat gleich zwei interessante Aspekte zu bieten: Im Spätsommer entfalten sich die rosafarbenen Blütenstände, die zum Ende der Saison purpur- bis weinrot werden. Dazu nimmt das Laub eine ungewöhnliche Herbstfärbung, ein purpurn überhauchtes Flaschengrün, an. Hortensien lieben sonnige bis leicht schattige Lagen und tiefen, fruchtbaren, feuchten Boden (je trockener der Boden, desto mehr Schatten ist erforderlich). In saurem Boden können die Blüten blau bis malvenfarben werden. Alte, abgestorbene Zweige werden im Winterhalbjahr entfernt. Höhe und Breite gut 1 m.

Lavendel *(Lavandula angustifolia* 'Hidcote'*)*

Duftblüte *(Osmanthus delavayi)*

*LAVANDULA ANGUSTIFOLIA* 'HIDCOTE' 🏆
LAVENDEL
Der kompakte, intensiv duftende Lavendel ist ideal für kleine Gärten mit viel Sonne und gut durchlässigem Boden. Im Sommer stehen über dem immergrünen, silbrig grauen Laub Ähren dunkelblauer Blüten. Lavendel eignet sich gut als Begleiter von Pflanzen mit ähnlichen Ansprüchen wie Silberraute, Sonnenröschen und kleinen, bodendeckenden Rosen. Es gibt Sorten von unterschiedlicher Größe und Blütenfarbe, 'Nana Alba' etwa ist eine weiß blühende Zwergform. Wichtig ist regelmäßiger Rückschnitt im Frühjahr und nochmals nach der Blüte, bei dem auch abgestorbene Zweige entfernt, aber nicht die alten Haupttriebe verletzt werden sollten. Eignet sich auch für Einfassungshecken. Endgültige Höhe und Breite bis zu 1 m.

*LOTUS HIRSUTUS* (SYN. *DORYCNIUM HIRSUTUS*)
BACKENKLEE
Ein Halbstrauch mit schmalen, silbrigen Blättern, der am besten in gut durchlässigem, saurem oder basischem Boden in voller Sonne gedeiht. An den Enden einjähriger Triebe entfalten sich im Spätsommer rosaweiße, kleeartige Blüten, im Herbst dunkle, rötlich gefärbte Früchte, ein schöner Kontrast zu den silbrig behaarten Blättern. Benötigt Winterschutz, friert dennoch alljährlich bis zum Boden zurück und braucht daher keinen Schnitt, außer um abgestorbene Triebe zu entfernen. Erreicht in 20 Jahren 70 cm Höhe bei 1,2 m Breite.

*NANDINA DOMESTICA* 'PYGMAEA'
»HEILIGER BAMBUS«
Auch »Heiliger Bambus« genannt, tatsächlich aber ein Verwandter der Berberitze. Ein immergrüner Strauch von zartem Wuchs mit vielen dünnen, unverzweigten, aufrecht wachsenden Trieben und großen, gefiederten, bronzefarbenen Blättern. 'Pygmaea' wird, ebenso wie die niedrigere 'Firepower', besonders wegen der leuchtenden Herbstfärbung geschätzt, zu der manchmal noch rote Früchte kommen. Sehr dekorativ, besonders in Verbindung mit Stein, Ahorn und Gräsern sowie mit Wasser. Benötigt feuchten Boden, Überwinterung am besten im Kalthaus. Der Schnitt beschränkt sich auf das Entfernen alter Blütenstände. Von Zeit zu Zeit sollte ein Drittel aller Triebe entfernt werden, um neues Wachstum von der Basis her anzuregen. Höhe bis 60 cm, Breite bis 1 m.

*OSMANTHUS DELAVAYI* 🏆
DUFTBLÜTE
Duftblüten sind immergrüne Sträucher mit dunkelgrünen, ilexartigen Blättern. Die aus China stammende *O. delavayi* blüht im Frühjahr, ist aber sehr frostempfindlich. Robuster ist die im Herbst blühende *O. heterophyllus.* Bodentolerant, lieben lichten Schatten. Rückschnitt nur bei zu groß gewordenen Pflanzen. Höhe und Breite bis 3 m.

*POTENTILLA FRUTICOSA*
FINGERSTRAUCH
Fingersträucher blühen in vollsonnigen Lagen den ganzen Sommer lang. Es gibt Sorten mit silbrigem Laub wie 'Beesii' 🏆, gelb blühend mit grauen Blättern; 'Manchu', weiße Blüte, graugrüne Blätter und kriechender, mattenförmiger Wuchs; 'Primrose Beauty' 🏆, eine bewährte, alte Sorte mit cremegelben Blüten, und 'Tilford Cream' 🏆 mit größeren Blüten. Die orange oder rosa blühenden Sorten bevorzugen lichten Schatten. Extrem trockene, nasse oder basische Böden werden schlecht vertragen, sonst anspruchslos. Jedes Jahr schneidet man ein Drittel der alten Triebe ganz zurück, zu lange werden gekürzt. Höhe und Breite etwa 1,2 m.

*PYRACANTHA ROGERSIANA* 🏆
FEUERDORN
Ein immergrüner, schnittverträglicher Strauch für frei stehende Hecken oder Mauern und Zäune. Der Schnitt geht zwar auf Kosten der Blüte, doch so bleiben die Sträucher schmal und beanspruchen nicht so viel kostbare Gartenfläche. Sie sind recht dornig, was ungebetene Gäste abschrecken mag, und haben dicht stehende,

Schweizer Weide *(Salix helvetica)*

Heiligenblume *(Santolina chamaecyparissus)*

schmale dunkelgrüne Blätter. Auf die weißen Blütenstände im Sommer folgen rote, gelbe oder orangefarbene Früchte. *P. rogersiana* hat scharlachrote, die Sorte 'Flava' 🏆 gelbe Früchte. Beide sind resistent gegen Feuerbrand und gedeihen in jedem, außer in sehr basischem Boden, vertragen aber keinen tiefen Schatten, keine zugigen Ecken und nur wenig Frost. Unempfindlicher ist *P. coccinea*, besonders die rotfrüchtige Sorte 'Kasan'. Schnitt im Winter bis Vorfrühling.
Höhe 4 m bei 3 m Breite.

*RUSCUS ACULEATUS*
MÄUSEDORN
Ein nützlicher, immergrüner Strauch, der noch in tiefem Schatten gedeiht, selbst auf trockenem Boden. Die spitzen, stechenden »Blätter« sind tatsächlich kurze, abgeflachte Triebe. In milden Gebieten ist der Mäusedorn ausreichend winterhart; er braucht keinen Schnitt bis auf gelegentliches Entfernen beschädigter Triebe. Höhe bis zu 1 m.

*SALIX HELVETICA* 🏆
SCHWEIZER WEIDE
Diese sehr kleine Weide ist beliebt wegen ihrer weißfilzigen, später gelben Blütenkätzchen, die im Frühjahr vor den Blättern erscheinen. Sie ist von hübschem, stark verzweigtem Wuchs und hat schmale, silbrige Blätter. Schön als kleiner Hochstamm oder als langsam wachsender Zwergstrauch, der gut zu Wasser, Steinen und Ahorn passt. Liebt volle Sonne oder lichten Schatten, braucht keinen Schnitt. Bis 60 cm hoch bei 1 m Breite.

*SANTOLINA CHAMAECYPARISSUS* 🏆
HEILIGENBLUME
Heiligenblumen sind immergrüne, anspruchslose Halbsträucher, ideal für kleine Gärten, weil sie jeden Schnitt vertragen. Im Sommer stehen senfgelbe Blütenköpfchen über dem silbergrauen, fein gefiederten Laub. *S. ch.* var. *nana* 🏆 ist eine besonders niedrige Form mit zitronengelben Blüten. Grüne Blätter hat die hübsche *S. rosmarinifolia* ssp. *rosmarinifolia* (syn. *S. virens)*. Alle Heiligenblumen brauchen unbedingt durchlässigen Boden und volle Sonne. Ein Schnitt im Frühjahr regt das Wachstum an, ein zweiter nach der Blüte fördert eine kompakte Form. Höhe etwa 50 cm bei 1 m Breite.

*SARCOCOCCA HOOKERIANA* VAR. *DIGYNA* 🏆
FLEISCHBEERE
Ein niedriger, immergrüner Strauch mit schmal eiförmigen, purpurfarbenen Blättern an aufrecht stehenden Trieben, der gut in kleine Stadtgärten passt. Die weißen, stark duftenden Blüten erscheinen im Winter. Verlangt guten Boden, der sauer oder basisch sein kann, und Sonne oder mäßigen Schatten. Höhe bis 1,5 m bei 75 cm Breite.

*SYRINGA PUBESCENS* SSP. *MICROPHYLLA*
KLEINBLÄTTRIGER FLIEDER
Bemerkenswert sind die stark duftenden rosa Blüten des Kleinblättrigen Flieders, die im Juni erscheinen. Als Hochstämmchen kommt er in kleinen Gärten besonders gut zur Wirkung. Alle zwei bis drei Jahre entfernt man im Spätsommer ein Drittel der alten, Blüten tragenden Triebe. *S. p.* ssp. *patula* 'Miss Kim' ist eine kompakte, dicht belaubte Sorte von rundem Wuchs, die später blüht und deren Laub sich im Herbst weinrot färbt. Die Blütenknospen sind rosa, die Blüten eisblau und duftend. Sie wird etwas höher als die zuerst genannte Art, die etwa 1,2 m erreicht.

*TEUCRIUM CHAMAEDRYS*
GAMANDER
Der heimische Gamander ist ein immergrüner Halbstrauch mit dunkelgrünen Blättern und rötlich purpurnen Blüten im Spätsommer, der gut zu Fuchsien und niedrigen Rosen passt. Er liebt sonnige, geschützte Lagen und durchlässigen Boden. Im Frühjahr schneidet man ihn um zwei Drittel zurück. Er wird bis zu 40 cm hoch und breit.

Silberkamille *(Anthemis punctata* ssp. *cupaniana)*

Akelei *(Aquilegia* 'McKana'-Hybriden)

# Stauden

*ACANTHUS SPINOSUS* ♀
STACHELAKANTHUS
Mit seinem statuenartigen Wuchs und dem dekorativen Blattwerk setzt er markante architektonische Akzente. Im Spätsommer erscheinen weiße Blüten mit purpurrosa Hochblättern an langen, stacheligen Blütenständen, die sich für Trockensträuße eignen. Liebt durchlässigen Boden und volle Sonne. Höhe bis 1,5 m bei 60 cm Breite.

*ACHILLEA X LEWISII* 'KING EDWARD'
GOLDGARBE
Die Goldgarbe ist eine alpine Verwandte der Schafgarbe. Vom späten Frühjahr bis zum Hochsommer öffnet sie ihre flachen, primelgelben Blütenköpfe, die schön mit ährenförmigen Blütenständen kontrastieren, etwa denen der Gelben Binsenlilie *(Sisyrinchium striatum)*, die ähnlich cremefarben blüht. Die gefiederten Blätter bilden kompakte, halb immergrüne Polster. Braucht Sonne und gut durchlässigen Boden, sonst anspruchslos. In Gruppen pflanzen und alle zwei bis drei Jahre ersetzen. Wird nicht höher als 10 bis 25 cm.

*ANTHEMIS PUNCTATA* SSP. *CUPANIANA*
SILBERKAMILLE
Aromatische, fein geschnittene Blätter bilden im Frühsommer einen zarten Hintergrund für die unzähligen weißen, margeritenähnlichen Blüten. Blüht nach, wenn sie zurückgeschnitten wird. Verlangt volle Sonne und gut durchlässigen Boden, passt gut zu Lavendel und Zwergiris. Nur in milden Lagen winterhart. Höhe bis 25 cm.

*AQUILEGIA* 'MCKANA'-HYBRIDEN
AKELEI
Wertvolle Frühsommerblüher mit gespornten Blüten zwischen hübschem Laub. Sie brauchen wenig Platz, die Zwergform *A. flabellata* var. *pumila* f. *alba* ♀ wird nicht mehr als 30 cm breit und hoch. Höher werden die Züchtungen, die besonders lange Blütensporne und ganz unterschiedliche Farben haben, und die altbekannte Gemeine Akelei *(A. vulgaris)* mit ihren bläulich rosa, karminroten, purpurnen und weißen Sorten. Säen sich in sonniger Lage gern selbst aus, ohne lästig zu werden. Höhe mit Blütenstielen etwa 75 cm, Breite bis 30 cm.

*ARMERIA MARITIMA*
GRASNELKE
Über nahezu immergrünen, dichten Polstern erheben sich im Frühsommer an dünnen Stielen rosa oder weiße Blüten. Eine Zwergform für Miniaturgärten ist *A. juniperifolia* ♀. Gedeihen am besten in voller Sonne auf durchlässigem Boden, auch Kies. *A. maritima* wird bei 30 cm Durchmesser höchstens 15 cm hoch.

*ARTEMISIA SCHMIDTIANA* 'NANA' ♀
JAPANISCHE ZWERGSILBERRAUTE
Viele Silberrauten eignen sich für kleine sonnige Gärten, doch diese ist besonders schön. In trockener, sonniger Lage bildet das filigrane Laub weiche, silbrige Kissen, kriecht über flache Kiesbeete oder hängt von erhöhten Beetkanten herab. Die an Gänseblümchen erinnernden Blüten sind unscheinbar. Höhe 30 cm, Breite 60 cm.

*ASTILBE* 'SPRITE'
PRACHTSPIERE, ASTILBE
Eine besonders niedrige, elegante Sorte, ideal für schattige Plätze, wo der Boden nicht austrocknet. Mulchen hält die Feuchtigkeit und erhöht die Lebensdauer der Pflanzen. Vom Hoch- bis zum Spätsommer erscheinen reich verzweigte Blütenrispen in Zartrosa über dem dunkelgrünen, wie bei allen Hybriden von *A. simplicifolia* attraktiven Laub. Wertvoll sind auch *A.* 'Bronce Elegans' ♀ mit lachsfarbenen Blüten und bronzegetönten Blättern sowie *A. chinensis* var. *pumila* ♀, ein ausladender Bodendecker mit späteren, malvenfarben getönten Blüten. Beide bleiben noch niedriger als die nur 30 cm hohe 'Sprite'.

*BERGENIA* 'BABY DOLL'
BERGENIE
Eine zuverlässige, anpassungsfähige Pflanze, die im

GOLDWOLFSMILCH *(EUPHORBIA POLYCHROMA)*

FUNKIE *(HOSTA 'GINKO CRAIG')*

Schatten gut gedeiht, mit reicher, hellrosa Blüte sehr zeitig im Frühjahr. Die glänzenden, immergrünen Blätter verschönern unansehnliche Ecken und passen gut zu den farnartigen Blättern von Astilben. Mit 20 cm Höhe und 30 cm Breite ist 'Baby Doll' die kleinste Bergeniensorte.

*CAMPANULA PERSICIFOLIA*
PFIRSICHBLÄTTRIGE GLOCKENBLUME
Diese Glockenblume hat dunkelgrüne, den Winter überdauernde Blattrosetten und trägt den ganzen Sommer über nickende Glockenblüten an dünnen, langen Stielen, die einen transparenten »Schirm« bilden. Es sind blau und weiß blühende Sorten erhältlich; alle gut geeignet als Schnittblumen. Gedeiht willig in gutem Boden in voller Sonne oder lichtem Schatten. Meist 60 bis 75 cm hoch und etwa 30 cm breit.

*COREOPSIS* 'GOLDFINK'
MÄDCHENAUGE
Die Sorte blüht im Sommer mit großen, tiefgelben, margeritenähnlichen Blüten. Die schmalen Blätter bilden kleine, grüne Horste. Braucht volle Sonne und guten, durchlässigen Boden, wird nur 30 cm hoch und breit.

*DICENTRA* 'LUXURIANT'
HERZBLUME
Viele Herzblumen sind für kleine Gärten geeignet. Ihren Namen verdanken sie den herzförmigen, hängenden Blüten in Blutrot, Rosa oder Weiß. Alle haben zarte, farnähnliche Blätter, bei dieser zuverlässigen Sorte sind sie bläulich angehaucht und dunkelgrün. Die rosa Blüten im typischen Ton Alter Rosen erscheinen vom Frühjahr bis zum Spätsommer. Herzblumen brauchen frischen Boden in kühler, etwas schattiger Lage und werden bei 25 cm Höhe etwa 20 cm breit.

*EPIMEDIUM GRANDIFLORUM* 'ROSE QUEEN' 🏆
ELFENBLUME
Elfenblumen sind in schattigen Gärten unentbehrlich. Sie wachsen langsam zu kleinen Horsten mit schönen, dünn gestielten Blättern heran, die bei manchen Sorten rot gerandet sind. Sie blühen im Frühjahr, diese Sorte in intensivem Rosa, andere in Blassgelb, die etwas kleinere, sehr schöne *E.* x *youngianum* 'Niveum' 🏆 in Weiß. Benötigen feuchten Boden, sonst geringe Ansprüche; vertragen auch Sonne, aber keine Hitze, Höhe und Breite bis 30 cm.

*EUPHORBIA POLYCHROMA*
GOLDWOLFSMILCH
Schon früh im Jahr, noch vor den Blättern, erscheinen die messinggelben und grünen Hochblätter, die unscheinbare Blüten umgeben. Bei Sonne und sehr durchlässigem Boden den ganzen Sommer eine Zierde. 'Candy' ist eine purpur blühende Sorte mit bronzefarbenem, früh austreibendem Laub. Entfernt man die Fruchtkapseln, ist auch der neue Austrieb dekorativ. Bildet einen runden Horst von 50 cm Höhe und Durchmesser.

*GERANIUM*
STORCHSCHNABEL
Unter den vielen winterharten Storchschnabelarten und -sorten fällt die Wahl schwer. Es gibt niedrig bleibende, lange blühende Steingartenarten wie *G. cinereum* mit rosa Blüten und hübschen Blättern und Bodendecker wie den halb immergrünen Felsenstorchschnabel *(G. macrorrhizum)* mit duftenden Blättern und kleinen, rosa oder weißen Blüten. Er wächst auch in dunklen, ungünstigen Ecken und hält das Unkraut nieder. Fast niederliegend wächst *G. sanguineum* var. *striatum* 'Splendens', eine Form des Blutstorchschnabels, die im Sommer zwei Monate lang rosa blüht. *G.* x *riversleaianum* 'Russell Pritchard' 🏆 blüht tief kirschrot und breitet sich in voller Sonne stark aus, wird aber nur etwa 15 cm hoch.

*HELLEBORUS ORIENTALIS*
FRÜHLINGSCHRISTROSE
Halb immergrüne, unverzichtbare Winter- und Frühjahrsblüher, die sich viele Jahre halten und selbst aus-

Fackellilie *(Kniphofia 'Little Maid')*

Liriope *(Liriope muscari)*

säen, ohne lästig zu werden. Die nickenden, schalenförmigen Blüten bieten eine reiche Farbpalette von Rosa, Weiß und Blassgelb bis zu tiefem Rotbraun, oft mit cremefarbenen Staubgefäßen. Der Blattaustrieb erfolgt kurz nach der Blüte. Bevorzugt Schatten und eignet sich besonders für Nordseiten. Gedeiht in den meisten Böden, auch unter Bäumen. Höhe und Breite etwa 50 cm.

*HEMEROCALLIS* 'STELLA DE ORO'
TAGLILIE
Taglilien sind schöne und verlässliche Sommerblüher. Aus überhängenden, frischgrünen Blätterhorsten wachsen Blütenstände mit lilienartigen Blüten. 'Stella de Oro' blüht goldgelb und stellt keine hohen Ansprüche an Boden und Lage, nur tiefen Schatten mag sie nicht. Sie blüht mehrmals und wird etwa 50 cm hoch und breit. Empfehlenswert ist auch die nur 25 cm hohe, duftende, goldgelbe 'Corky' 🏆, eine der kleinsten Sorten.

*HEUCHERA* 'PEWTER MOON'
PURPURGLÖCKCHEN
Die meisten Sorten bleiben klein und sind auf engstem Raum gut verwendbar. Sie werden sowohl ihrer Blüte als auch ihres Blattwerks wegen gepflanzt und eignen sich gut für Einfassungen, weil ihre immergrünen Blätter Rosetten bilden, die vom Frühjahr bis zum Herbst schön anzusehen sind. 'Pewter Moon' hat bronzefarbene Blätter mit silbernem Schimmer und treibt im Sommer kleine, blassrosa Blütenrispen auf dünnen Stielen. Die Pflanzen brauchen Halbschatten oder Sonne und gut durchlässigen, nahrhaften Boden. Höhe und Breite 35 cm.

*HOSTA* 'GINKO CRAIG'
FUNKIE
Funkien werden in erster Linie wegen ihrer wunderschönen, gerippten Blätter geschätzt, die es in unterschiedlichsten Größen, Formen und Farben gibt. Bei dieser nur 20 cm hohen Zwergsorte sind sie schmal, spitz, weiß gerandet und bilden dichte Horste. Im Sommer erscheinen kleine, malvenfarbene Blüten an hohen Stielen. Etwas größer (50 cm), aber für kleine Gärten noch geeignet ist die Lanzenfunkie *(H. lancifolia)* 🏆 mit glänzend grünen, lanzettförmigen Blättern und dunkelvioletten Blüten im Spätsommer. Beide brauchen feuchten Boden und Schatten.

*KNIPHOFIA* 'LITTLE MAID' 🏆
FACKELLILIE
Die Blütenähren der Fackellilien bringen leuchtende Farben in den Garten. Diese bis 60 cm hohe und 50 cm breite Sorte öffnet im Spätsommer ihre dicht stehenden, elfenbeinfarbenen Blüten. Die schmalen, aufrechten Blätter sind blaugrün. Fackellilien sind Pflanzen mit architektonisch wirkendem Bau. Sie lieben volle Sonne, durchlässigen Boden und brauchen etwas Winterschutz.

*LIRIOPE MUSCARI* 🏆
LIRIOPE
Diese Pflanze mit grasartigen, immergrünen Blättern eignet sich gut für niedrige Einfassungen und als Gruppe zwischen sommergrünen Stauden. Breitet sich durch Rhizome aus, lässt sich aber leicht im Zaum halten. Sie braucht sonnige Lage, gut durchlässigen Boden und sehr guten Winterschutz. Sie blüht ungewöhnlich spät: Erst im Herbst, wenn man es kaum noch erwartet, erscheinen etwa 30 cm hohe Ähren malvenfarbener Blüten. Breite 45 cm.

*OMPHALODES CAPPADOCICA* 🏆
GEDENKEMEIN
An Vergissmeinnicht erinnernde Blüten erscheinen von Frühling bis Sommer. Eignet sich gut als Bodendecker, bleibt aber kontrollierbar. Gedeiht am besten in tiefgründigem, nährstoffreichem, aber durchlässigem Boden in lichtem bis vollem Schatten. Braucht Winterschutz. Breite Blätter, bis 20 cm hohe Blütenstiele, Umfang etwa 25 cm.

GEDENKEMEIN *(OMPHALODES CAPPADOCICA)*

GELBE BINSENLILIE *(SISYRINCHIUM STRIATUM)*

*PHLOX SUBULATA*
POLSTERPHLOX
Niedrige, alpine Pflanzen, bilden bodendeckende, immergrüne Matten, die im späten Frühjahr unter unzähligen kleinen blauen, rosa oder weißen Blüten verschwinden. Sie lieben leichten Boden und volle Sonne, wachsen zwischen Kies und ranken über Einfassungen. Kaum höher als 15 cm und etwa 50 cm breit.

*SALVIA NEMOROSA* 'OSTFRIESLAND' 🏆
STEPPENSALBEI
Von unschätzbarem Wert für kleine Gärten ist diese kompakt wachsende Salbeisorte mit schönen, tiefvioletten Blütenähren während des ganzen Sommers. Auch *S.* x *sylvestris* 'Blauhügel' mit hellblauen Blüten ist empfehlenswert. Beide wachsen in jedem durchlässigen Boden, in voller Sonne oder ganz leichtem Schatten und vertragen Trockenheit. 'Ostfriesland' wird oft mit der ähnlichen, aber blau blühenden 'Rügen' verwechselt. Höhe um 45 cm, Breite um 30 cm.

*SCABIOSA* 'BUTTERFLY BLUE'
SKABIOSE
'Butterfly Blue' ist eine blau blühende Zwergsorte von kompaktem Wuchs und mit großen, charakteristischen Blütenköpfchen. Sie ist für kleine Gärten ideal und dankt ihre Pflege mit einer sehr langen Blütezeit vom Spätfrühjahr bis zum Herbst. Zieht Schmetterlinge an; gedeiht meist problemlos in leichten, durchlässigen Böden in sonniger Lage. Höhe und Breite nur um 30 cm.

*SCHIZOSTYLIS COCCINEA*
KAFFERNLILIE
Spät im Jahr, wenn nur noch wenig blüht, erscheinen die tiefroten, rosa oder weißen Blüten der Kaffernlilie, die unter günstigen Bedingungen bis in die Weihnachtszeit halten. Ebenso attraktiv wie die Blüten sind die schwertförmigen Blätter, die sich an unterirdischen Rhizomen entwickeln. Zum Ende des Jahres sind sie immer noch grün und wirken besonders schön zu den nun pergamentfarbenen Blättern der Ziergräser und den bronzefarbenen von *Sedum* 'Herbstfreude' 🏆. Die Pflanzen vertragen Sonne und lichten Schatten, brauchen aber etwas feuchten, guten Boden und müssen kühl, aber frostfrei überwintert werden. Höhe bis 60 cm, benötigen aber nur etwa 25 cm Platz.

*SEDUM TELEPHIUM* SSP. *MAXIMUM* 'ATROPURPUREUM' 🏆
PURPURFETTHENNE
Die Purpurfetthenne hat in einem kleinen Garten viel zu bieten: tief purpurfarbene, dickfleischige Blätter und anfangs rosa, dann pflaumrote, flache Blütenköpfe, die sich im Spätsommer bronze färben und schließlich zu schokoladenbraunen Fruchtständen entwickeln. Höhe mit Blütenstielen 60 cm, Breite ebenfalls 60 cm.

*SISYRINCHIUM STRIATUM*
GELBE BINSENLILIE
Schilfartige, immergrüne Blätter bilden breite Fächer, aus denen sich im Sommer lange Ähren mit cremegelben Blüten erheben. Es gibt auch eine kleiner bleibende, cremegelb panaschierte Sorte. Beide wirken sehr edel. Sie gedeihen in jedem Boden in voller Sonne, brauchen aber Winterschutz. Höhe bis 60 cm, Breite etwa 25 cm.

*VERBENA BONARIENSIS*
PATAGONISCHES EISENKRAUT, VERBENE
Das Patagonische Eisenkraut trägt vom Hochsommer an kleine, lavendelfarbene, duftende Blüten, die in dichten Doldentrauben an langen, dünnen, verzweigten Stielen sitzen. Wegen seiner Transparenz kann es trotz seiner Höhe als »Schirm« an der Vorderkante von Beeten gepflanzt werden. Die Art ist zwar kurzlebig, sät sich aber leicht selbst aus, vorausgesetzt, sie wächst in durchlässigem Boden in voller Sonne. Sie erreicht etwa 1,5 m Höhe und wird 60 cm breit.

Zierlaucharten (*Allium sphaerocephalon* und *A. christophii*)

Winterlinge (*Eranthis hyemalis*)

Hundszahnlilien (*Erythronium dens-canis*)

# Zwiebeln und Knollen

*ALLIUM HOLLANDICUM* 'PURPLE SENSATION' 🏆
ZIERLAUCH
Ein sehr schöner Zierlauch mit großen, purpurnen Blütenkugeln auf langen Stielen. Die kleinen Einzelblüten sind sternförmig und öffnen sich im Frühsommer, wenn die grasartigen Blätter schon vertrocknen. Pflanzung im Herbst, breitet sich in durchlässigem Boden und sonniger Lage aus. Schön sind auch die Fruchtstände zwischen Spätblühern und Ziergräsern. Höhe bis 1 m.

*ALLIUM SPHAEROCEPHALON*
KUGELLAUCH
Die dunkelroten bis rötlich braunen, lang gestielten Blütenköpfe passen gut zu Blütenstauden; auch die Fruchststände im Spätsommer sind sehr schön. Liebt gut durchlässigen Boden in voller Sonne. Blätter halb aufrecht wachsend, Höhe mit Blüte 50 cm bis 1 m.

*ANEMONE BLANDA* 🏆
FRÜHLINGSANEMONE
Die kleinen, anspruchslosen Knollen der Frühlingsanemonen pflanzt man am besten in größerer Zahl unter Bäumen, wo sie sich rasch einbürgern. Es gibt blau, rosa und weiß blühende Sorten, doch sollte man die unterschiedlichen Farben besser nicht mischen. Sie schätzen leichten Schatten und Winterschutz und blühen im Spätwinter mit Schneeglöckchen und Winterlingen. Im Herbst pflanzen, vermehren sich selbst. Höhe um 15 cm.

*CROCUS SPECIOSUS* 🏆
HERBSTKROKUS
Ein wunderschöner Herbstkrokus mit schlanken, trichterförmigen Blüten in Lilablau, die ab dem Spätsommer erscheinen. Er ist winterhart, braucht aber gut durchlässigen Boden und Sonne. Pflanzung im Herbst, Höhe etwa 10 cm.

*CROCUS TOMMASINIANUS* 🏆
KROKUS
Ein Krokus, der im zeitigen Frühjahr lila und purpurn blüht und sich in sonniger oder auch leicht schattiger Lage auf durchlässigen Böden rasch vermehrt. Man pflanzt ihn im Herbst in lockeren Gruppen. Höhe um 10 cm.

*CYCLAMEN COUM* 🏆
FRÜHLINGS-ALPENVEILCHEN
Blüht im Frühjahr weiß, rosa oder violett, die dunkelgrün und silbern gemusterten, herzförmigen Blätter bilden einen dekorativen Hintergrund. Im Halbschatten auf guten, humusreichen Böden breitet es sich rasch aus. Gedeiht am besten unter Sträuchern oder Bäumen, wo es auch Trockenheit verträgt. Braucht Winterschutz. Nur in namhaften Gärtnereien kaufen. Höhe bis 10 cm.

*ERANTHIS HYEMALIS* 🏆
WINTERLING
Winterlinge eignen sich für schattige kleine Gärten genauso gut wie für sonnige, offene Standorte. Ihre lebhaft gelben Blüten sind mitten im Winter immer ein willkommener Anblick. Pflanzen Sie die Knollen in feuchten, aber kiesigen, durchlässigen Boden und lassen sie sich ungestört vermehren. Sie werden sich unter Sträuchern ausbreiten und brauchen weiter keine Pflege. Höhe knapp 10 cm.

*ERYTHRONIUM DENS-CANIS* 🏆
HUNDSZAHNLILIE
Die Hundszahnlilie blüht im Frühjahr. Sie sollte gleich nach dem Kauf gepflanzt werden, da die Zwiebeln leicht austrocknen. Sie bevorzugt kühle Lagen, braucht humusreichen Boden und schätzt eine Laubdecke. Zwischen zwei gesprenkelten Blättern entwickelt sich die lang gestielte, weiße, rosa oder auch purpurfarbene Blüte mit zurückgebogenen Blütenblättern. Lässt man die Hundszahnlilie ungestört, gedeiht sie über Jahre. Höhe zur Blütezeit etwa 15 cm.

Narzissen (*Narcissus* 'Tête-à-Tête')

Tulpen (*Tulipa aucheriana*)

*IRIS RETICULATA* 🏆
NETZBLATT-IRIS
Diese Iris eignet sich besonders für Schalen und für Steingärten, wo gute Drainage sichergestellt ist und sie viel Licht erhält. Die Blüten sind purpurn mit gelber Zeichnung und duften, es gibt auch blass- und dunkelblaue, gelbe und cremefarbene Kreuzungen. Sie gedeihen am besten in leichtem, gut durchlässigem und basischem Boden, wo man sie im Herbst etwa 8 cm tief steckt. Höhe bis 15 cm.

*LILIUM MARTAGON*
TÜRKENBUNDLILIE
Gedeiht am besten in halbschattigen Gartenbereichen, denen ihre dunkel purpurfarbenen oder auch weißen Blüten einen Hauch von Eleganz verleihen. Aus der Mitte der zurückgebogenen Blütenblätter hängen lange Staubgefäße. Diese Lilie wird bis 75 cm hoch, verträgt Kalk und lässt sich in durchlässigem, aber nahrhaftem Boden einbürgern.

*MUSCARI ARMENIACUM* 🏆
TRAUBENHYAZINTHE
Traubenhyazinthen neigen zur Selbstaussaat, was aber durchaus erwünscht ist, denn ihre tiefblauen Blüten im Frühjahr erfreuen das Auge. Am besten setzt man sie in unregelmäßiger Anordnung zwischen Stauden, die die nach der Blüte absterbenden, unschönen Blätter verdecken. In gut durchlässigem Boden in Sonne oder lichtem Schatten werden es Jahr für Jahr mehr Pflanzen. Höhe 15 bis 20 cm.

*NARCISSUS* 'FEBRUARY GOLD' 🏆
ALPENVEILCHENNARZISSE
Diese zwergige Sorte gehört zu den am frühesten blühenden Narzissen, ist daher für kleine Gärten sehr wertvoll. Die Blüte hält sehr lange und knickt bei Wind nicht um. Die Nebenkrone ist tiefer gelb als die umgebenden Blütenblätter, die etwas zurückgebogen und zugespitzt sind. 'February Silver' ist eine weiß blühende Sorte. Beide werden in Sonne oder Schatten heimisch und knapp 20 cm hoch.

*NARCISSUS JONQUILLA* 🏆
DUFTNARZISSE, JONQUILLE
In der Jonquillen-Gruppe gibt es zahlreiche schöne, allesamt duftende Sorten wie etwa die vielblütige 'Baby Moon'. Am besten pflanzt man sie in Schalen oder erhöhte Beete. Sie blühen im Spätfrühling und werden rund 25 cm hoch.

*NARCISSUS* 'TÊTE-À-TÊTE' 🏆
NARZISSE
Sehr beliebt für kleine Gärten ist diese kleine Narzissensorte, die in Sonne oder lichtem Schatten zuverlässig gedeiht. Im zeitigen Frühjahr entwickeln sich an jedem Stiel zwei oder mehr zierliche, zitronengelbe Blüten. Höhe bis 15 cm.

*TULIPA AUCHERIANA* 🏆
TULPE
Die kleineren botanischen Tulpen wie diese rosa blühende Art geben dem Frühsommer Glanz. Am besten setzt man sie neben Wege oder zwischen Steine, wo man sie gut sieht. Die Blüten öffnen sich weit sternförmig, bevor die Blütenblätter abfallen. Diese Tulpen lieben es recht hell, aber etwas kühl. In der Ruhezeit nimmt man sie aus dem Boden, damit sie nicht faulen oder von Tulpenbrand befallen werden. Höhe nur knapp 10 cm. Alle Tulpen sollte man nur von namhaften Betrieben kaufen, niemals aber Wildpflanzen nehmen.

*TULIPA KAUFMANNIANA*
TULPE
Eine der frühesten Tulpen, die meist schon am Ende des Frühjahrs blüht. Es gibt viele Sorten in oft leuchtenden Farben: 'Concerto' blüht cremeweiß, 'Heart's Delight' karminrot mit rosa Rand und innen cremefarben gefüllt. Dazu kommen die gestreiften Blätter. Problemlos in voller Sonne und gut durchlässigem Boden, wo sie 20 bis 25 cm hoch werden.

Schönmalve *(Abutilon megapotamicum)*

Waldrebe *(Clematis 'Niobe')*

# Kletterpflanzen

*ABUTILON MEGAPOTANICUM* 🏆
SCHÖNMALVE
Ein immergrüner Strauch für Mauern, der hängende, schmal glockenförmige Blüten trägt. Seine dünnen Triebe können fächerförmig an einer Mauer gezogen werden, wobei über viele Wochen buttergelbe und purpurrote Blüten vor dem Hintergrund der herzförmigen und ovalen Blätter erscheinen. Höhe und Breite 3 m. Muss in Mitteleuropa im Kalthaus überwintert werden.

*CLEMATIS*
WALDREBE
Waldreben sind ideale Kletterpflanzen für kleine Gärten, denn die meisten benötigen nur wenig Platz. Sie ranken über Zäune, Mauern, Bäume und Büsche und umweben Stauden. Waldreben blühen sehr reich, und auch die feinen Gespinste der Fruchtstände sind bei manchen Arten sehr dekorativ. Es gibt Laub abwerfende und immergrüne Arten. Alle gedeihen gut in sonniger Lage, solange ihr Wurzelraum kühl, tiefgründig und feucht bleibt. Im Sommer muss man sie regelmäßig düngen und wässern. Waldreben blühen zu jeder Jahreszeit, vom Frühling bis in den Herbst und manche sogar im Winter, so dass man fast das ganze Jahr etwas von ihnen hat. Oft herrscht Unklarheit darüber, wie man *Clematis* schneiden soll. Dazu ist zu sagen, dass alle Waldreben sowohl geschnitten als auch ungeschnitten belassen werden können. Damit sie sich aber gerade auf kleinem Raum so schön wie möglich entwickeln, sollte man sie entsprechend ihrer Zugehörigkeit zu einer der folgenden Gruppen schneiden.

Gruppe 1: Früh blühende Arten wie die Alpenwaldrebe *(C. alpina)* 🏆, die Großblütige Alpenwaldrebe *(C. macropetala)* und die sehr stark wachsenden Sorten der Bergwaldrebe *(C. montana)* bevorzugen warme Mauern, nehmen aber auch mit exponierteren Orten vorlieb. Die Blüten erscheinen im Spätwinter oder Frühling an den vorjährigen, ausgereiften Trieben. *C. montana* kann ein ziemliches Dickicht bilden, das einen kräftigen Rückschnitt erfordert; ansonsten schneidet man nach der Blüte etwas zurück, so dass die neuen Triebe für das nächste Jahr ausreifen können.
Gruppe 2: Hierzu gehören die großblumigen Sorten, die vom Frühjahr bis zur Jahresmitte an den vor- und diesjährigen Trieben blühen. Man schneidet sie im zeitigen Frühjahr vor dem Austrieb bis dahin zurück, wo die neuen Knospen in den Blattachseln zu sehen sind.
Gruppe 3: Bei diesen spät blühenden Sorten erscheinen die großen Blüten an den neuen Sommer- und Herbsttrieben. Zu dieser Gruppe gehören auch die spät blühenden Arten und kleinblütigen Sorten, die am diesjährigen Holz blühen. Man schneidet sie zeitig, vor dem Austrieb, bis zu einem neuen, blattachselständigen Knospenpaar herunter und entfernt alle vorjährigen Triebe.

*C. ALPINA* 'FRANCES RIVIS' 🏆
Gruppe 1. Kleine, nickende, laternenförmige blaue Blüten im späten Frühjahr. Höhe bis 2,5 m.
*C. CIRRHOSA* VAR. *BALEARICA* 🏆
Gruppe 1. Immergrüne, farnartige Blätter, cremeweiße, glockenförmige Blüten im Winter. Seidige Fruchtstände im zeitigen Frühjahr nach der Blüte. Höhe bis 10 m. Bei uns kaum winterhart.
C. 'GÉNÉRAL SIKORSKI' 🏆
Gruppe 2. Im Frühsommer große blaue Blüten mit überlappenden Blütenblättern und cremegelben Staubgefäßen. Wird bis 3 m hoch.
*C. MACROPETALA* 'LAGOON'
Gruppe 1. Vom späten Frühjahr bis zum Sommer erscheinen unzählige kleine, halb gefüllte, nickende blaue Blüten. Höhe bis 3,6 m.
C. 'NIOBE' 🏆
Gruppe 2. Frühe, großblumige Sorte, die den ganzen Sommer hindurch blüht. Samtige, weinrote Blüten mit grünlich gelben Staubgefäßen. Höhe bis zu 3 m.
C. 'POLISH SPIRIT' 🏆
Gruppe 3. Stark wachsende Sorte aus der Gruppe spät blühender *C. viticella*, dunkelviolette Blüten mit cremefarbenen Staubgefäßen, üppiges Laub. Bis 4,5 m Höhe.

Jungfernrebe *(Parthenocissus henryana)*

Kletterrose *(Rosa* 'Guinée'*)*

C. 'ROYAL VELOURS' 🏆

Gruppe 3. Stark wachsende, spät blühende *C. viticella*-Sorte mit kleinen, violetten Blüten. Höhe bis 6 m.

*CLIANTHUS PUNICEUS* 🏆

PAPAGEISCHNABEL

Der Name bezieht sich auf die ungewöhnliche Form der roten Blüten, die in Gruppen an dieser halb immergrünen Kletterpflanze hängen. Die schmalen, gefiederten Blätter mit bis zu 25 Blättchen geben dazu einen passenden Hintergrund, doch benötigen die dünnen Triebe einen Halt aus Draht. Die frostempfindliche Pflanze sollte im Kalthaus überwintert werden; sie braucht gut durchlässigen Boden. Höhe bis 4 m.

*ECCREMOCARPUS SCABER* 🏆

SCHÖNRANKE

Eine frostempfindliche, raschwüchsige, immergrüne Kletterpflanze, die sich mit Ranken an Draht festhält. Meist einjährig gezogen, in geschützter Lage auch mehrjährig. Gedeiht in jedem Boden. Blütenstände mit orangeroten, schmal röhrenförmigen Blüten, aus denen sich Fruchtkapseln entwickeln. Höhe bis 3 m.

*HEDERA HELIX* 'ORO DI BOGLIASCO' (SYN. 'GOLDHERZ')

GELBBUNTER EFEU

Eine der wertvollsten immergrünen Kletterpflanzen, wächst in tiefem Schatten und bringt mit ihren in der Mitte cremegelben Blättern Licht in dunkle Ecken. Alle rein grünen Triebe werden entfernt.

*HEDERA HELIX* 'SAGITTIFOLIA'

PFEILBLATTEFEU

Beliebt wegen der schmalen, fingerförmig gelappten Blätter, die an der Wand Muster bilden. Eignet sich auch als Bodendecker oder zum Umranken von Stützmauern. Winterhart, dicht belaubt und raschwüchsig.

*PARTHENOCISSUS HENRYANA* 🏆

JUNGFERNREBE

Diese wertvolle, schmalblättrige Art hat dunkelgrünes, samtiges Laub mit silberweißen Blattadern, das sich im Herbst scharlachrot färbt. Die Farben sind an einem sonnigen Standort weniger stark ausgeprägt. Überwinterung im Kalthaus. Klimmt mit Ranken, an deren Enden Haftscheiben sitzen. Höhe 10 m.

*PASSIFLORA CAERULEA* 🏆

BLAUE PASSIONSBLUME

Die Blüten sind bemerkenswert: Ein zentraler Kranz purpurfarbener Staubgefäße ist von einem Ring bläulich weißer Blütenblätter umgeben. In warmen Sommern werden große, orangefarbene, eiförmige Früchte angesetzt. Gut geeignet für neu angelegte Gärten, schnellwüchsig und halb immergrün. Sie benötigt aber milde Lagen und Winterschutz. Hält sich mit Hilfe von Ranken an Drähten, Spalieren oder anderen Pflanzen fest. Bei voller Sonne und nahrhaftem Boden bis 10 m Höhe.

KLETTERROSEN

Für fast jeden Standort gibt es geeignete Rosen. In ganz kleinen Gärten sind die nicht so stark wachsenden Kletterrosen die beste Wahl. Ihre großen, einzeln stehenden Blüten erscheinen vom Sommer bis zum Herbst. Bei manchen Rosen tragen Hagebutten zum herbstlichen Farbenschmuck bei. Die meisten Kletterrosen blühen an diesjährigen Trieben und benötigen einen Schnitt im zeitigen Frühjahr. Zusammen mit *Clematis* sind sie ideal für Spaliere, Säulen und Pergolen.

'AIMÉE VIBERT'

Eine früh blühende Noisette-Rose mit Büscheln rein weißer Blüten. Starkwüchsig, erreicht 3,6 m Höhe bei 3 m Breite. Frostempfindlich.

'GUINÉE'

Samtige, tiefrote, duftende Blüten. Anpassungsfähig, blüht selbst vor einer kühlen Mauer. Höhe bis 4,5 m bei 2,5 m Breite. Braucht Winterschutz.

'MADAME ALFRED CARRIÈRE'

Diese schöne Noisette-Rose produziert selbst an einer kühlen Wand ihre cremeweißen, rosa überhauchten Blüten. Starkwüchsig, 3,6 m Höhe bei 3 m Breite.

Japanischer Regenbogenfarn *(Athyrium niponicum* var. *pictum)*

# Farne

*ADIANTUM PEDATUM* 🏆
PFAUENRADFARN
Ein sommergrüner Farn; die neuen Wedel erscheinen im Frühjahr und halten bis in den Winter. An schwarzen Blattstielen sitzen zierlich gefiederte, tiefgrüne Wedel. Braucht zum Gedeihen feuchten, humusreichen Boden und etwas Schatten. Höhe bis 45 cm, Breite um 30 cm.

*ASPLENIUM SCOLOPENDRIUM* 🏆
HIRSCHZUNGE
Ein idealer Farn für kleine, abgeschlossene Gärten, in denen kein starker Wind weht. Die glänzenden, ledrigen Blätter entwickeln sich im Schatten auf gut durchlässigen, basischen Böden am schönsten.
Zu empfehlen ist auch die interessante Sorte 'Undulatum' mit gewelltem Blattrand. Höhe bis 35 cm bei 40 cm Breite.

*ASPLENIUM TRICHOMANES*
STEINFEDER
Die Steinfeder ist ein schöner kleiner, immergrüner Farn mit leuchtend grünen Wedeln, der zwischen Steinen und Pflaster oder in den Ritzen schattiger Mauern wächst. Die Pflanze kommt gut mit Schatten zurecht, verträgt nährstoffarmen, trockenen Boden und wird 5 bis 15 cm groß.

*ATHYRIUM NIPONICUM* VAR. *PICTUM* 🏆
JAPANISCHER REGENBOGENFARN
Es lohnt sich, nach dieser Varietät zu suchen. Das anmutige Laub ist eine Zierde – weinrote Stiele tragen grüne, silbern überlaufene Wedel. Besonders schön im Frühjahr. In feuchtem Boden und in lichtem Schatten leicht zu kultivieren. Höhe und Breite 45 cm.

*CYRTOMIUM FALCATUM* 'ROCHFORDIANUM' 🏆
TROPISCHER SCHILDFARN
Die Sorte ist immergrün und begrenzt winterhart.
Die dunklen, glänzenden gefiederten Wedel bilden in schattiger Lage eine schöne Bodendecke. In wärmeren Gebieten sind die stechpalmenartigen Wedel ein hübscher Kontrast zu Blütenpflanzen. Bodentolerant, Höhe 60 cm bis 1 m, Breite 30 bis 45 cm.

*DRYOPTERIS ERYTHROSORA* 🏆
ROTSCHLEIERFARN
Wurmfarne *(Dryopteris)* sind langlebig und winterhart. Auch für kleine Gärten gibt es eine Reihe verschiedener Formen und Größen. Diese aus dem Fernen Osten stammende Art trägt ihren Namen wegen der rosa oder bronzefarben überlaufenen jungen Wedel, die im Sommer tiefgrün werden.
Anpassungsfähig; gedeiht in tiefem wie in ganz lichtem Schatten. In sauren und basischen Böden, die nicht austrocknen, bildet er attraktive Gruppen. Seine Wurzeln und Sprosse sind im Winter schutzbedürftig. Höhe 60 cm bei 30 cm Breite.

*ONOCLEA SENSIBILIS* 🏆
PERLFARN
Der Perlfarn bildet zwei Sorten von Wedeln aus: hellgrüne, dreieckige sterile, die sich im Herbst braun färben, und schmale, ausdauernde fertile mit perlschnurartig aufgereihten Fiederchen. Er eignet sich am besten für naturnahe Gehölzbereiche und wächst im Halbschatten auf feuchtem Boden sehr stark (Jungpflanzen bei wenig Platz besser entfernen). In kälteren Gegenden gibt man eine schützende Mulchdecke. Größe 60 cm bis 1 m.

*POLYSTICHUM SETIFERUM* 'ACUTILOBIUM'-GRUPPE
WEICHER SCHILDFARN
Eine immergrüne und anspruchslose Art; viele Sorten mit unterschiedlichen Wedelformen. Die der 'Acutilobium'-Gruppe sind relativ groß und elegant geformt. Sie eignen sich sehr gut für Schatten und entfalten im Frühjahr frischgrüne Wedel. Alte Blätter werden, wenn nötig, entfernt. Die Pflanzen wachsen auch in trockenem, basischem Boden, bevorzugen aber durchlässige, humusreiche Böden unter Bäumen, wo sie 60 cm Höhe erreichen.

STEIFE SEGGE (*CAREX ELATA* 'AUREA')

FEDERBORSTENGRAS (*PENNISETUM ORIENTALE*)

# Gräser

*CAREX ELATA* 'AUREA'
STEIFE SEGGE
Die Sorte wird wegen ihrer elegant überhängenden, leuchtend gelben Halme mit grünem Rand gezogen. Im Laufe des Sommers, wenn auch die lockeren, bräunlichen Blütenähren erscheinen, vergrünen sie. Braucht feuchten Boden und sonnige Lage. Wächst langsam. Bis 50 cm Höhe und Breite.

*CAREX HACHIJOENSIS* 'EVERGOLD'
JAPAN-SEGGE
Eine wertvolle, immergrüne Segge, deren Anblick selbst dunkle Wintertage aufheitert. Gedeiht am besten in guten Böden, die nicht austrocknen. Unentbehrlich für kleine Gärten mit wenig Licht, da sie auch noch im Halbschatten wächst. Erreicht 25 cm Höhe und Breite.

*DESCHAMPSIA FLEXUOSA* 'TATRA GOLD'
DRAHTSCHMIELE
Eine Sorte der Drahtschmiele mit schön grüngelb gezeichneten, später vergrünenden Halmen auf rötlichen Stielen, die im Licht des Frühsommers schimmern. Gedeiht in voller Sonne wie lichtem Schatten und benötigt feuchten, nährstoffreichen, leicht sauren Boden. Die Halme lassen sich für Gestecke verwenden. Höhe und Breite 70 cm.

*FESTUCA ESKIA*
SCHWINGEL
Ein kleines, büschelig wachsendes, smaragdgrünes Gras, gut geeignet als Bodendecker oder als Gruppe igelartiger Polster. Von dem sehr ähnlichen Bärenfellschwingel (*F. gautieri*) gibt es eine echte Zwergform, 'Pic Carlit', moosgrün und nur 10 cm hoch. Beide wachsen in Sonne wie lockerem Schatten in gut durchlässigem Boden, der aber niemals völlig austrocknen darf. Höhe und Breite um 20 cm.

*HORDEUM JUBATUM*
MÄHNENGERSTE
Die Mähnengerste ist ein kurzlebiges, sonnenliebendes Gras mit fächerförmig überhängenden, seidigen Blütenständen, in denen sich das Licht des Sommers fängt. Bevorzugt gut durchlässigen Boden, kann als einjähriges Gras gezogen werden, wirkt jedoch am besten in dichten Gruppen. Jede Einzelpflanze wird 30 bis 60 cm hoch und 30 cm breit.

*MILIUM EFFUSUM* 'AUREUM'
FLATTERHIRSE
In lichtem Schatten hellt diese buttergelbe Sorte der Flatterhirse früh im Jahr Rabatten mit Farnen und Lungenkräutern auf. Sie ist zwar kurzlebig, sät sich aber sehr leicht selbst aus und erscheint daher oft auch an Stellen, wo man es nicht unbedingt erwartet hat. Hier kann man das Gras jäten oder ihm seine Nische lassen. Zur Blütezeit erreicht es bis 45 cm Höhe und 30 cm Breite.

*PENNISETUM ORIENTALE*
FEDERBORSTENGRAS
Horste aus schlanken, blauen Halmen tragen vom Hoch- bis Spätsommer schillernde, lockere, rosafarbene Blütenstände. Das Federborstengras gedeiht in voller Sonne wie in lichtem Schatten auf feuchten, aber gut durchlässigen Böden. Besonders schön als Einzelexemplar. Passt gut zu dem im Herbst bronzefarbenen *Sedum* 'Herbstfreude'. Es erreicht eine Höhe von 45 cm bei 30 cm Durchmesser.

*STIPA TENUISSIMA*
FEDERGRAS
Die weichen Horste des Federgrases bestehen aus leuchtend grünen, haarfeinen Blättern und tragen schmale, cremefarbene Federschöpfe, die sich in der leisesten Brise wiegen. Im Winter kann man es herunterschneiden oder aber als dekoratives, pergamentfarbenes Polster bis zum Frühling stehen lassen. Gedeiht in sonniger Lage auf durchlässigem Boden oder zwischen anderen Pflanzen in Kiesbeeten. Höhe etwa 60 cm bei ungefähr 50 cm Durchmesser.

Bärenohr (*Arctotis venusta*)

Schlafmützchen (*Eschscholzia californica*)

Heliotrop (*Heliotropium* 'Dwarf Marine')

# Frostempfindliche Stauden und Einjährige

*ARCTOTIS VENUSTA*
BÄRENOHR
Mit dem aus Südafrika stammenden Bärenohr lassen sich im Sommer reizvolle Farbkombinationen schaffen. Das Zentrum der Korbblüten ist blau, dazu kommt ein Kranz von Rostrot, leuchtendem Orange, Kupferrot, Goldgelb, milchigem Cremeweiß oder glühendem Weinrot. Bläuliche Mitten und graugrünes, fein geschnittenes Laub machen diese Blumen in meinen Augen interessanter als die auffälligen Gazanien. Die frostempfindliche Staude wird meist als Einjährige gezogen. Aussaat im Haus oder später an Ort und Stelle; am besten aber kauft man bereits blühende Pflanzen, um hinsichtlich der Farben sicherzugehen. Die Pflanzen benötigen fruchtbaren, gut durchlässigen Boden und Sonne. Sie eignen sich sehr gut für Pflanzkübel, wo sie bei 50 cm Höhe etwa 40 cm breit werden.

*BEGONIA SEMPERFLORENS* 'EXCEL MIXED'
BEGONIE
Als Einjährige gezogen, bevorzugen die frostempfindlichen, ausdauernden Begonien etwas feuchten Boden, kommen aber auch mit wenig Pflege und in voller Sonne zurecht. Die kompakten 'Excel Mixed'-Hybriden sind wertvolle Lückenfüller für den Sommer. Sie blühen rosa, rot, weiß oder in Mischungen dieser Farben. Die rundlichen Blätter sind fleischig und leuchtend grün, bisweilen auch bronzefarben überlaufen oder rot gerandet; ihre Farbe scheint stets ein Gegengewicht zur Farbe der Blüten zu bilden. Man zieht die Pflanzen im Haus heran und setzt sie erst nach den letzten Frösten ins Freie, oder man kauft vorgezogene Pflänzchen. Sie sind schnellwüchsig und eignen sich gut für Kübel oder zur Flächenpflanzung. Höhe und Breite nicht über 30 cm.

*ESCHSCHOLZIA CALIFORNICA*
SCHLAFMÜTZCHEN
Leicht zu ziehen, stellt nur geringe Ansprüche an den Boden und sät sich in den Folgejahren selbst aus. Die Pflanzen brauchen volle Sonne, Aussaat direkt auf Schotter, später erscheinen sie von selbst in Pflasterfugen. Die becherförmigen, einfachen Blüten aus vier samtigen Blütenblättern stehen auf dünnen Stielen über zartem, bläulichem Laub und sind gelb, orange, scharlachrot oder weiß. Die Farben lassen sich gut miteinander kombinieren, und wenn die verwelkten Blüten stets entfernt werden, blühen die Pflanzen den ganzen Sommer. Höhe 30 cm, Breite 15 cm.

*HELIOTROPIUM* 'DWARF MARINE'
HELIOTROP
Heliotrop war eine Zeit lang aus der Mode, wegen der intensiven violetten Farbe und des abendlichen Dufts seiner Blüten hat er jedoch einen Platz im Garten verdient. Über dem rüschenartigen, dunkelgrünen Laub erscheinen unzählige Blütenstände mit dicht stehenden, kleinen Blüten. Früher nur als Beetpflanze verwendet; neuerdings sind auch kleinere Sorten für Kübel erhältlich. Wächst in jedem durchlässigen Boden, braucht aber volle Sonne. Höhe bis 35 cm.

*IMPATIENS*-HYBRIDEN
SPRINGKRAUT
Unter den einjährig gezogenen frostempfindlichen Stauden sind sie erste Wahl. Sie blühen den ganzen Sommer lang und eignen sich gut für kleinere Gärten, denn sie gedeihen im Schatten wie in voller Sonne. Die bekannten rosa und rot blühenden Sorten bringen Farbe, die weißen leuchten in dunklen Ecken, wenn Christrosen und Lungenkraut ausgeblüht haben. Voraussetzung ist ein feuchter, aber gut durchlässiger Boden. Der buschige Wuchs macht die Pflanzen auch für Kübel und Ampeln geeignet. Die 'Duett-Serie' erreicht 30 cm Höhe und Breite.

*LATHYRUS ODORATUS* 🏆
DUFTWICKE
Duft ist besonders in kleinen Gärten eine wertvolle Eigenschaft, und genau die bietet die einjährige, kletternde Duftwicke im Übermaß. Es sind viele verschiedene Farben und Sorten erhältlich, etwa die bekannte

Petunie *(Petunia 'Purple Pirouette')*

Verbene *(Verbena x hybrida)*

'Painted Lady', die bis zu 3 m hoch an Drähten, Spalieren oder Bambusrohr emporklettert. Die Blüten der Duftwicken eignen sich gut für die Vase, der Schnitt regt zugleich die Bildung neuer Blüten an. Wenn der Boden für die Aussaat an Ort und Stelle gut vorbereitet wurde, durchlässig ist und in der Sonne liegt, sind die Ansprüche gering. Für ganz wenig Platz gibt es Zwergsorten, etwa aus der 'Bijou'-Gruppe, die rosa, blau oder rot blühen, nur etwa 45 cm hoch werden und keine Stütze brauchen.

*NICOTIANA*

ZIERTABAK

Während die meisten anderen Einjährigen als Kübelpflanzen gezogen werden, passt Ziertabak gut zu ausdauernden Pflanzen. Die sanften Blütenfarben von *N. alata* sind Altrosa, Purpurrot, Lind- und Cremegrün, und sie alle fügen sich gut ein, wenn sie als kleine Pflänzchen im Frühsommer gesetzt werden. Diese duftenden Pflanzen werden als Einjährige etwa 60 cm hoch. Einige vornehme Verwandte können als Kübelpflanzen gezogen werden, so etwa die bis 1,5 m hoch werdende, weiß blühende, mehrjährige *N. sylvestris* 🏆. Besser geeignet für kleine Gärten sind allerdings die kleineren, buschiger wachsenden Einjährigen der Domino-Serie von *N.* x *sanderae*, die etwa 30 cm hoch und breit werden.

*PELARGONIUM*

GERANIE

Zahllose Sorten mit unterschiedlichen Wuchsformen, Blättern und Blüten machen diese Gattung frostempfindlicher Stauden mit Recht zu einer der beliebtesten Sommerblumen. Die rundblättrigen Sorten der Zonale-Gruppe sind besonders häufig, wie etwa die rosa und weiß blühende *P.* 'Alberta'. Viele dieser Sorten mit riesigen, runden Blütenbällen werden regelrecht kopflastig. Die strauchartigen Regale-Sorten, etwa *P.* 'Purple Emperor' mit rosa und purpurroter Zeichnung, haben zierlichere Blätter, die gegenüber rauer Witterung empfindlicher sind. Die schönsten Blätter und Blüten haben die anspruchsvollen, efeublättrigen Sorten wie etwa die kriechende *P. peltatum* 'Red Mini Cascade', die sich gut für Ampeln eignet. Unscheinbarer sind die Duftgeranien und die Arten selbst; sie haben kleine Blüten, aber ansprechende, wohlriechende Blätter und können den Sommer über in Kübeln im Freien gehalten werden. Man kann zwar alle Geranien aus Saat selbst heranziehen, einfacher ist es aber, fertige Pflanzen zu kaufen, bei denen man Blütenfarbe und Blattform sieht. Geranien sind in Blumenkästen und Kübeln schöner als frei ausgepflanzt zwischen anderen Pflanzen, wo sie eher unnatürlich wirken. Der Schlüssel zum Erfolg liegt im häufigen Entfernen verwelkter Blüten, regelmäßigen Düngen und in nicht zu reichlicher Bewässerung.

*PETUNIA*

PETUNIE

Zarte, trompetenförmige Blüten in Violett und Purpurrot, Rosa und Weiß finden wir bei diesen halbharten Stauden, die meist als sommerblühende Einjährige gezogen werden. Es gibt einfache und gefüllte Sorten, solche mit einem zentralen dunklen Auge und weiß gestreifte. Gut geeignet als Kübelpflanzen; sie verlangen nur regelmäßige Düngung, das Entfernen verwelkter Blüten und Schutz bei längerem Regen (bei neueren, auf Regenfestigkeit gezüchteten Sorten unnötig), außerdem ist auf Schnecken zu achten. Wenn diese Anforderungen erfüllt werden, haben Sie den ganzen Sommer lang an blühenden Petunien Ihre Freude.

*VERBENA* X *HYBRIDA*

VERBENE

Gartenverbenen werden traditionell in Blumenbeeten verwendet, aber viele der reich verzweigten Sorten mit überhängendem Wuchs eignen sich auch für Balkonkästen und Blumenampeln. Sie gedeihen in jedem Boden, der nicht vernässt, und verlangen sonnige Lage. Die Blüten stehen in Büscheln und sind karminrot, fliederfarben, weiß oder kräftig violett. *V.* 'Sissinghurst' 🏆 ist eine rosa blühende Sorte, die ganz flach ausgebreitet wächst. *V.* 'Showtime' blüht karminrot, wächst ausladend und erreicht 20 cm Höhe bei 30 cm Breite.

# Pflanzen für besondere Zwecke

Die folgende Zusammenstellung ist eine persönliche Auswahl von Pflanzen, die sich für besondere gestalterische Zwecke auf kleinem Raum eignen. Natürlich gibt es für die meisten Situationen auch Alternativen. Berücksichtigen Sie aber in jedem Fall die endgültige Größe einer Pflanze und ihre Ansprüche an Boden, Licht und Feuchtigkeit, um sicher zu sein, dass sie auch in Ihrem Garten gedeiht.

* saurer Boden
N Nadelgehölz
k krautige Pflanze
St Strauch
Zg Ziergras
K Kletterpflanze
Kh Kalthauspflanze, frostfrei überwintern

**Pflanzen für vertikale Gestaltung**

*Acanthus spinosus* (Stachelakanthus) k
*Asphodeline* (Junkerlilie) k
Bambus (mehrere Arten) Zg
*Cimicifuga* (Silberkerze, mehrere Arten) k
*Delphinium* (Rittersporn) k
*Digitalis* (Fingerhut) k
*Eremurus robustus* (Steppenkerze) k
*Hedera helix* 'Erecta' (Efeu) St
*Juniperus communis* 'Hibernica' (Irischer Säulenwacholder) N
*Juniperus scopulorum* 'Skyrocket' (»Raketenwacholder«) N
*Kniphofia* (Fackellilie) k
*Lobelia* (Lobelie, mehrere Arten) k
*Lupinus* (Lupine) k
*Lythrum* (Weiderich) k
*Rosmarinus officinalis* 'Miss Jessopps's Upright' (Rosmarin) St, Kh
*Sidalcea* (Präriemalve) k
*Taxus baccata* 'Fastigiata' (Säuleneibe) N
*Verbascum* (Königskerze) k
*Veronica* (Ehrenpreis, mehrere Arten) k

**Pflanzen mit breitem Wuchs oder flachen Blütenköpfen**

*Abies procera* 'Glauca Prostrata' (Edeltanne) N
*Acer* (Ahorn, mehrere Arten) St
*Achillea* (Schafgarbe) k
*Anaphalis margaritacea* (Silberimmortelle) k
*Cornus controversa* 'Variegata' (Pagodenhartriegel) St
*Cotoneaster horizontalis* (Fächerzwergmispel) St
*Dianthus barbatus* (Bartnelke) k
*Heuchera* (Purpurglöckchen, bodendeckendes Laub) k
*Hosta* (Funkie, bodendeckendes Laub) k
*Hydrangea macrophylla* (Gartenhortensie) St
*Juniperus sabina* 'Tamariscifolia' (Sadebaum) N
*Lonicera pileata* (Immergrüne Kriechheckenkirsche) St
*Prunus laurocerasus* 'Zabeliana' (Lorbeerkirsche) St
*Viburnum sargentii* 'Onondaga' (Sargents' Schneeball) St

**Pflanzen für runde Formen**

*Anthemis punctata* ssp. *cupaniana* (Silberkamille) k
*Artemisia alba* 'Canescens' (Silberraute) k
*Buxus microphylla* 'Green Pillow' (Japanischer Buchsbaum) St
*Choisya* 'Aztec Pearl' (Orangenblume) St, Kh
*Cistus* x *hybridus* (Zistrose) St, Kh
*Hebe* (Strauchveronika) St
Hypericum 'Hidcote' (Johanniskraut) St
*Pinus mugo* 'Ophir' (Bergkiefer) St
*Potentilla* (Fingerkraut, verschiedene Arten) St
*Santolina chamaecyparissus* (Heiligenblume) St
*Viburnum davidii* (Davids Schneeball) St

**Pflanzen mit überhängendem Wuchs**

*Acer palmatum* var. *dissectum* (Fächerahorn) St
*Buddleja alternifolia* (Wechselblättriger Sommerflieder, als Hochstamm gezogen) St
*Cedrus deodara* 'Aurea' (Himalajazeder) N
*Cotoneaster* x *watereri* 'Pendulus' (Weidenblättrige Zwergmispel, auf Hochstamm gepropft) St
*Dicentra spectabilis* (Tränendes Herz) k
*Fuchsia* (Fuchsie) k, Kh
*Gentiana asclepiadea* (Schwalbenwurzenzian) * k
*Polygonatum* x *hybridum* (Salomonssiegel) k
*Tsuga canadensis* 'Bennett' (Kanadische Hemlocktanne) N
*Wisteria* (Glyzine, als Hochstamm gezogen) St

**Pflanzen mit lanzettlichen und grasartigen Blättern**

*Agapanthus* (Schmucklilie) k, Kh
Bambus Zg
*Cordyline* (Keulenlilie) St, Kh
*Cortaderia selloana* 'Pumila' (Pampasgras) Zg
*Crocosmia* (Montbretie) k, Kh
*Gladiolus communis* (Gladiole) k
*Hemerocallis* (Taglilie) k
*Iris* (Schwertlilie, einige Sorten) k
*Kniphofia* (Fackellilie) k
*Libertia* (Libertie) k, Kh

*Liriope* k, Kh
*Phormium* (Neuseeländischer Flachs) k, Kh
*Sisyrinchium striatum* (Gelbe Binsenlilie) k
*Yucca* (Palmlilie) St
Ziergräser Zg

**Pflanzen mit fiederartiger Belaubung oder Blüten**

*Artemisia* (Silberraute) k
*Astilbe* (Astilbe) k
*Cortaderia* (Pampasgras) Zg
Farne k
*Foeniculum vulgare* (Fenchel) k
Gräser Zg
*Gypsophila* (Schleierkraut) k
*Nepeta* (Katzenminze) k
*Nigella damascena* (Jungfer im Grünen) k
*Perovskia* (Perovskie) St
*Solidago* (Goldrute) k
*Tamarix* (Tamariske) St
*Thalictrum* (Wiesenraute) k

**Großblättrige Pflanzen**

*Bergenia* (Bergenie) k
*Brunnera macrophylla* (Kaukasus-Vergissmeinnicht) k
*Canna* (Blumenrohr) k, Kh
*Ensete ventricosum* (Zierbanane) k, Kh
Farne k
*Fatsia japonica* (Zimmeraralie) St, Kh
*Galax urceolata* (Bronzeblatt) * k
*Hosta* (Funkie) k
*Ligularia* (Goldkolben) k
*Macleaya cordata* (Federmohn) k
*Melianthus major* (Honigstrauch) St, Kh
*Phyllostachys bambusoides* (Blattährenbambus) Zg, Kh
*Rheum palmatum* (Chinesischer Rhabarber) k
*Ricinus communis* (Wunderbaum) k
*Rodgersia* (Rodgersie) k
*Rumex sanguineus* (Blutampfer) k
*Veratrum* (Germer) k
*Zantedeschia aethiopica* 'Crowborough' (Zimmerkalla) k, Kh

**Krautige Pflanzen mit besonders dekorativem Wuchs**

*Agapanthus* (Schmucklilie) Kh
*Allium* (Zierlauch, mehrere Arten)
*Anthericum liliago* (Astlose Graslilie)
*Camassia leichtlinii* ( Präriekerze)
*Cleome hassleriana* (Spinnenpflanze)
*Crinum* (Hakenlilie) Kh
*Dicentra* (Herzblume)
*Dierama pulcherrimum* (Trichterschwertel) Kh
*Erythronium* (Hundszahnlilie, mehrere Arten)
*Fritillaria* (Kaiserkrone, Schachbrettblume)
*Galtonia viridiflora* (Sommerhyazinthe) Kh
Gräser und Farne (mehrere Arten)
*Hedychium gardnerianum* (Kahili-Ingwer) Kh
*Lilium* (Lilie, mehrere Arten)
*Nectaroscordum siculum* Kh
*Nicotiana langsdorfii* (Ziertabak) Kh
*Schizostylis coccinea* (Kaffernlilie) Kh
*Thalictrum delavayi* (Wiesenraute)
*Trillium* (Waldlilie) *

**Pflanzen für Formschnitt und Hecken**

*Artemisia abrotanum* (Eberraute) St
*Azara microphylla* (Azare) St, Kh
*Buxus* (Buchsbaum, mehrere Sorten) St
*Carpinus* (Hainbuche) St
*Corylus* (Hasel) St
*Euonymus* (Spindelstrauch) St
*Fagus* (Rotbuche) St
*Hedera* (Efeu, einige Sorten) St
*Ilex* (Stechpalme) St
*Juniperus* (Wacholder) N
*Laurus nobilis* (Lorbeer) St, Kh
*Lavandula* (Lavendel) St
*Ligustrum* (Liguster) St
*Lonicera nitida* (Immergrüne Strauchheckenkirsche) St
*Osmanthus* x *burkwoodii* (Duftblüte) St
*Pyracantha* (Feuerdorn) St
*Santolina* (Heiligenblume) St
*Taxus* (Eibe) N
*Teucrium chamaedrys* (Gamander) St
*Thuja* (Lebensbaum) N

**Sträucher für Mauern und Kletterpflanzen**

*Campsis* x *tagliabuana* 'Madame Galen' (Trompetenblume) K
*Ceanothus* (Säckelblume, mehrere Sorten) St, Kh
*Choenomeles* (Zierquitte, mehrere Sorten) St
*Clematis* (Clematis, Waldrebe, mehrere Arten und Sorten) K
*Escallonia* (Escallonie, mehrere Arten) St, Kh
*Euonymus fortunei* 'Silver Queen' (Kletter-Spindelstrauch) K
*Hedera helix* (Efeu, mehrere Sorten) K
*Itea ilicifolia* (Rosmarinweide) St, Kh
*Jasminum officinale* f. *affine* (Jasmin) K, Kh
*Lapageria rosea* (Chileglocke) K, Kh
*Lonicera japonica* 'Aureoreticulata' (Japanisches Geißblatt) K
*Parthenocissus henryana* (Jungfernrebe) K, Kh
*Parthenocissus quinquefolia* (Wilder Wein) K
*Passiflora* (Passionsblume, mehrere Arten) K, Kh
*Pyracantha* (Feuerdorn) St
*Solanum crispum* 'Glasnevin' (Krauser Chilenischer Nachtschatten) K, Kh
*Solanum jasminoides* (Jasminnachtschatten) K, Kh
*Trachelospermum jasminoides* (Sternjasmin) K, Kh
*Vitis vinifera* 'Purpurea' (Weinrebe) K
*Wisteria* (Glyzine, mehrere Arten) K

**Zwergsträucher**

*Acer palmatum* (Fächerahorn, schwachwüchsige Sorten)
*Berberis candidula* (Schneeige Berberitze)
*Cistus* x *dansereaui* 'Decumbens' (Zistrose) Kh
*Convolvulus cneorum* (Silberwinde) Kh
*Cotoneaster* (Zwergmispel, mehrere Sorten)
*Daphne* (Seidelbast, mehrere Arten)
*Euonymus fortunei* (Kletter-Spindelstrauch)
*Fuchsia* (Fuchsie, mehrere Sorten) Kh
*Gaultheria shallon* (Scheinbeere) *
*Genista lydia* (Steinginster)
x *Halimiocistus sahucii* (Hybridzistrose) Kh
*Hebe* (Strauchveronika, mehrere Arten)
*Hypericum* x *moserianum* (Johanniskraut)
*Hyssopus officinalis* (Ysop)
*Lavandula* (Lavendel, mehrere Sorten)
Nadelgehölze, schwachwüchsige Sorten N
*Potentilla* (Fingerkraut, mehrere Sorten)
*Rhododendron* (Rhododendron, Azalee, mehrere Sorten) *
*Rosa* (Rose)
*Rosmarinus officinalis* (Rosmarin, niederliegende Sorten) Kh
*Ruta graveolens* (Weinraute)
*Salix* (Weide, mehrere Arten)
*Salvia officinalis* (Gartensalbei)
*Santolina* (Heiligenblume, mehrere Arten)
*Sarcococca* (Fleischbeere)
*Skimmia* (Skimmie, mehrere Sorten) *

# Register

*Kursiv* gesetzte Seitenzahlen beziehen sich auf Abbildungen.

# Danksagung

*Autor und Verlag danken in memoriam John Kelly, dessen ursprüngliche Idee zu diesem Buch inspiriert hat.*

### Danksagung der Autorin

Ich möchte dem gesamten Team herzlich danken, das an der Entstehung dieses Buchs beteiligt war. Zu dieser Gruppe, die so ausgezeichnet zusammengearbeitet hat, gehört auch Carole McGlynn, die Redakteurin. Wegen ihrer außergewöhnlichen Sorgfalt, ihres Takts sowie ihrer Bereitschaft, sich für mich einzusetzen, waren mir ihre Anrufe stets hoch willkommen. Eine große Hilfe waren die Ideen von Francoise Dietrich, der Kunstredakteurin, mit deren Stil ich vollkommen übereinstimmte. Mein Dank gilt auch Nathalie Hennequin, die als ihre ideenreiche rechte Hand mit derselben Ausdauer dabei war. Nadine Bazar war ständig auf der Suche nach besonderem Bildmaterial. Jane O'Shea, die dieses Buch in Auftrag gab, verfolgte seinen Werdegang zu jeder Zeit mit tatkräftiger Unterstützung. Insgesamt war diese Zusammenarbeit für mich eine sehr schöne Erfahrung.
Marianne Majerus machte für dieses Buch eine Reihe bemerkenswerter Aufnahmen. Mein besonderer Dank gilt weiterhin Alison Barratt für ihre stimmungsvollen Farbzeichnungen. Julia Brett führte sorgfältige und einfallsreiche Nachforschungen durch und war mir mit ihrer fröhlichen Art die ganze Zeit über eine große Hilfe. Nancy Alderson übernahm für mich einige Schreibarbeiten, als die Zeit drängte, und Freya Billington bewies ihren Kunstverstand, wenn ich jemanden zum Zuhören brauchte. Schließlich sind noch viele Fachkollegen zu nennen, doch möchte ich hier nur meinen Freunden wie Barbara Hunt, Clive West, Johnny Woodford, George Carter, Paul Cooper und Victor Shanley besonders danken. Schließlich möchte ich meinen Mann erwähnen, ohne dessen tatkräftige und kreative Unterstützung dieses Buch wohl nicht zustande gekommen wäre.

**Der Verlag dankt folgenden Fotografen und Organisationen für die freundliche Genehmigung zur Veröffentlichung ihrer Fotos:**

2–3 Beatrice Pichon-Clarisse; 4 Guy Bouchet; 6 ganz links Jill Billington/designer Victor Shanley; 6 links designer Jill Billington; 6 Mitte Marianne Majerus/Dominique Lubar, for IPL Interiors; 6 rechts Marianne Majerus/designer Johnathan Baillie; 6 ganz rechts Beatrice Pichon-Clarisse/designer Sylvie Devinat; 7 Marianne Majerus/designer Paul Cooper; 8 Marianne Majerus/Catherine Geraghty; 9 links Marie Claire Maison/Gilles de Chabaneix/Marie Kalt; 9 Mitte Christian Sarramon/C Decarpenterie; 9 rechts Garden Picture Library/Gary Rogers; 10 links Marianne Majerus/Catherine Geraghty; 10 rechts Elizabeth Whiting & Associates/Jerry Harpur/Michael Love; 11 Agence Top/Pascal Chevallier/designer Jacques Grange; 12 Marianne Majerus/Architect Rick Mather; 13 links Christine Ternynck; 13 rechts Jerry Harpur/designer Stephen Brady, San Francisco; 14 oben Beatrice Pichon-Clarisse/designers Camille Muller and H Peuvergne; 14 unten Marianne Majerus/Jane Short; 15 Garden Picture Library/Ron Sutherland/designer Anthony Paul; 16 links Marianne Majerus/designers Jill Billington with Anne and Roger Harrabin; 16 rechts Michèle Lamontagne; 17 Inside/Claire de Virieu/designer Loup de Viane; 18 links Marianne Majerus/designer Lucy Gent/Bernadette & John Thompson; 18 rechts Jill Billington; 19 Beatrice Pichon-Clarisse/designer Sylvie Devinat; 20 links Clive Nichols/Christian Wright, San Francisco; 20 rechts Marianne Majerus/designer Christopher Masson; 21 Jerry Harpur/designer Robert Watson, Christchurch, New Zealand; 22 Jerry Harpur/designer Sonny Garcia, San Francisco; 23 links John Glover/designer Barbara Hunt; 23 rechts Jerry Harpur/designer Jason Payne, London; 24 The Interior Archive/Peter Woloszynski; 25 links Marianne Majerus/designer Thomasina Tarling; 25 rechts Jerry Harpur/designer Andrew Weaving, London; 26 oben Marianne Majerus/Dominique Lubar, for IPL Interiors; 26 unten Camera Press; 27 Jerry Harpur/designer Tim Vaughan, London; 28 John Glover/designer Barbara Hunt; 29 links S&O Mathews/Beth Chatto Gardens; 29 rechts Inside/Jean-Pierre Godeaut; 30 Marianne Majerus/Carol Lee; 31 links Jill Billington; 31 rechts Marianne Majerus/David French; 32 Marianne Majerus/Rose Cooper; 33 oben Marianne Majerus/designer Kim Whatmore/contractor Nick Ryan; 33 unten S&O Mathews/Sir H Hillier Gardens; 34 S&O Mathews/ Longhatch, Hampshire; 35 Michèle Lamontagne; 36 Marianne Majerus/Architect Rick Mather; 37 oben Marianne Majerus/Rose Cooper; 37 unten Marianne Majerus/Leslie Sayers; 38 links Beatrice Pichon-Clarisse; 38 rechts Jerry Harpur/designer Patricia Dymond, London; 39 Marianne Majerus; 40 Jill Billington/designer Victor Shanley; 41 Marianne Majerus/Sandy and Fiona MacLennan; 42 Marianne Majerus/designer Lucy Gent/Bernadette & John Thompson; 43 links Michèle Lamontagne; 43 rechts Marianne Majerus/Rose Cooper; 44 links Jerry Harpur/designer Keeyla Meadows, San Francisco; 44 rechts Jerry Harpur/designer Gunilla Pickard, Fanners Green, Essex; 45 Derek St Romaine/designers Hiroshi Nanamori and Andrew Butcher; 46 links Jerry Harpur/designer Sonny Garcia, San Francisco; 46 rechts Jerry Harpur/designers Peter Wooster and Gary Keim, Connecticut; 47 Marianne Majerus/designer Pamela Johnson; 48 Marianne Majerus/Mrs Adamsí garden designed by Anthony Noel; 49 links Noel Kavanagh; 49 rechts Marianne Majerus/Jane Short; 50 Clive Nichols; 51 oben Inside/Jerome Darblay; 51 unten Michèle Lamontagne/designer Sonny Garcia; 52 oben Garden Picture Library/Ron Sutherland/designer Anthony Paul; 52 unten Marianne Majerus/Kathy Lynam; 53 Marianne Majerus/David French; 54 Marianne Majerus/ designer Christopher Masson; 55 John Glover; 56 Jill Billington; 57 Noel Kavanagh; 58 S&O Mathews/Old Barn Close, Hampshire; 59 Marianne Majerus/David French; 60 Marianne Majerus; 61 Jerry Harpur/designer Robert Chittock, Seattle; 62 links Marianne Majerus; 62 rechts Marianne Majerus/designers Jill Billington with Anne and Roger Harrabin; 63 Marianne Majerus; 64 Beatrice Pichon-Clarisse; 65 Marianne Majerus/designer Johnathan Baillie; 66 links Christine Ternynck/Menken; 66 rechts Jerry Harpur/designer Jean Goldberry; 67 links Marianne Majerus/designer Christopher Masson/Professor Ian Macdonald and Stanley Hamilton; 67 rechts Marianne Majerus/Architect Rick Mather; 68 ganz links Marianne Majerus/designers Jill Billington with Anne and Roger Harrabin; 68 links Marianne Majerus/David Altaras; 68 Mitte Beatrice Pichon-Clarisse/tromp l'oeuil by Christin Merle; 68 rechts Marianne Majerus/Rose Cooper; 68 ganz rechts Jerry Harpur/designer Raymond Hudson, Johannesburg; 69 Vogue Living/John Hollingshead; 70 Vogue Living/Chris Chen; 71 links Marianne Majerus/designers Jill Billington with Anne and Roger Harrabin; 71 rechts Inside/Claire de Virieu; 72 links Marianne Majerus/Mrs Adamsí garden designed by Anthony Noel; 72 rechts Christian Sarramon; 73 Marie Claire Maison/Laurent Teisseire/Catherine Ardouin; 74 Christine Ternynck/Menken; 75 links John Glover/designer Barbara Hunt; 75 rechts Christian Sarramon/Zoy di Lorenzo; 76 oben Beatrice Pichon-Clarisse; 76 unten Jerry Harpur/designer Sonny Garcia, San Francisco; 77 Jerry Harpur/Martin Sacks, London; 78 oben links Marianne Majerus/Architect Rick Mather; 78 unten links Clive Nichols/Turn End Garden, Bucks; 78 unten rechts Marianne Majerus/John Sarbutt; 79 Outdoor Lighting Company/Hugh Palmer; 80 Jill Billington; 81 oben links Michèle Lamontagne/designer Chris Rosmini; 81 oben Mitte Garden Picture Library/Ron Sutherland/design by Duane Paul Design Team; 81 rechts Garden Picture Library/Steven Wooster/designer Anthony Paul; 82 links Marianne Majerus/mural designed by Francis Hamel-Cooke; 82 rechts Marianne Majerus/David Altaras; 83 links Marianne Majerus/designer George Carter; 83 rechts Jerry Harpur/designer Raymond Hudson, Johannesburg; 84 links Jerry Harpur/designer Ron Simple, Philadelphia; 84 rechts Jerry Harpur/designer Patrick Presto, San Francisco; 85 Marianne Majerus/Rose Cooper; 86 links Beatrice Pichon-Clarisse/trompe l'oeil by Christian Merle; 86 rechts Michèle Lamontagne; 87 © 1997 Harel; 88 ganz links Marianne Majerus/designer Patrick Rampton/contractor Nick Ryan; 88 links Derek St Romaine/designer Clive West; 88 Mitte Marianne Majerus/designer George Carter, Fulcher Tate; 88 rechts Marianne Majerus/John Sarbutt; 88 ganz rechts Derek St Romaine/Johnny Woodford; 89 Christian Sarramon; 91 oben links Christine Ternynck/Menken; 91 oben rechts Beatrice Pichon-Clarisse; 91 Mitte Marianne Majerus/designer Patrick Rampton/contractor Nick Ryan; 91 unten Jerry Harpur/designer Keeyla Meadows, San Francisco; 92 oben Marianne Majerus/Rose Cooper; 92 unten Noel Kavanagh; 93 Inside/Claire de Virieu/designer Camille Muller; 94 Clive Nichols/designer Keeyla Meadows; 95 links Clive Nichols/designer Sonny Garcia; 95 rechts Marianne Majerus/David French; 96–97 Marianne Majerus/designer Patrick Rampton/contractor Nick Ryan; 99 oben Undine Prohl/Enrique Albin, Albin Vasconce los Elizondo Architects; 99 Mitte links Derek St Romaine/Johnny Woodford; 99 Mitte S&O Mathews/Pashley Manor; 99 Mitte rechts Marianne Majerus/designer Paul Cooper; 99 unten Christine Ternynck/designer E d'Avdew; 100 oben links Derek St Romaine/designers Hiroshi Nanamori and Andrew Butcher; 100 oben rechts Beatrice Pichon-Clarisse/designer Sylvie Devinat; 100 unten links Jill Billington; 101 Vogue Living/Trevor Fox; 102 oben Garden Picture Library/Ron Sutherland; 102 unten Camera Press; 103 Michèle Lamontagne/designer Camille Muller; 104–105 Derek St Romaine/ designer Clive West; 107 oben links Christine Ternynck; 107 oben rechts Marianne Majerus/designer George Carter, Fulcher Tate; 107 Mitte Marianne Majerus; 107 unten Marianne Majerus/Mrs Adamsí garden designed by Anthony Noel; 108 Dennis Krukowski/designer Michael Formica Inc.; 109 oben Christine Ternynck; 109 unten Henk Dijkman; 110–111 oben Marianne Majerus/designer George Carter, Fulcher Tate; 113 oben Marianne Majerus/John Sarbutt; 113 Mitte Christian Sarramon; 113 unten Marianne Majerus/Carol Lee; 114 Marianne Majerus/designer Jonathan Baillie; 115 links Jerry Harpur/designer Jason Payne, London; 115 Mitte Marianne Majerus/John Samuel; 115 rechts John Kelly; 116–117 Marianne Majerus/John Sarbutt; 119 oben links Christian Sarramon; 119 oben rechts Marianne Majerus/Architect Rick Mather; 119 Mitte Marianne Majerus/designer Lucy Gent/Bernadette & John Thompson; 119 unten Marianne Majerus/designer Jonathan Baillie; 120 links Marianne Majerus/designer Christopher Masson; 120 rechts Christian Sarramon; 121 links Michèle Lamontagne/designer Harry Gullickson; 121 rechts Christian Sarramon; 122–123 Marianne Majerus/Architect Rick Mather; 125 oben links Derek St Romaine/designer Johnny Woodford; 125 oben rechts Marianne Majerus/designers Jill Billington with Anne and Roger Harrabin; 125 Mitte Inside/Claire de Virieu/designer Madison Cox; 125 unten Garden Picture Library/Ron Sutherland/Duane Paul Design Team; 126 Dennis Krukowski/designer Madison Cox/Lexington Gardens, New York City; 127 oben Belle Magazine/Simon Kenny; 127 unten Christian Sarramon; 128–129 Derek St Romaine/Johnny Woodford; 130 links S&O Mathews/Sir H Hillier Gardens; 130 Mitte & ganz rechts John Glover; 130 rechts Andrew Lawson; 131 S&O Mathews/Morton Manor; 132 links & Mitte S&O Mathews; 132 rechts John Glover; 133 links John Glover; 133 rechts Andrew Lawson; 134 links Clive Nichols; 134 rechts Garden Picture Library/John Glover; 135 links Andrew Lawson; 135 rechts Neil Campbell-Sharp; 136 links Clive Nichols; 136 rechts Neil Campbell-Sharp; 137 links A–Z Botanical/Geoff Kidd; 137 rechts John Glover; 138 links Garden Picture Library/Sunniva Harte; 138 Mitte Andrew Lawson; 138 rechts S&O Mathews; 139 Andrew Lawson; 140 links A–Z Botanical/A Young; 140 rechts Andrew Lawson; 141 links John Glover; 141 rechts Andrew Lawson; 142 links John Glover; 142 rechts S&O Mathews; 143 rechts John Glover; 144 links John Glover; 144 rechts S&O Mathews; 145 links Andrew Lawson; 145 Mitte Clive Nichols; 145 rechts John Glover; 146 links Clive Nichols; 146 rechts Garden Picture Library/J S Sira; 147 links S&O Mathews; 147 rechts Andrew Lawson; 148–149 Andrew Lawson; 150 links S&O Mathews/53 Ladywood, Eastleigh; 150 rechts Andrew Lawson; 151 links A–Z Botanical; 151 Mitte John Glover; 151 rechts Eric Crichton; 152 links Clive Nichols; 152 rechts John Glover.